프로바둑강좌 · 초급이상 8

林海峰의
초급 정석 입문

9단 林海峰 지음
프로바둑연구회 편

太乙出版社

머리말

정석(定石)은 룰에서는 없다. 그러므로 정석을 꼭 사용하지 않는다 하더라도 바둑을 둘 수는 있다. 또한 아마추어의 경우, 정석 등을 생각하기에 앞서 자유 분방하게 독창적인 바둑을 두어보는 것도 그리 나쁘지는 않다고 생각한다.

나는 정석을 무시한 바둑을 두는 것을 비난할 마음은 추호도 없다. 그러나, 정석을 무시하고 바둑을 두는 사람들은, 바둑의 진짜 즐거움의 큰 부분을 알지 못하는 과오를 범하고 있다고 할 수 있다.

바둑이라고 하는 게임의 복잡성, 깊은 맛, 다시 말하면 면백(面白)성을, 모두 압축한 모양으로 나타내고 있는 것이 바로 정석인 것이다. 그것은 많은 천재의 창의(創意)와 오랜 세월을 갈고 닦아서 만들어진 하나의 예술작품이다.

정석을 알고, 그것을 사용하는 것은 바둑을 사랑하는 사람들과의 대화인 것이다. 기력(棋力)의 강약(強弱)은 있을지라도, 함께 나누는 대화는 성립이 된다.

이 책을 읽는 독자 여러분은, 이 책으로 인하여 정석을 즐겁게 받아들여 좋아하게 되고, 그리하여 이제까지 보다도 더욱 바둑을 사랑하게 될 수 있기를 바란다.

한정된 지면에 엄청난 정석을 모두 소개하기란 그리 쉬운 일이 아니므로, 이 책에서는 가급적 초보의 단계에 있는 독자들이 꼭 알아두지 않으면 안될 중요 정석을 총망라하고자 심혈을 기울였다. 여러분의 기력 향상에 적지않은 도움이 될 것으로 확신한다.

저자 씀

차 례*

●머리말 …… 3
제1장/화점 · 3·3의 기본 정석 …… 7
1. 화점에 날일자 걸침 …… 8
1 한칸 뜀 …… 8
2 날일자 …… 14
3 눈목자 …… 15
4 머리 붙임 …… 16
5 한 칸 협공 …… 21
6 한 칸 높은 협공 …… 24
7 2칸 협공 …… 25
8 2칸 높은 협공 …… 26
9 3칸 협공 …… 33
2. 다른 걸침 …… 40
3. 3·3 …… 48
제2장/소목의 기본 정석 …… 59
1. 소목 날일자 걸침 …… 60
1 마늘모 …… 61
2 날일자 …… 65
3 2칸 …… 66
4 머리붙임 …… 67

*차 례

[5] 한칸 협공 ······ 68
[6] 한 칸 높은 협공 ······ 84
[7] 2칸 협공 ······ 91
[8] 2칸 높은 협공 ······ 104
[9] 3칸 협공 ······ 131
2. 한 칸 높은 걸침 ······ 139
[1] 아래 붙임 ······ 140
[2] 부딪힘 ······ 144
[3] 위에 붙임 ······ 154
[4] 한 칸 협공 ······ 161
[5] 2칸 높은 협공 ······ 169
3. 이박의 걸침 ······ 172
제3장 / 고목 · 외목의 기본 정석 ······ 179
1. 고목 ······ 180
[1] 날일자 씌움 ······ 181
[2] 안쪽 붙임 ······ 190
[3] 바깥 붙임 ······ 195
[4] 3·3침입 ······ 198
2. 외목 ······ 200

제1장

화점과 3·3의 기본 정석

1. 화점에 날일자 걸침

1 한 칸 뜀

정석 1

화점은 소목보다도 변화의 여지가 적은 곳으로 많은 정석이 있지 않다. 그러나 이곳에도 많은 정석이 있다.

여기에서는 중요한 부분만 간추려 알기쉽게 해설하고자 한다.

백 1 의 걸침에서 5 까지 쌍방 최선의 갈림이다.

나중 흑a 가 이상적인 모양인가?

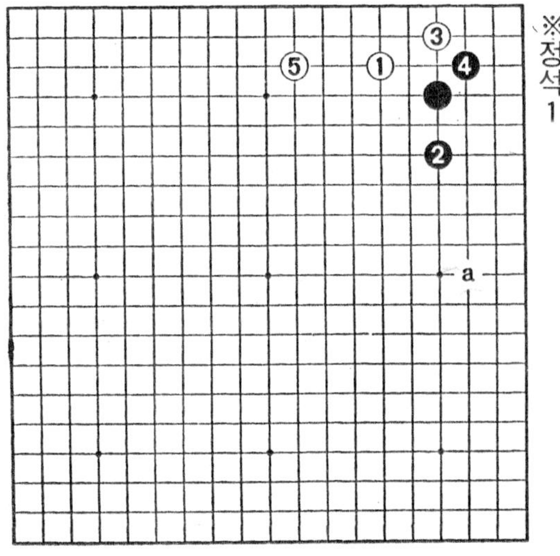

※정석 1

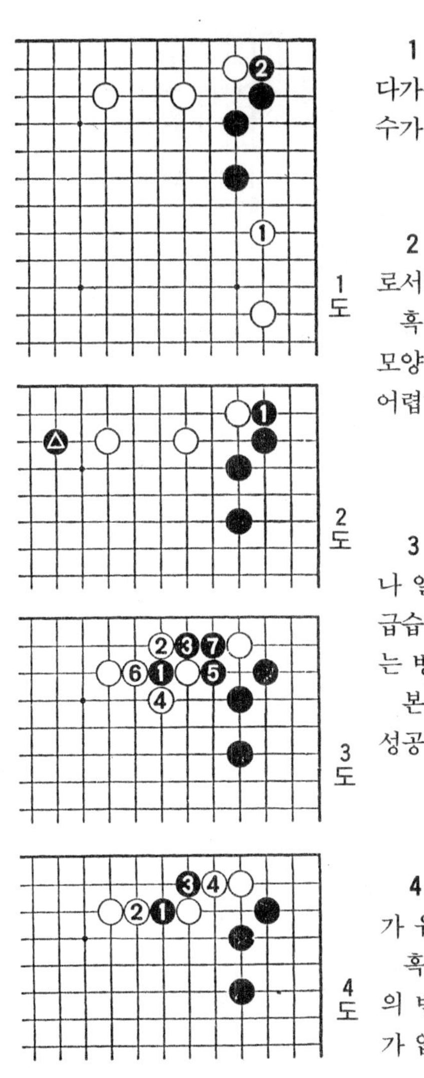

1 도 흑은 1의 곳에 다가선다면 2가 아닐 수가 없다.

2 도 흑 1은 끝내기로서 매우 큰 수이다.

흑 △표가 있다면 백 모양이 안형을 내기가 어렵다.

3 도 이 정석에서 하나 알아둘 것은 흑 1의 급습에 대하여 백의 받는 방법이다.

본도의 7까지 흑의 성공이다.

4 도 흑 1에는 백 2가 유일한 응수이다.

흑 3의 젖힘에 백 4의 받음. 흑은 다음 수가 없다.

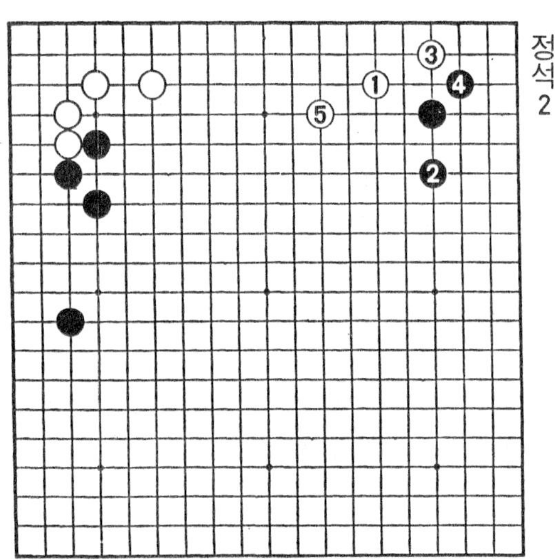

정석 2

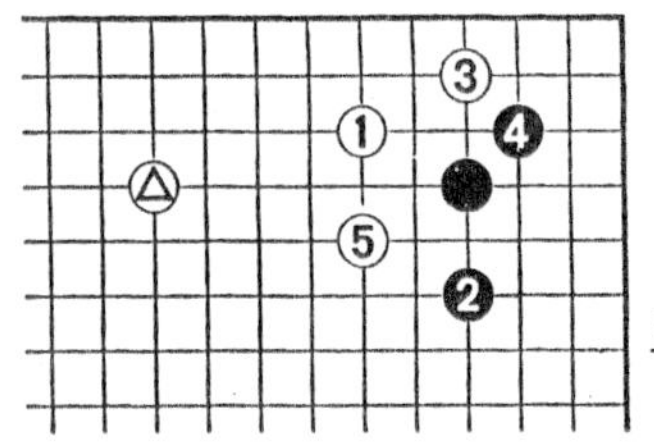

1 도

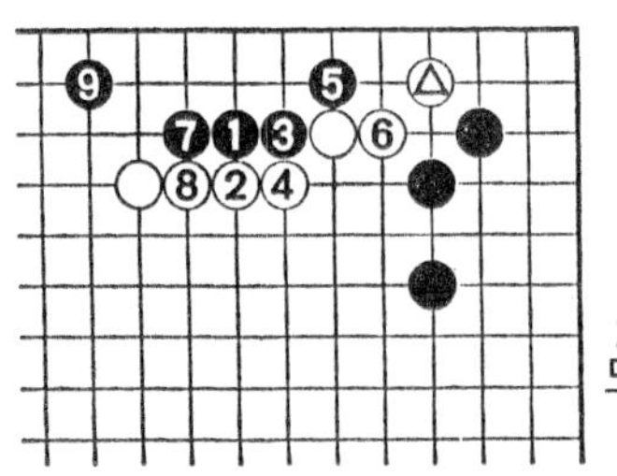

2 도

정석 2

전 정석에서 변화가 된 모양이다.

왼쪽 방향과의 관계가 있다면 백 5 로 높이 둔다.

1 도 백 △표가 있다면 5 의 한 칸은 상식이다.

2 도 전도의 백 3 을 방치하면 흑 1 의 침입이 날카롭다. 백 △가 대악수인가?

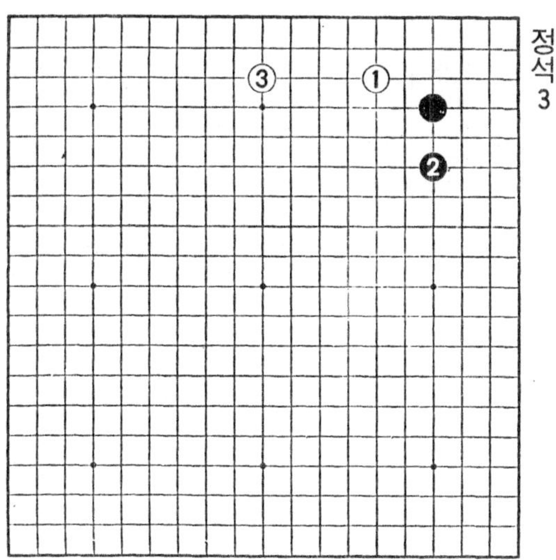

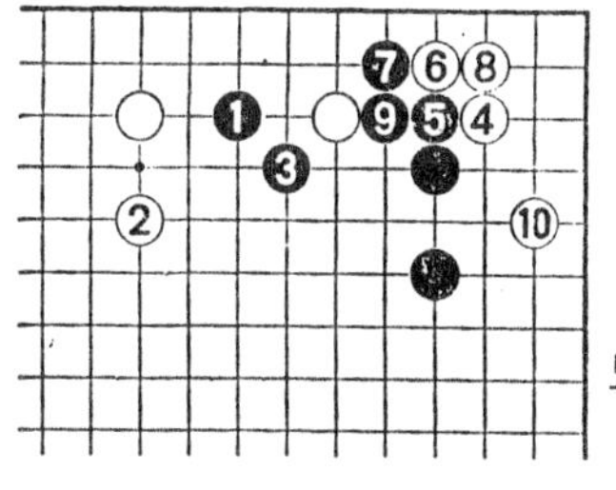

정석 3

백 1에 흑 2 다음 넓게 벌린다면 백 3이다.

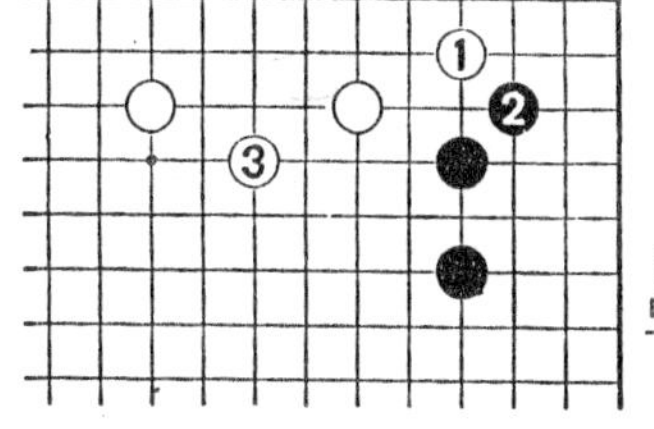

1도 흑 1의 침입에는 이하 10까지 귀쪽을 둔다.

2도 백 1의 미끄러짐에 3까지의 수비다.

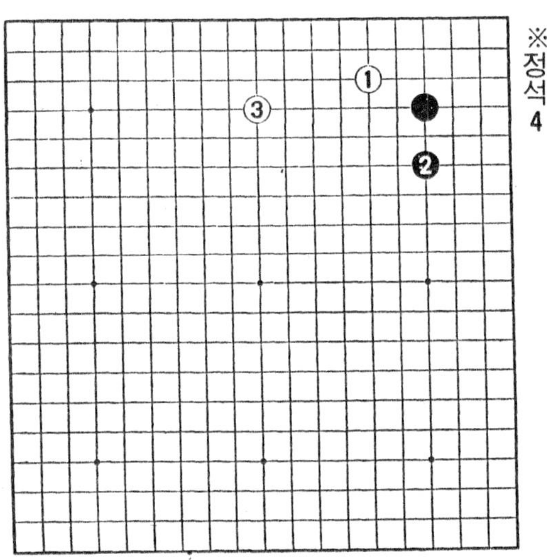

정석 4

이는 정석3 의 변화이다.

현대에서는 여러 각도에서 보는 것을 알 수 있다.

흑에서 한칸 뜀은 흑의 세력이 4 선에 높이 대항하는 의미가 있다.

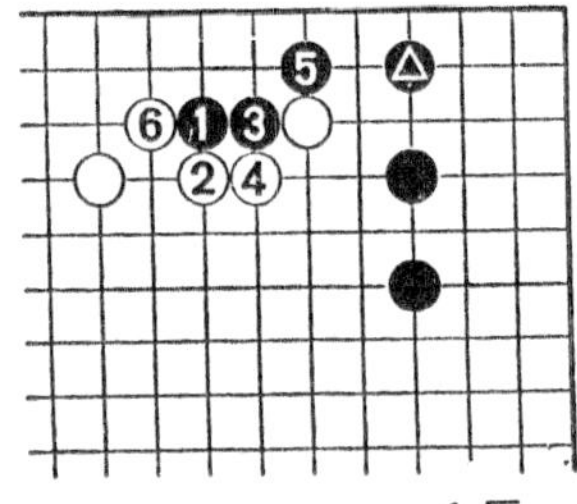

1 도

1 도 흑 △은 한 칸 뛴정석의 흑이 귀에 집을 확보하는 정형이다. 이모양에서는 흑 1 의 침입이 있다. 6까지 외길의 수순이다.

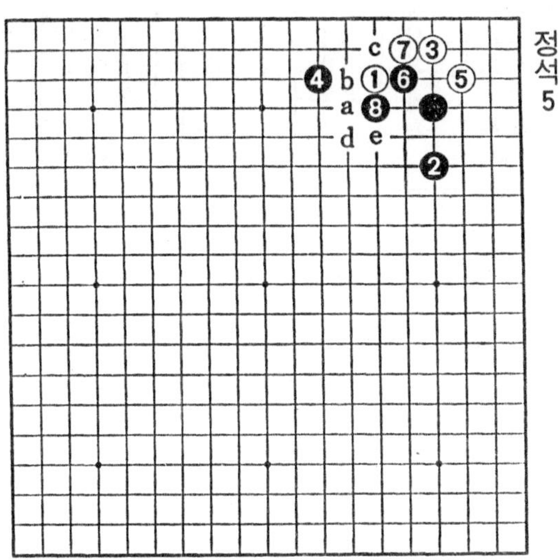

정석 5

정석 1 은 백이 상변으로 전개를 한 모양인데 백 3 에 흑 4 로 다가선 모양이다.

흑 8 까지, 백의 실리와 흑의 세력으로 갈리고 있다.

이 다음 백a 의 젖힘에는 흑b, 백c, 여기에서 축이 좋으면 흑d, 나쁘면 흑e 가 예정된 코스이다.

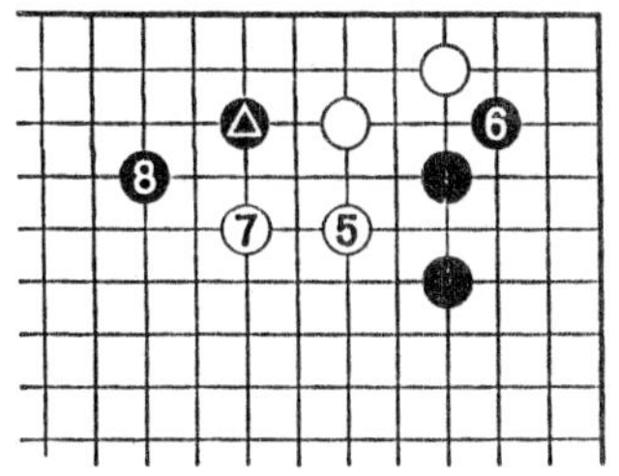

1 도 흑▲의 협공에 백 5 는 흑 6 으로 3 · 3 을 지킨다. 다음 8 까지 전개한다.

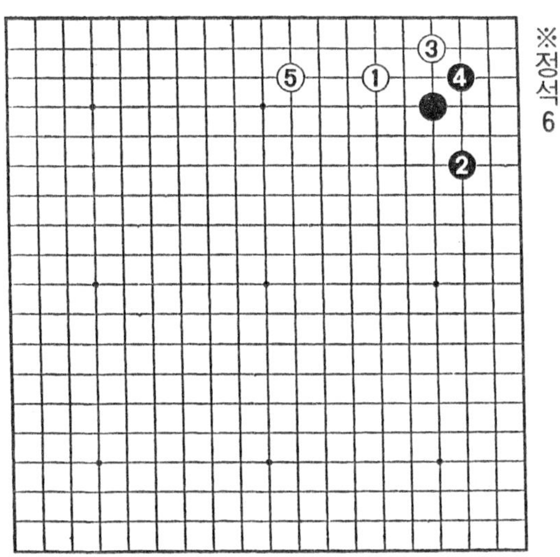

※정석 6

2 날일자

정석 6 날일자 정석 1 과 같은 모양이다.

1 도 백 1 에 흑 2 는 필요한 수이다.

2 도 전도 흑 2 를 태만히 하면 백△로 민 다음 흑 1 받음을 기다려 백 2 에서 6 까지 건너가 산다.

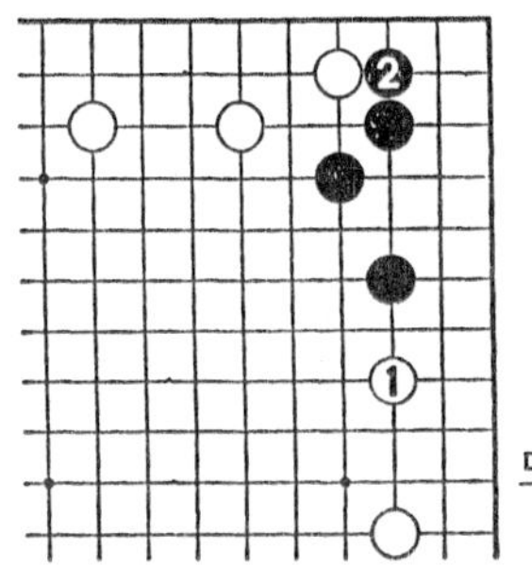

1 도

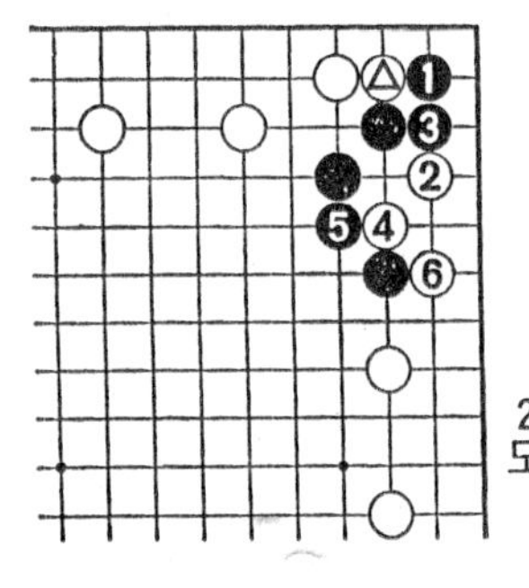

2 도

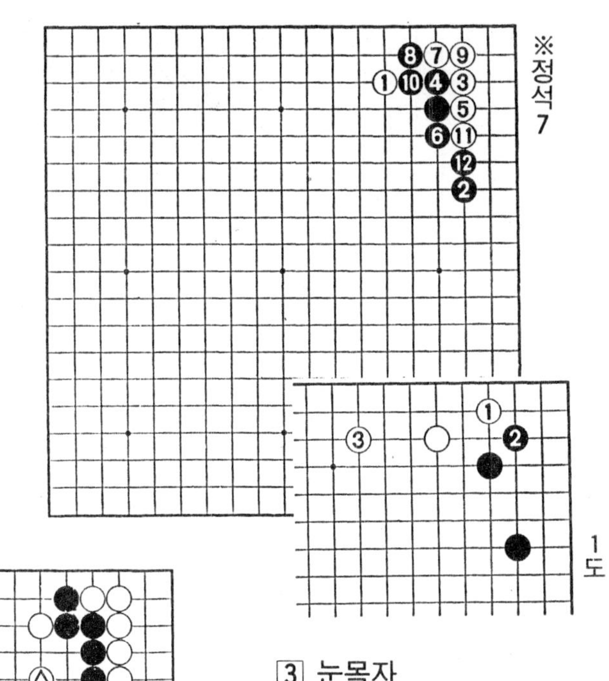

2도

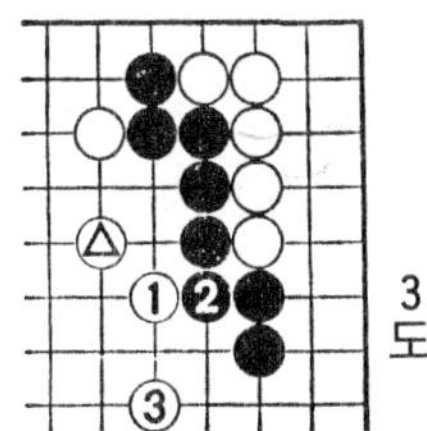

3 눈목자

정석 7

백 3 의 3·3에 들어가는 정석이다.

1 도 정석 6 에 대하여서는 백이 손해이다.

2 도 백 ◬가 온다면 흑 1, 3 의 붙여뻗음이 있다.

3 도 흑에서 손을 빼면 백 1, 3 이다.

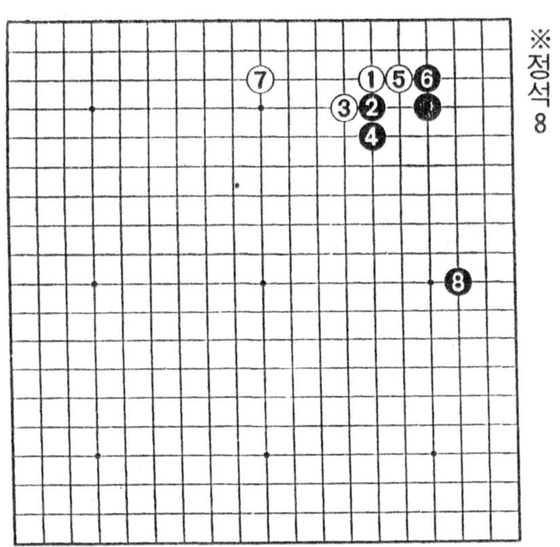

4 머리붙임

정석 8

호선의 바둑에서는 백을 견고히 한다는 의미가 있고, 접바둑에서는 흑모양이 단단하여 애용을 하고 있다.

1 도 백 1, 3 의 나가 끊음이다.

2 도 흑 1 의 단수에서 백 6 의 마늘모까지――

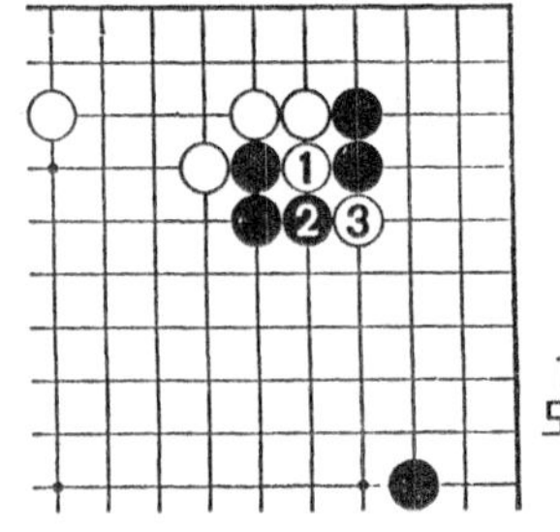

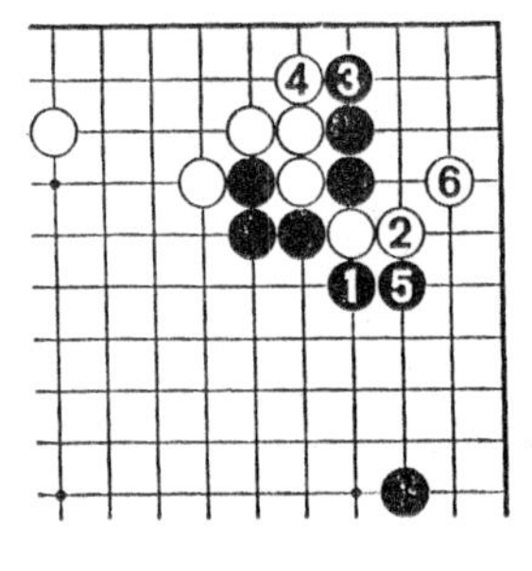

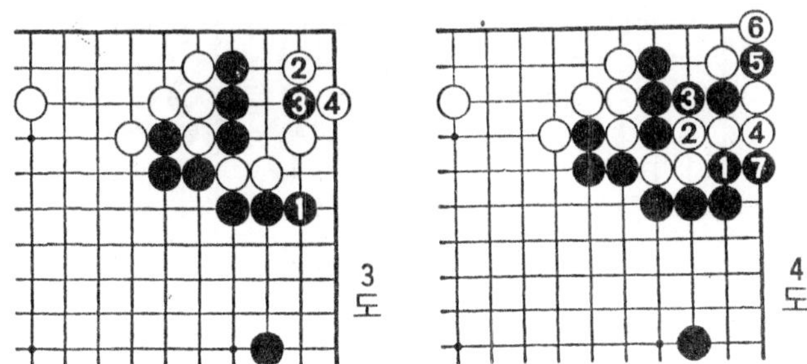

3 도 단호하게 흑 1 로 내려서서 공격이다.

백 2 에는 흑 3 의 끼움이 맥이다.

백 4 까지 된 다음——

4 도 흑 1 의 단수에는 5 의 먹여치기까지를 발견하여야 한다.

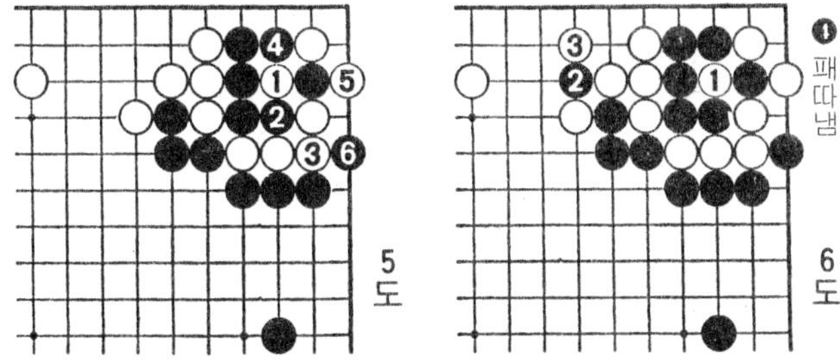

5 도 백1 은 필연의 수순이다. 다음 흑 6 의 단수이다.

6 도 백 1 의 패. 흑 2 가 절호의 팻감이다. 초반의 시기에는 백에게 패감이 없다.

패싸움에 있어서는 항상 자기가 상대방에 대하여 패쓸 곳을 염두에 두고 있지 않으면 안된다.

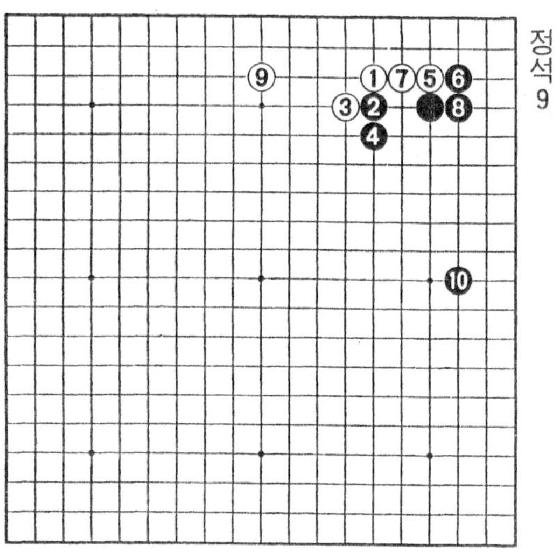

정석 9

앞정석의 변화이다.

호선에서는 집의 의미가 있어 보통 두는 모양이다.

이 정석도 흑10까지이다.

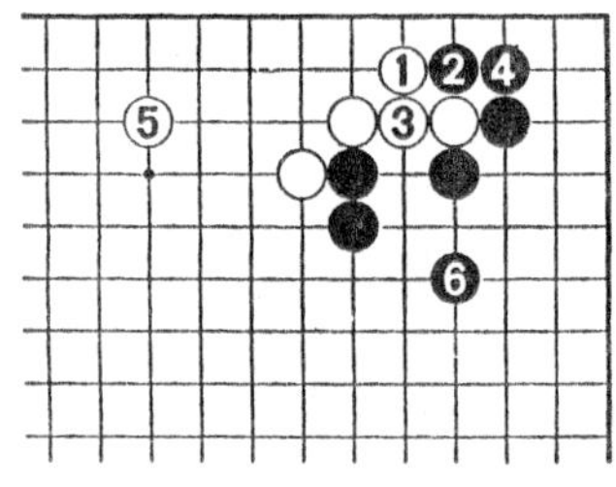

1 도

1 도 백 7 의 막대기 이음으로 대신 본도의 백 1 에 흑 2 , 4 는 당연하다. 백 5 의 벌림에 흑 6 의 지킴은 견고하다.

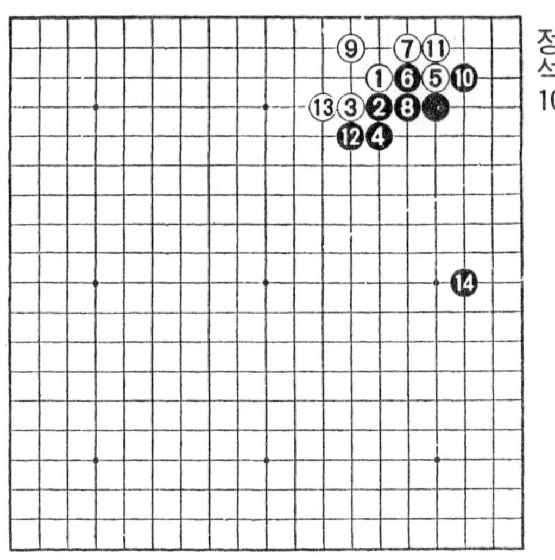

정석10

이 정석도 접바둑에서 많이 볼 수 있는 정석이다.
이 정석의 포인트는 흑12의 미는 수이다.
반대로 백12로 밀면 큰 차이가 난다.

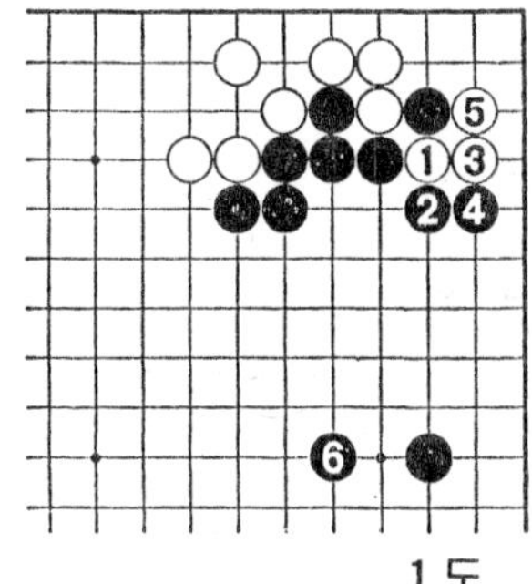
1도

1도 이 다음에 백 1의 끊음은 끝내기의 한 수단이다. 2, 4로 사석을 이용하여 6까지 중앙에 세력을 키운다.

바둑에 있어서는 항상 변화하는 전술을 구사할 수 있어야 한다.

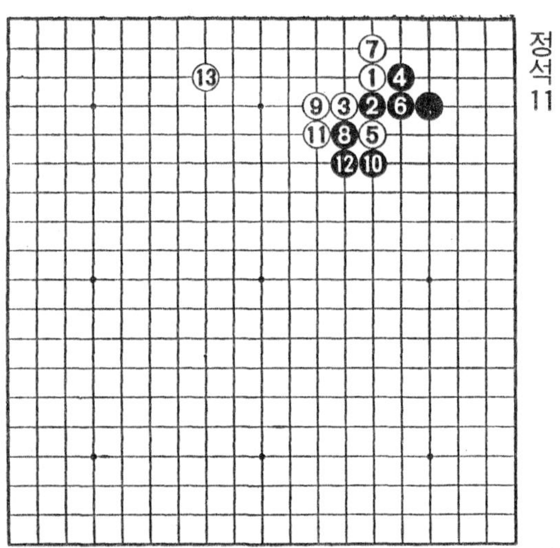

정석11

흑2, 4로 붙이고 내려서는 정석도 호흡의 하나이다.

백5의 단수로 흑6의 우형을 만드는 것은, 백도 그곳에 단점이 있다.

백7에는 흑8의 끊음이 있다.

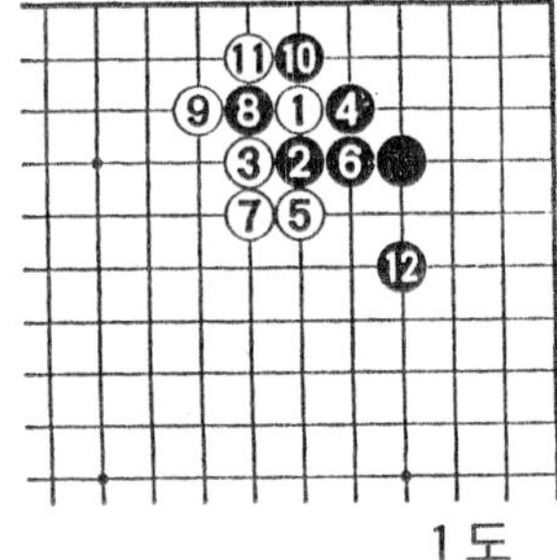

1도

1도 백7로 이으면 흑8의 끊음이다. 다음 백11의 단수에서 흑12의 지킴까지.

항상 상대방의 움직임에 대하여 민감하게 대처할 줄 알아야 한다. 하나를 주고 둘을 얻는 작전도 필요하다.

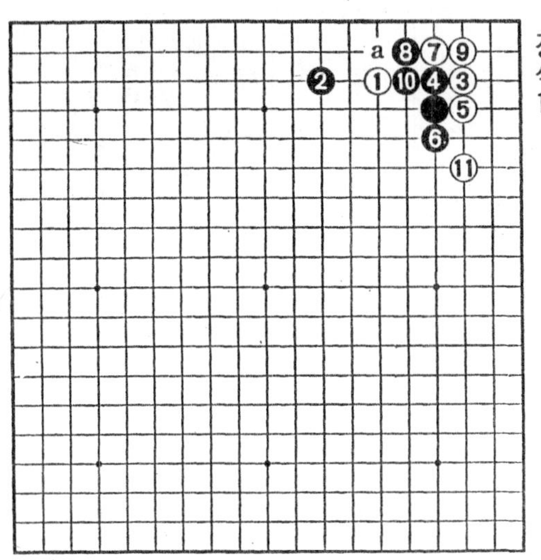

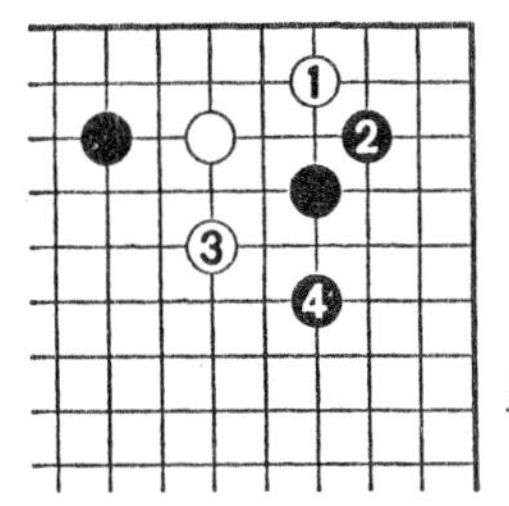

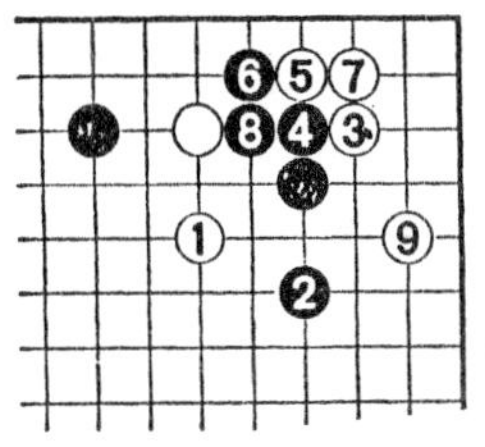

5 한칸 협공

정석12

한 칸 협공에는 3·3침입이 상식이다.

3·3의 침입에 흑이 내려서 11까지 된 모양이다.

흑10에는 a도 좋다.

1도 백이 나쁘다는 것은 정석 5에서 나타내었다.

2도 백3은 전문가의 바둑에서도 나타나는 정석의 한 호흡이다.

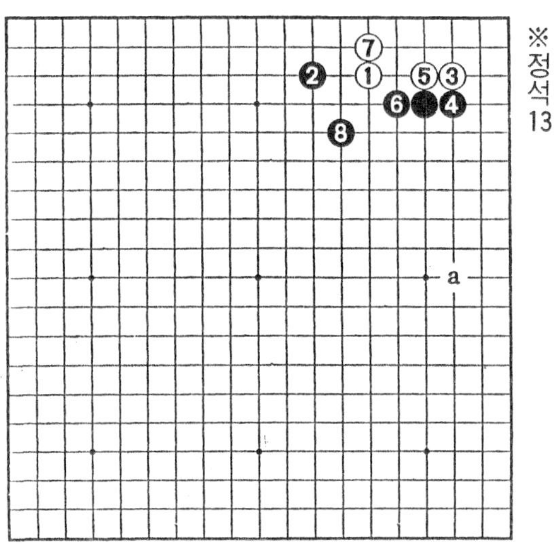

정석13

a의 방면에 흑이 있다면 백3의 3·3침입에는 흑4로 내려선다. 그러나 상식은 아니다.

이하 7의 내려섬에는 다음의 비약이 준비되어 있다.

1도 흑1, 3은 끝내기로서 큰 곳이다.

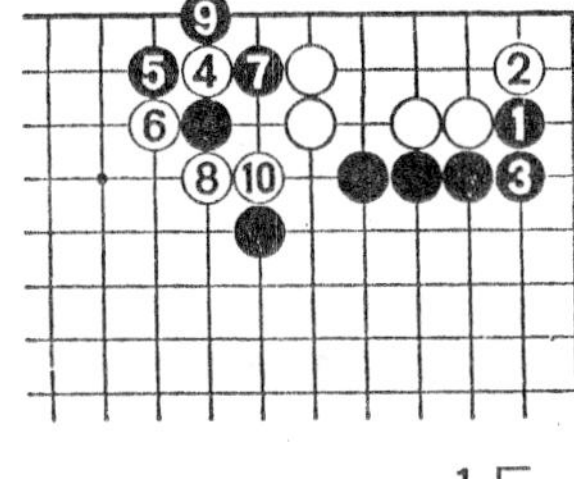

1도

귀의 눈모양에 관하여 큰 곳이다. 백4에 흑5의 내려섬에서 10까지이다.

이 상황에서는 자칫하면 패가 만들어질 가능성도 있다.

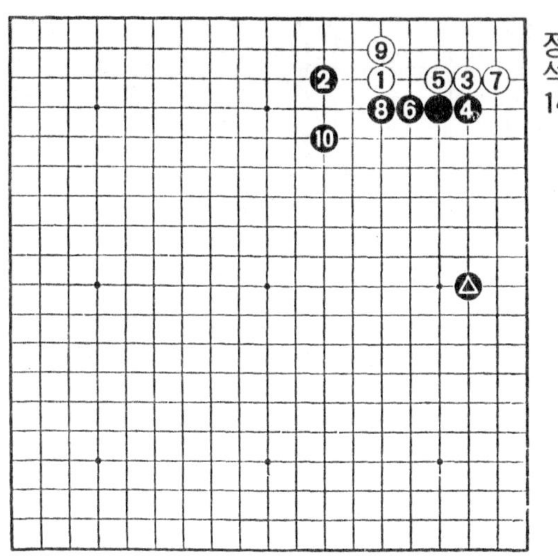

정석14 전 정석에서의 변화이다. 흑▲의 존재가 있다면 필수조건이다.

백 7 로 내려서면 흑 8 의 막음, 그리고 10의 한 칸이 세력을 부풀린다.

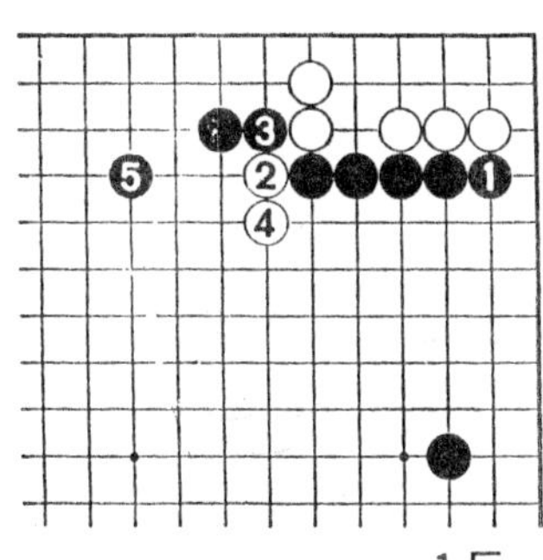

1 도

1 도 근대 바둑의 특징으로 전문가들 사이에서는 흑 1 의 내려서는 모양이 유행이었다. 백 2, 4 는 기회를 보아서 결행을 한다.

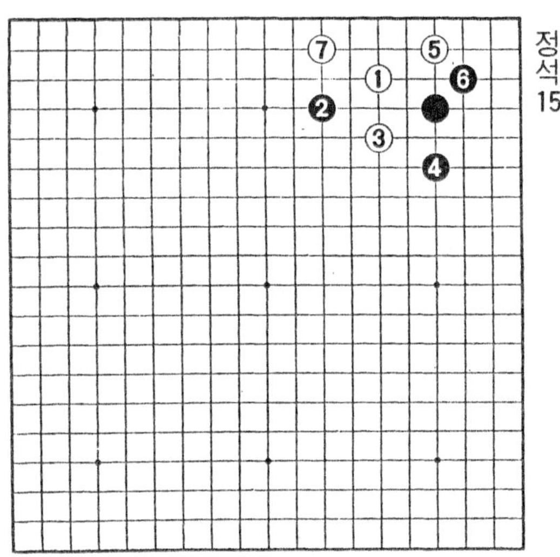

6 한 칸 높은 협공

정석15

한 칸 높은 협공을 화점이나 소목의 모양에서 정착하지 못한 모양이 많다.

본형은 3·3에 침입을 허락하지 않았다.

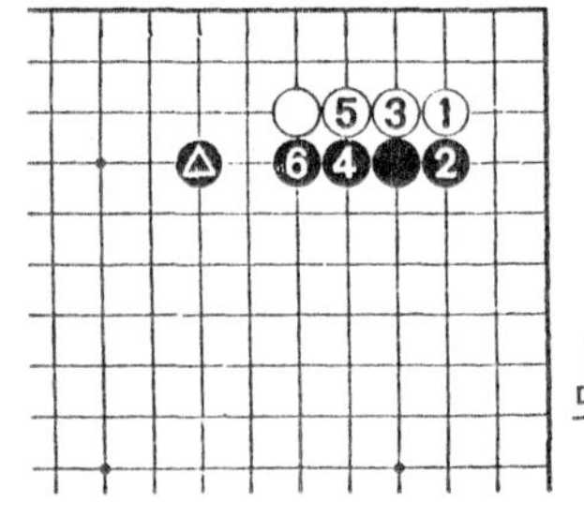

1도 백1에는 흑2로 내려서 6까지이다. 흑△가 있음을 유의하라. 본형은 후술하는 정석17의 모양과 비슷하나 기능은 다르다.

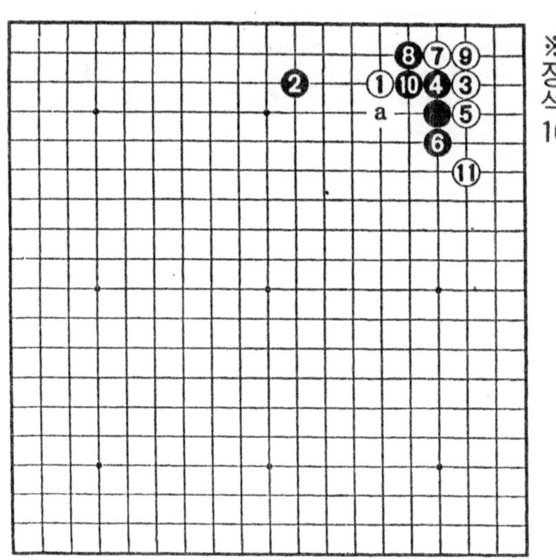

7 2칸 협공

정석16 2칸 협공에 대하여서는 3·3침입에 보통이다. 여기서 내려서는 방향은 이 장소에 한하여 흑4이다.

5의 방향에 내려서는 것은 백1을 봉쇄하는 수단이 없다. 11까지 정석은 일단락이다. (1도 참조)

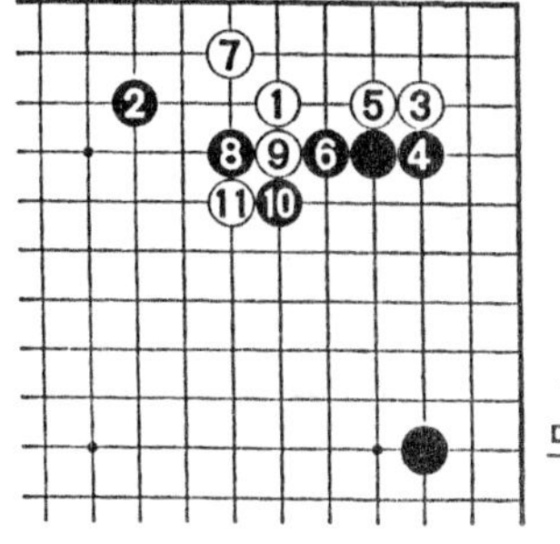

1도

백1의 한 점을 움직이지 못하게 흑a로 내려서는 수도 있다.

1도는 정석 16의 또 다른 비약이다. 결국 정석 16의 수순이 올바른 정석이라는 것을 알 수 있다.

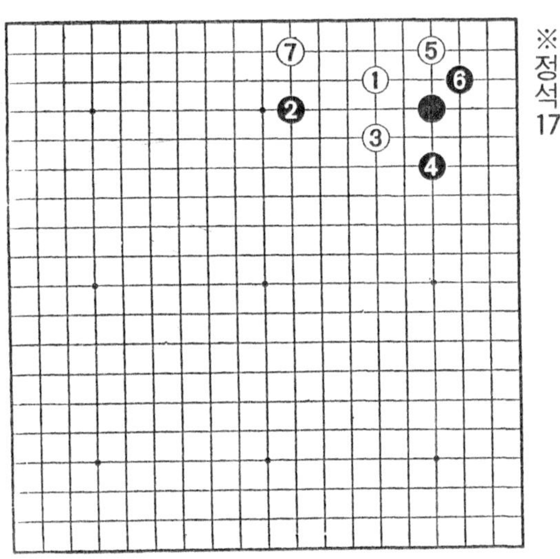

8 2칸 높은 협공

정석17

2칸 높은 협공은 화점이나 소목, 현대의 화형(花形) 정석이다. 이 정석은 모양이 알기쉽다.

흑2는 예봉의 기세, 다음 백7은 절대 필요한 곳이다.

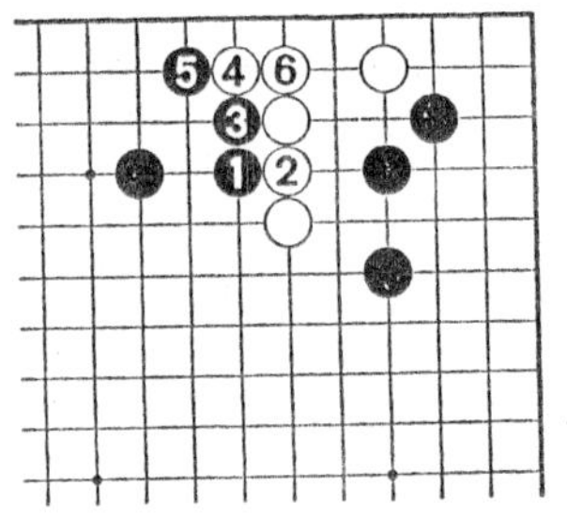

1도 백선의 달림이 없다면 흑1로 들여다보고 3, 5로 둔다.

백4, 6은 정취가 없다.

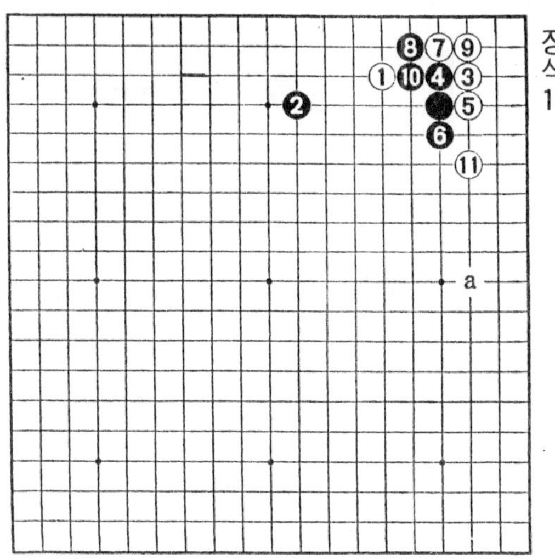

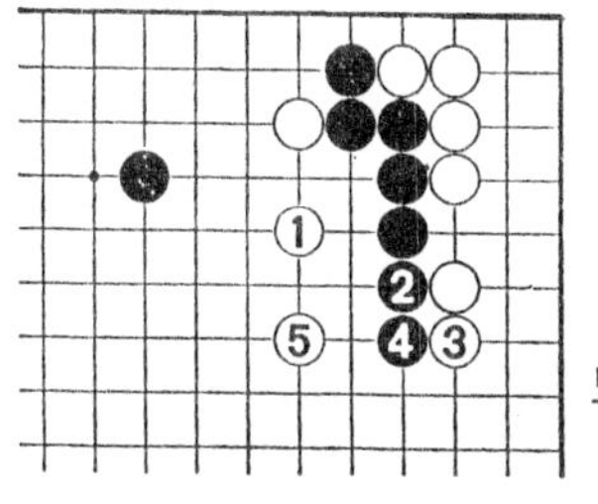

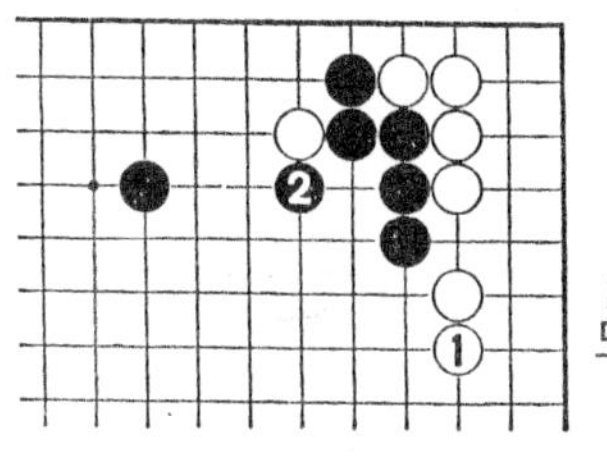

정석18

여기에서는 백 3 의 3·3 침입이 유력하다. a 에 흑이 없으면 4 의 곳을 내려서 11까지 일단락이다. 이 다음에—·

1 도 백 1 로 움직여 나가 전투.

2 도 백 1 에는 흑 2 로 지킨다.

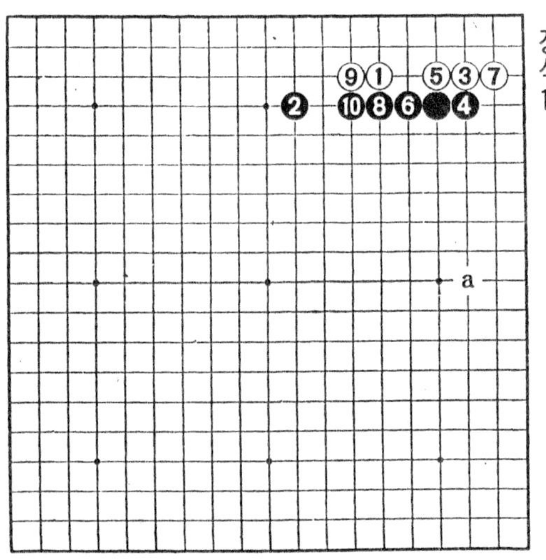

정석19

a 방면에 흑돌이 없다면 흑 4 의 내려섬은 어떻까? 이 점도 생각해 볼 자리이다.

백 5 에 흑 6 은 절대이다. 반대로 백 6 이면 세력관계가 달라진다.

백 7 의 내려섬에 흑 8, 10의 막음, 여기에서는 흑 2 의 위치가 절호이다.

백 7 의 수로 백은 저항이 있다.

이와같은 상황이 연출되었을때 흑과 백이 무조건 계속해서 좌측으로 진행해 나아갈 수만은 없다. 흑 2의 중요성은 바로 그 진행 한도를 예정해 주는 수순이라고 할 수 있다.

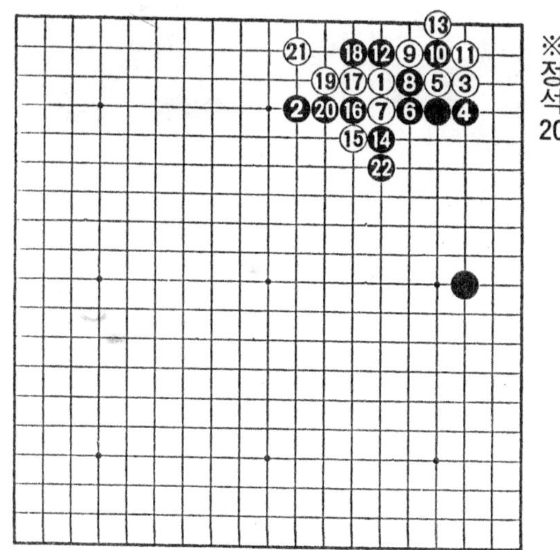

정석20

2칸 높은 정석의 좋은 모양을 소개한다.

1도 흑6에 백7이 문제의 발단이다.

2도 흑1, 3의 나가 끊음이 있다. 흑3으로 5의 단수도 생각해 볼 자리이다. 백a, 흑3, 백b, 흑4로 위력이 크다.

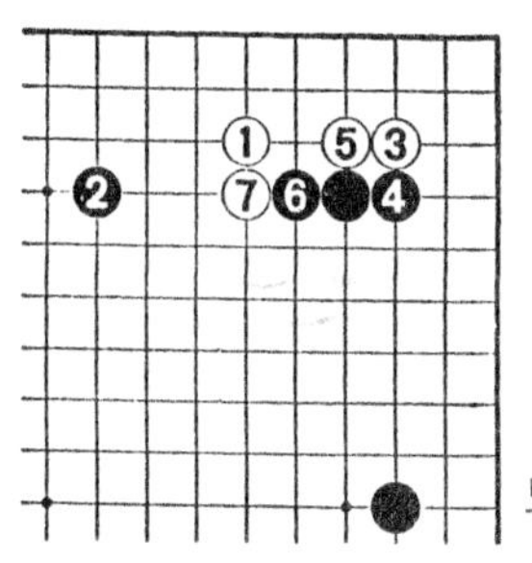

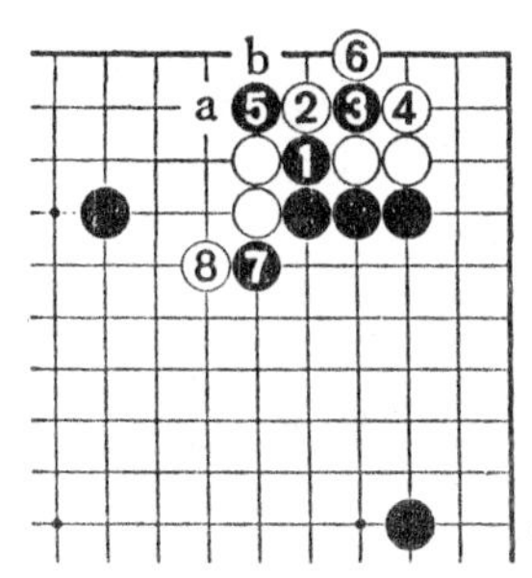

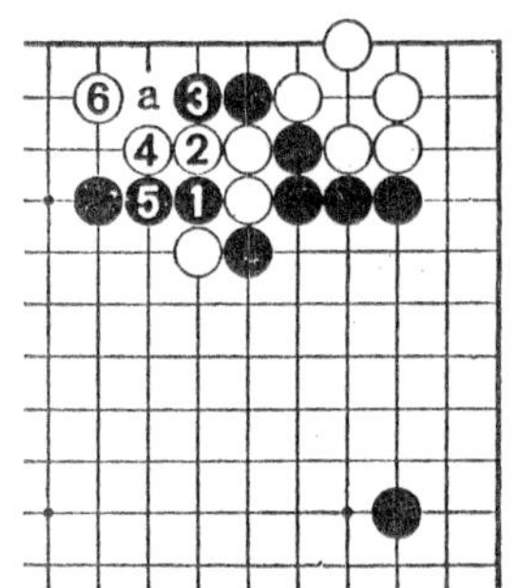

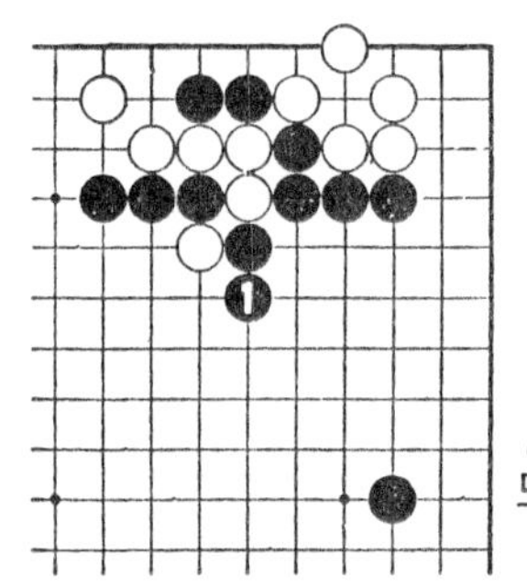

이 모양에서 백 6 은 필연이다.

계속하여 7 의 젖힘에 백 8 의 반발. 여기에는——

3 도 흑 1 의 끊음, 백 2 에 흑 3 이 맥이다.

백 4 로 5 는 흑 4 로 단수를 한다.

백 6 으로 a 는 흑 6 으로 붙인다.

4 도 여기까지의 결정에 흑 1 이 정석이다.

모든 수순을 상단에 나타내었다.

2 칸 협공에서 22까지 외길 정석 수순이다.

5 도 정석이후의 상황이다.

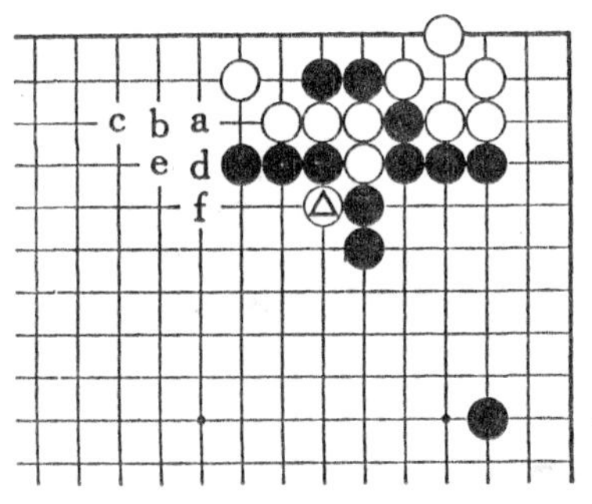

a 에서 f 까지가 상변의 백에 관계되는 선수행사의 자리다.

백 ◬는 움직일 수 없음을 증명하고 있다.

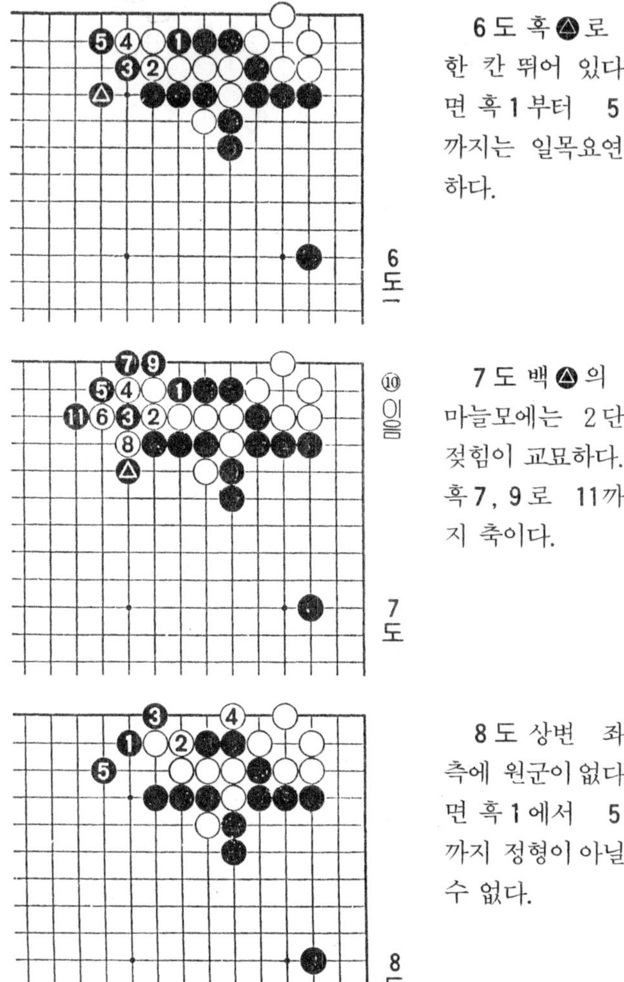

6도 흑◭로 한 칸 뛰어 있다면 흑1부터 5까지는 일목요연하다.

7도 백◭의 마늘모에는 2단 젖힘이 교묘하다. 흑7, 9로 11까지 축이다.

8도 상변 좌측에 원군이 없다면 흑1에서 5까지 정형이 아닐 수 없다.

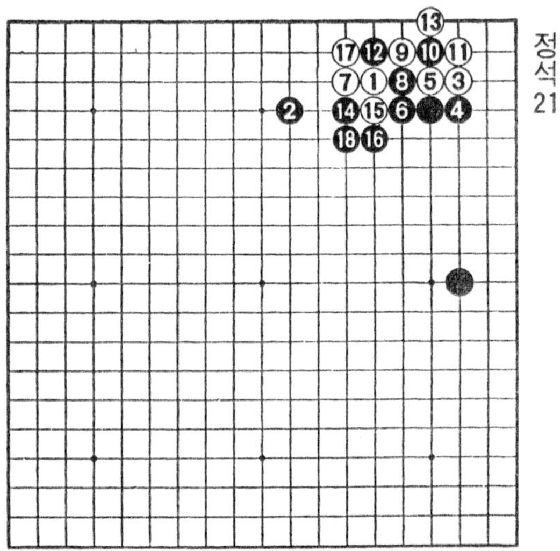

정석21

전 정석에서의 변화이다. 흑 6 의 늘음 다음에 백 7 의 뻗음, 다음에 흑 8 , 10은 같다. 흑14의 붙임이 맥점이다. 백15에 흑16, 백17에 흑18까지——.

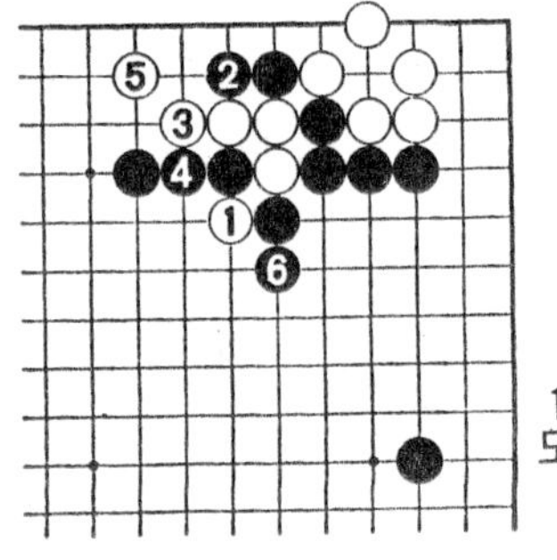

도중 백 17의 내려섬으로 18의 곳을 끊으면—.

1 도 백 1 에는 흑 2 로 밑에서 받는다. 이 정석은 20까지 환원하여 같은 결과이다.

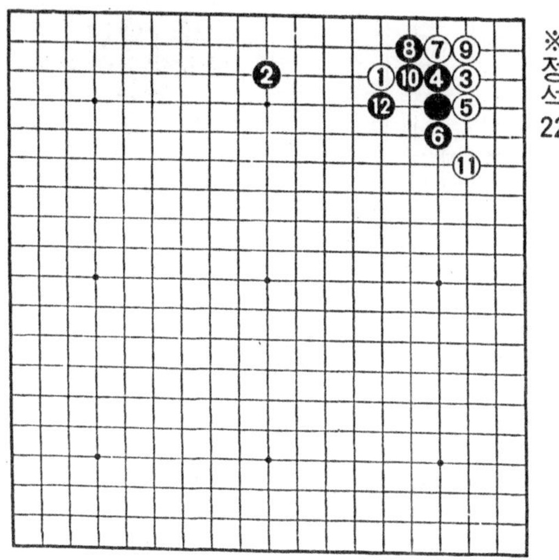

9 3칸 협공

정석22

3칸 협공은 협공의 위력이 약하다.

왜냐하면 협공하는 돌의 움직임이 한정이 되기 때문이다. 여기에선 3·3침입이 있다.

흑4로 막는 한 수이다. 이하 12까지가 정석이다.

3·3에 침입을 하면 흑12의 가치가 큰 곳이다.

여기에서 백의 불만이 생긴다.

그렇다면 3·3침입 이외에 달리두는 방법은 없을까?

특히 초보의 단계에 있는 사람으로서는 수읽기의 공부를 해둘 필요가 있다. 제 1, 제 2의 방법을 끊임없이 생각해 두어야 한다.

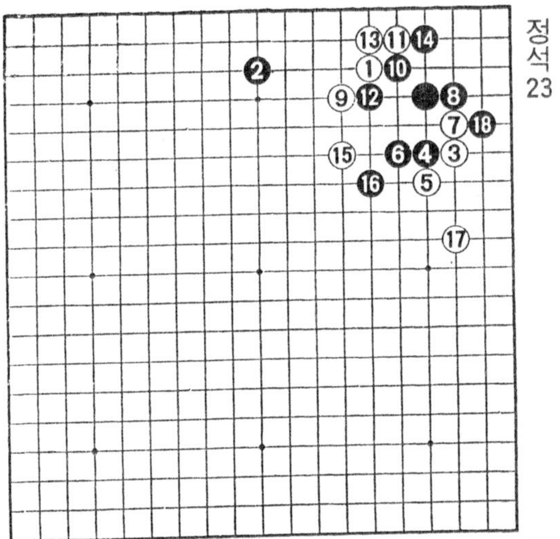
정석 23

정석23

백 3 은 양걸침의 모양이다. 흑 4 는 자기편이 강한 곳에 붙이라는 바둑 격언이다.

백이 5, 7 로 우변을 둔 다음 9 로 좌변을 나간다. 흑 10에는 백11의 젖힘.12, 14의 수순이 중요하여 16으로 머리를 내밀어 18까지 일단락이다.

도중 백 9 로——.

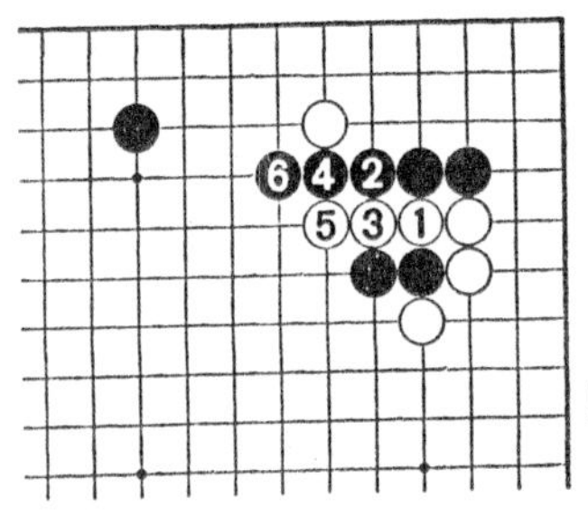
1 도

1 도 백 1 은 2 이하로 흑의 실리가 좋다. 마지막 18의 젖힘은 생략할 수 없는 점이다.

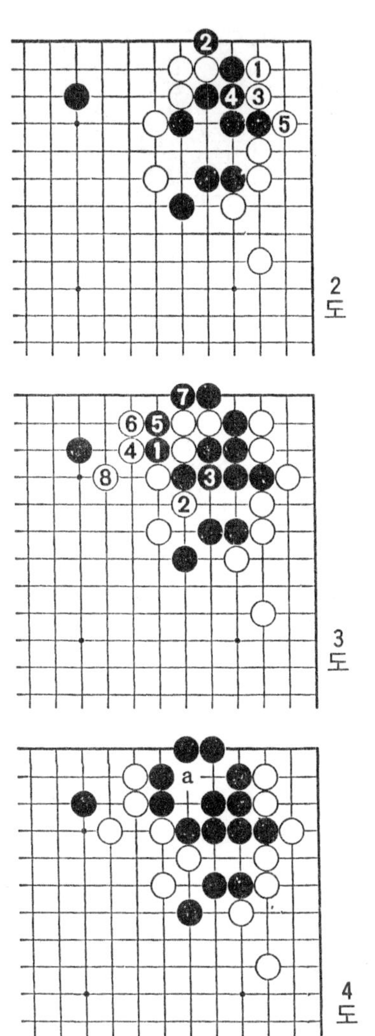

2 도 백 **1** 의 붙임이 있다. 흑 **2** 는 최강의 저항인데 백은 **3, 5** 로 건너간다.

3 도 흑 **1** 로 3점을 끊으면 어찌 될까?

흑 **1** 로 3점을 끊으면 백은 **4** 로 흑 **1** 에 대해 단수한다. 결국 흑 **5**, 백 **6**, 흑 **7** 로 백 3점을 따내게 되고 백은 **8** 로 중앙 세력 확장을 도모하게 된다. 결과적으로 백이 손해가 된다고 볼 수 없다.

4 도 이것은 따내고 난 후의 모양이다.

백 a 의 치중으로 2집이 생기지 않는다.

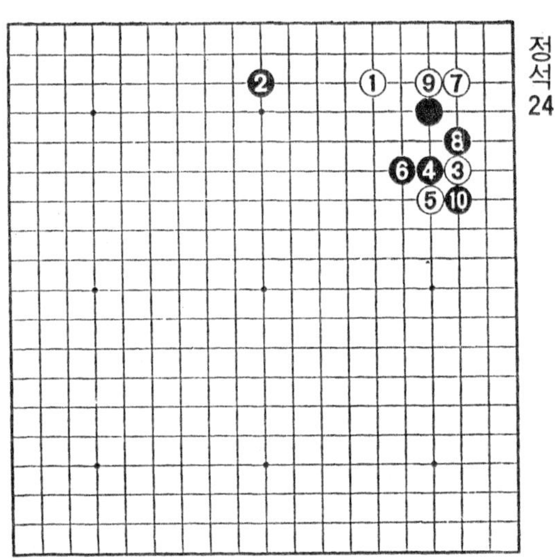

정석24

정석23에서 엷은 곳이 생긴 모양이다.

흑10까지의 끊음은 당연한 결과이다. 이러한 착상은 어떨까?

이 정석을 말하자면 흑6 다음 7로 3·3에 침입을 한 모양이다.

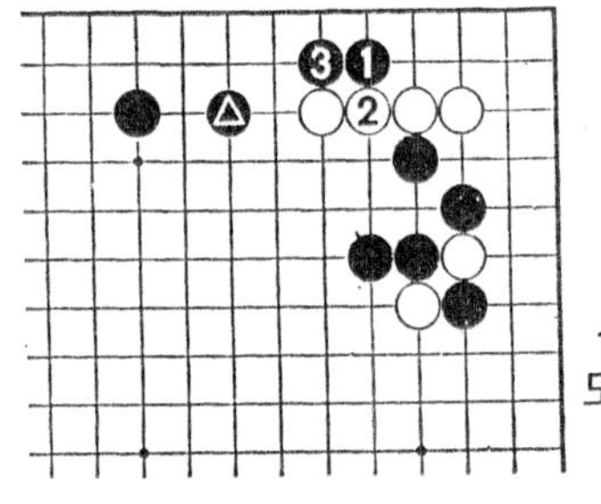

1도 흑▲가 다가서 있다면 흑1, 3의 공격으로 약한 곳을 지키는 것에 주의하여야 한다.

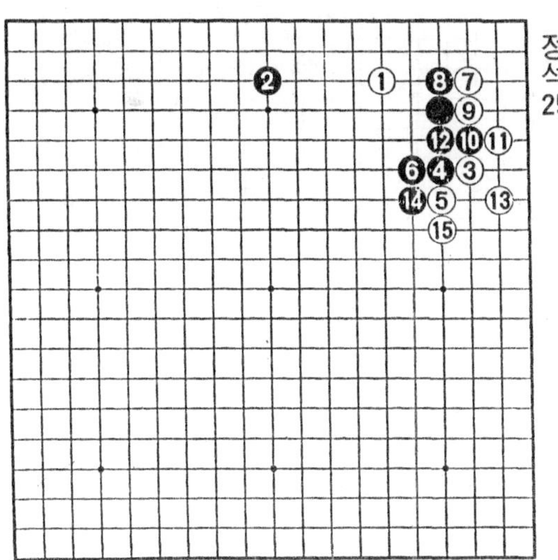

정석25

전 정석에서의 변화이다. 백 7 의 3·3 침입에 흑 8 로 내려서 이하 14까지 된 모양이다.

14의 미는 정석은 12와 같은 정신이다.

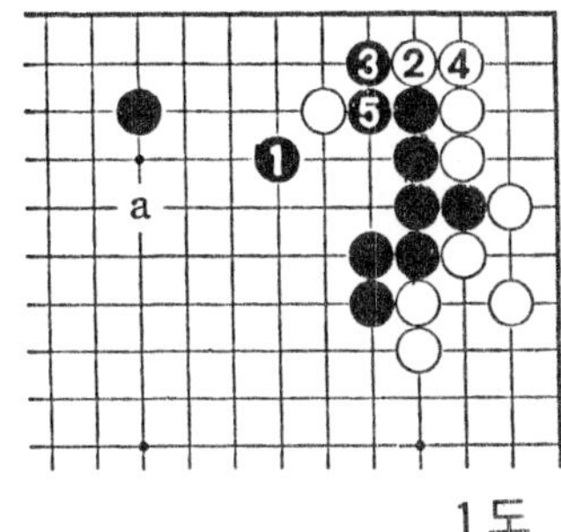

1 도

1 도 정석의 계속인데 흑 1 은 초심자로서는 실패하기 쉬운 수이다. 백 2, 4 의 젖힘에 5 까지 되고 보면 1 의 곳은 너무 적다. 계속하여 둔다면 a 의 지킴이 웅대하다.

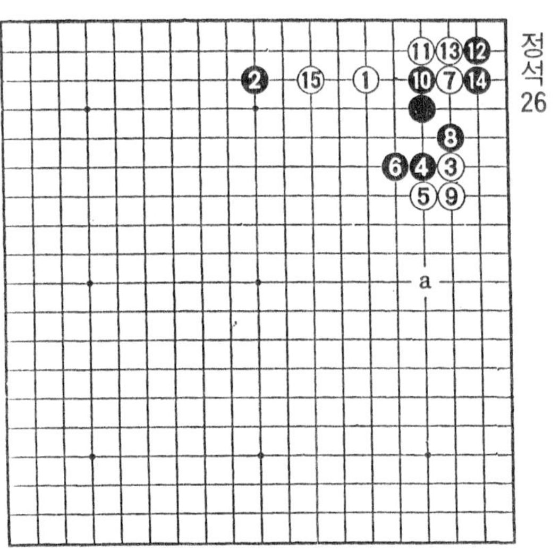

정석26

이것도 정석24의 변화이다. 흑 8 에 백 9 의 이음이다. 여기에서 흑10에 백11의 곳을 젖히면, 이에 대하여.

1 도

흑 1 의 내려섬에 백 2 , 4 까지의 모양은 정석25와 비슷하거나 a 의 곳이 선수가 안되어 백의 만족이다. 백의 만족은 흑의 불만이다.

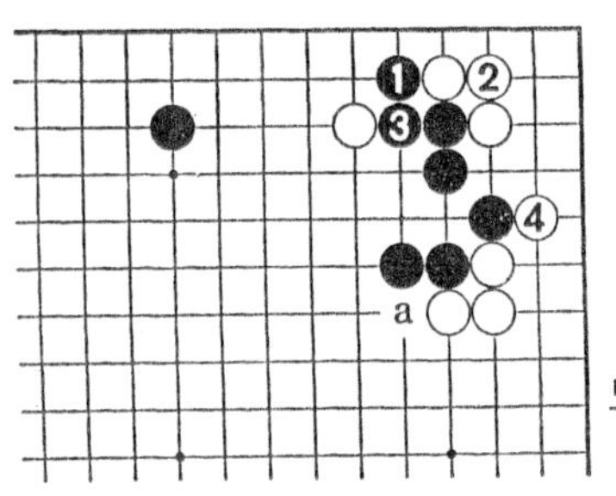

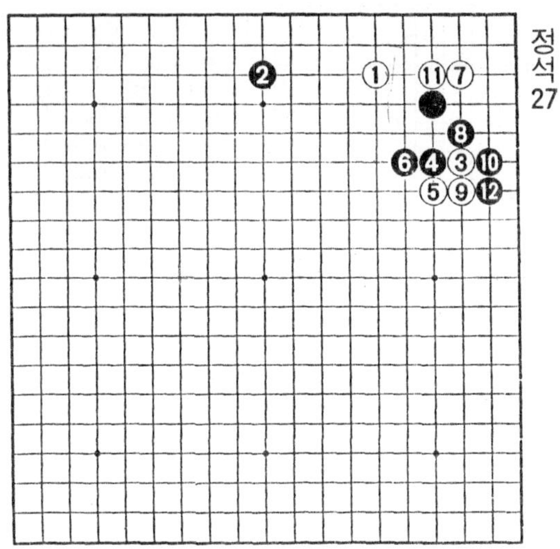

정석27

전 정석의 변화이다.

백 9 의 이음에 10의 젖힘이 공부이다. 이에 대하여, 1도 백 1 에 막으면 흑 2 로 내려선다. 백 Ⓐ가 배 한가운데 있음을 유의하여야 한다.

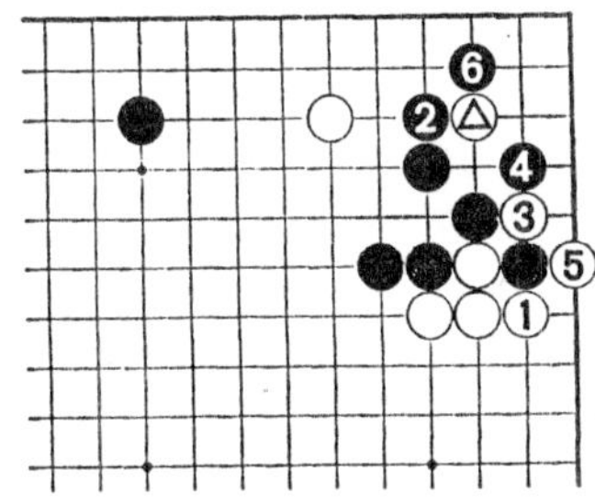

백은 11의 건너감으로, 흑 12로 밀어 3 점이 뜬 돌이 된다. 여기에서 화점에 대한 날일자에 3·3 침입을 응용하여 보았다.

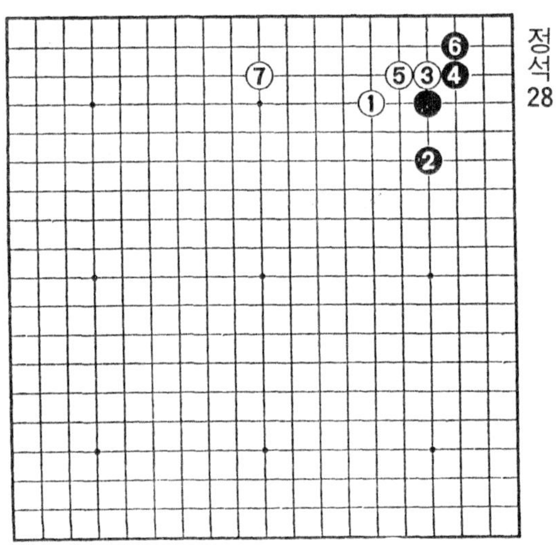

2. 다른 걸침

정석28

한 칸 높은 걸침은 단독으로 나타나는 것이 드물다.

백 7 까지── 귀의 실리가 크다. 여기에서 백 1 에 흑이 손을 빼면,

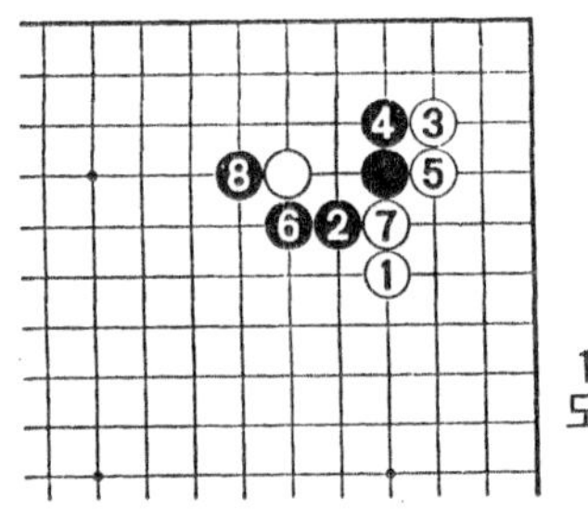

1
도

1 도 백 1 의 양걸침이 있다.

흑은 2 로 공격하지 않을 수 없다. 백 3 의 3・3 침입에는 흑 4 로 내려서기, 백 5 의 섬에는 흑 6 의 머리 누르기가 있다.

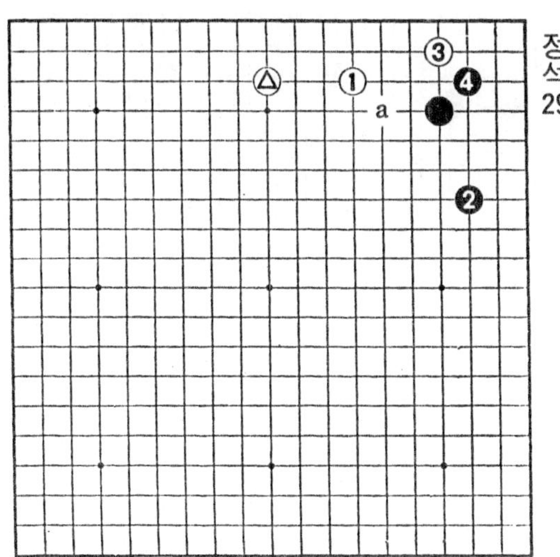

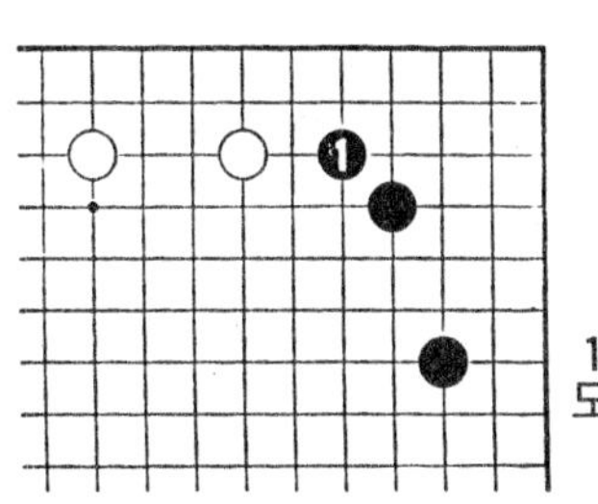

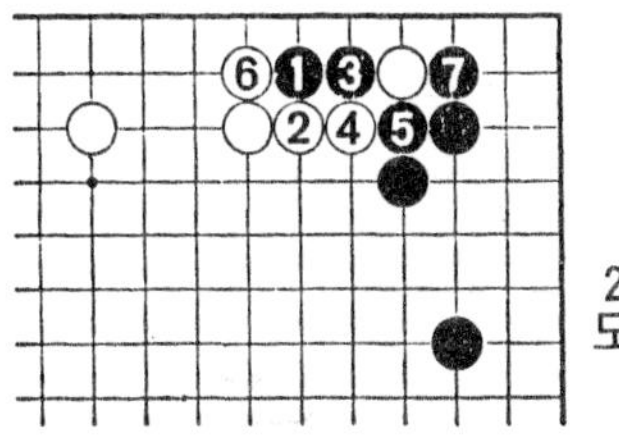

정석29

눈목자 협공은 백 Ⓐ의 벌림이 있는 경우가 많다.

이것에 대하여 흑 a, 흑 2 의 눈목자가 보통이다.

백 3 의 달림이 없다면—.

1 도 흑 1 은 크다.

2 도 끝내기의 수단이 남아 있다.

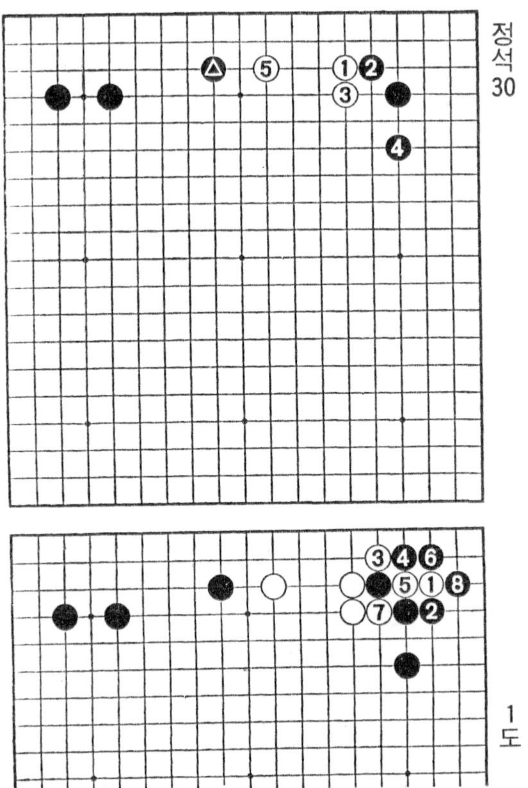

정석30

백 1의 날일자 걸침에 흑▲가 있다면 흑 2의 마늘모 다음에 4의 한 칸이다.

백은 2칸이기 때문에 불만인데, 이 모양에서는 나중에 3·3침입에 대한 대처가 없다.

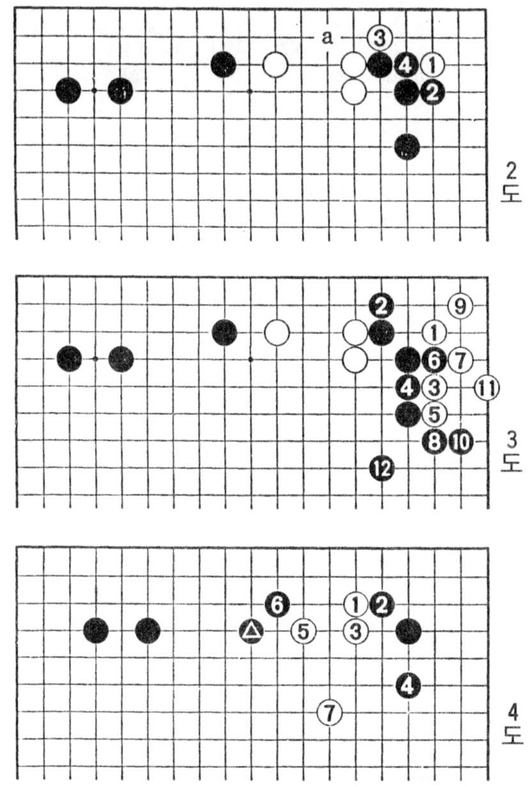

2 도 흑 4 의 수는 어떨까? a 의 곳이 이익이 남아 백의 공격이 어렵다.

3 도 흑 2 의 내림에는 바깥쪽에서 백의 공격을 허락한다.

4 도 흑◭의 위치가 한 칸으로 좁혀져 있는 모양에서는 흑 6 으로 안형을 빼앗으며 공격을 한다.

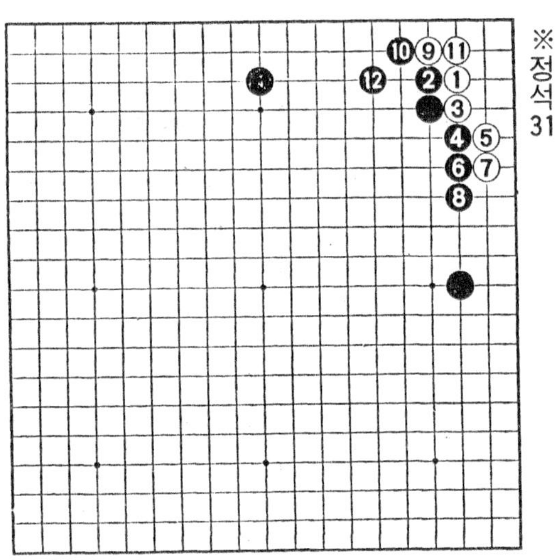

정석31

화점에서 양쪽으로 굳힘이 있는 모양이다.

이런 경우는 단독으로 3·3에 침입하여 들어가는 것이 유력하다.

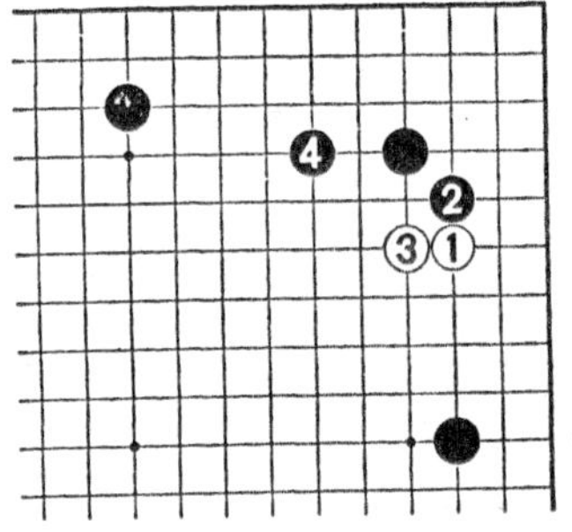

1도의 백1 걸침에는 흑2, 4가 모양이다. 여기에서 2의 곳 내려섬에서 12까지—· 이곳은 난공불락의 요새이다.

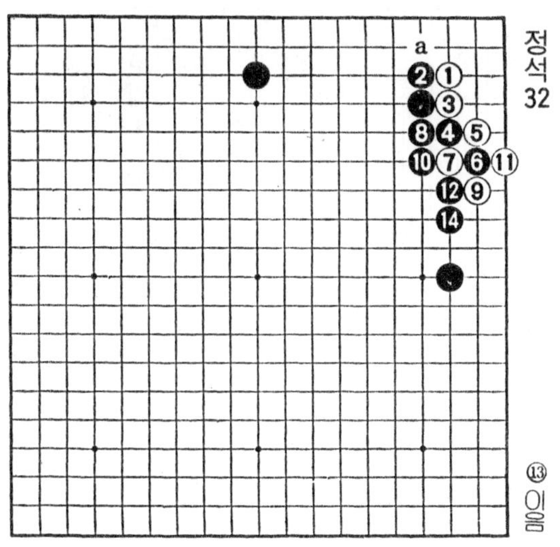

정석32

전 정석의 변화이다.

흑4, 6의 2단 젖힘에서 10으로 4점의 벽을 만들기까지이다. 백a의 젖힘은 후수이다. 도중에 흑10으로 11도 있다. 여기에서 1도 백1의 이음은 2, 4로 귀의 2점을 희생한다.

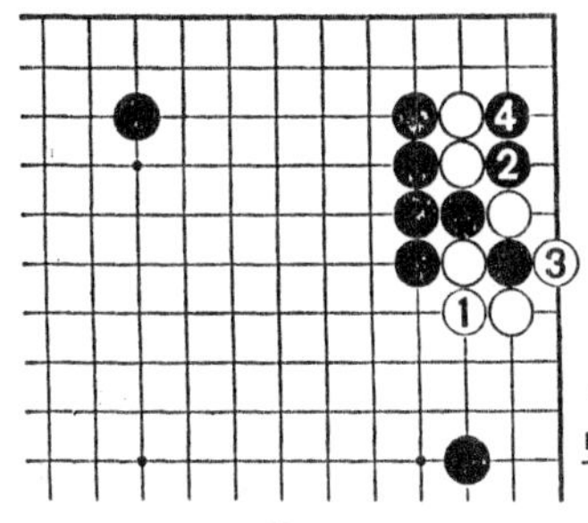

이것은 다음에 나오는 정석 33보다 손해이다.

흑12에 저항하는 것은 좋지 않다.

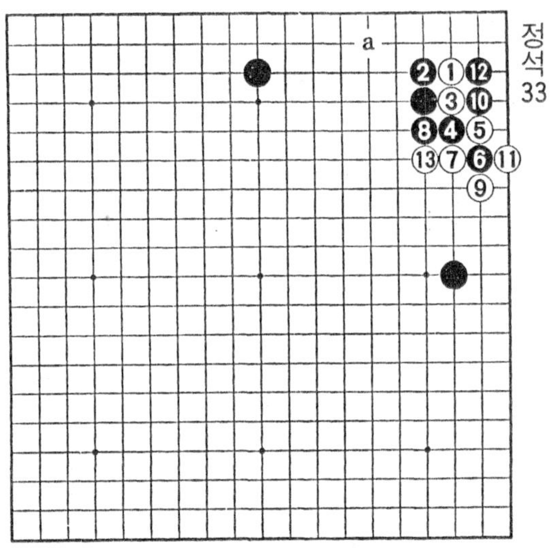

정석33

전 정석의 도중에서의 변화이다.

백 9 의 단수에 흑10의 끊음은 귀의 실리가 큰 곳이다. 백은 13 다음에 우변을 분단한다.

실은 귀의 백 2 점을 움직인다면——.

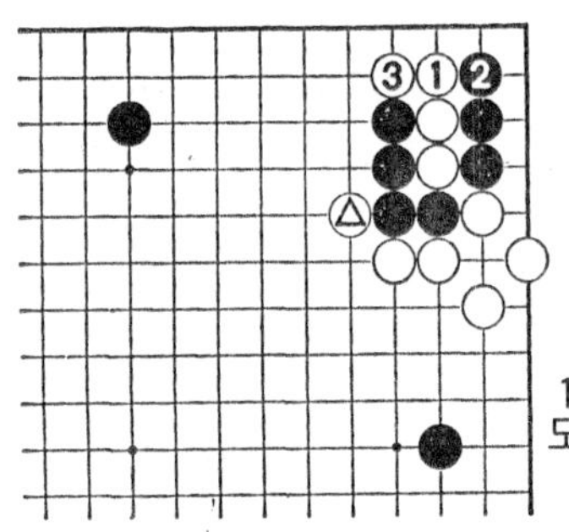

1 도 백 △의 젖힘이 있다면 a의 곳은 당연한 선수행사의 자리이다.

이것이 이 정석을 택한 이유이다.

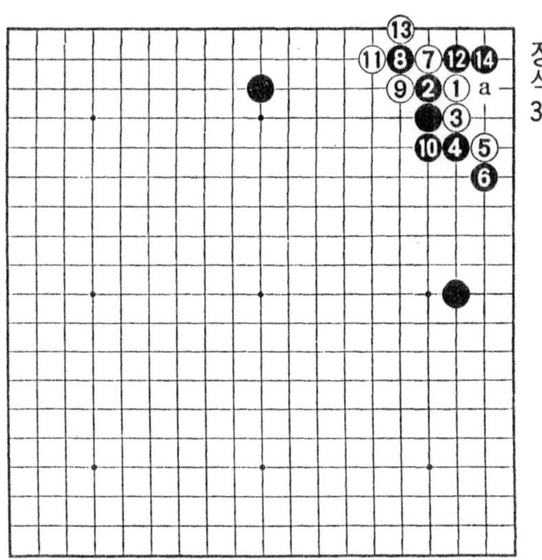

정석34

정석 32의 변화이다.

흑4, 6의 2단 젖힘에 대하여 백7의 젖힘, 흑8의 내려섬에 백9의 끊음이다. 여기에 대하여 1도 흑1의 단수는 이하 10까지이다.

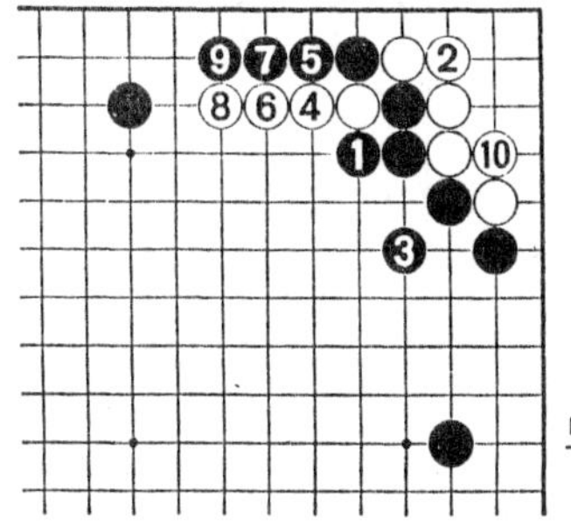

상변의 4점은 기회를 보아 피해 나간다.

상단 흑10의 이음에서 14까지이다. 14로 a의 곳을 두는 수도 있다.

3. 3·3

3·3은 쇼와 초기의 신포석시대, 쇼와의 오 청원 기성의 독창에서, 전후 무적의 강완의 펀치를 휘두른 반전영남(坂田泳男) 선생의 다용 호선 정석 중에 정착되었다.

한 수에 완결하는 성질을 가졌다.

현대와 같은 복잡한 현대기에서 많이 사용함을 볼 수 있고 **참고도** 의 포석이 현대에 사용되고 있음을 유의하여야 한다.

에도(江戸)시대엔 금수(禁手)로 되어 있었다.

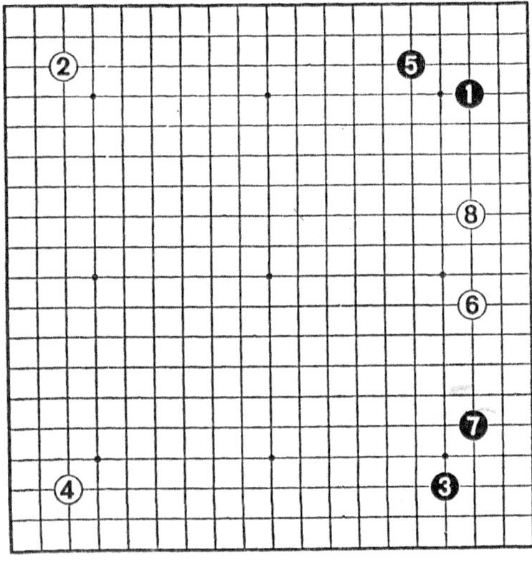

참고도

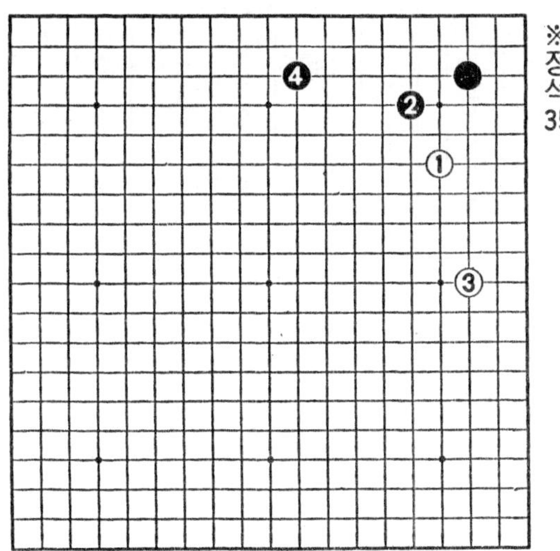

정석 35

눈목자 걸침도 보통 쓰는 정석이다.

날일자는 견실하여 이 다음에 1도 백 1의 붙임에는 흑 4의 내려섬까지 정형이다. 이것을 반대로 흑에서 두면 2도 흑 1의 미끄러짐으로 큰 곳이다.

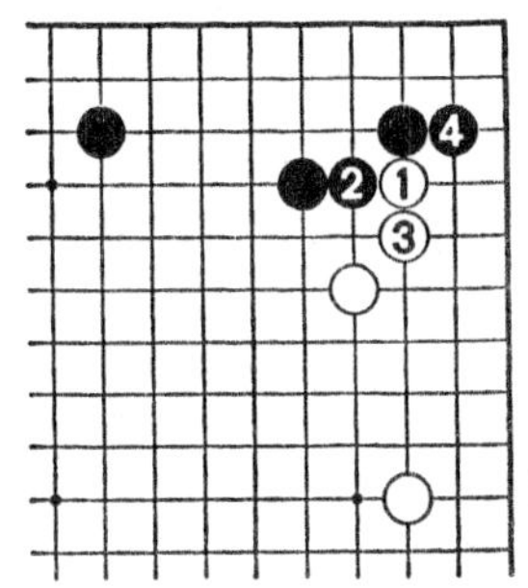

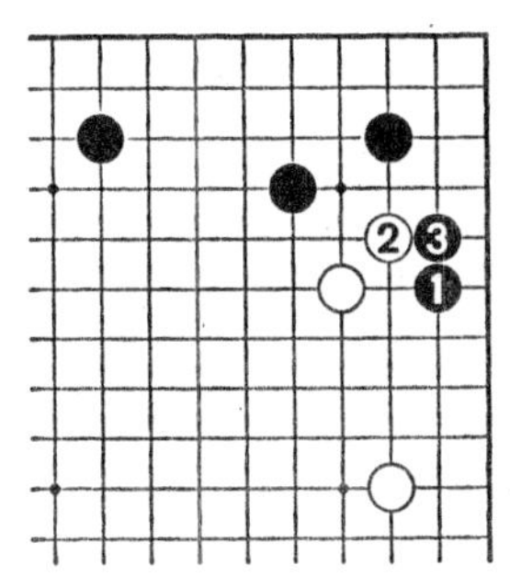

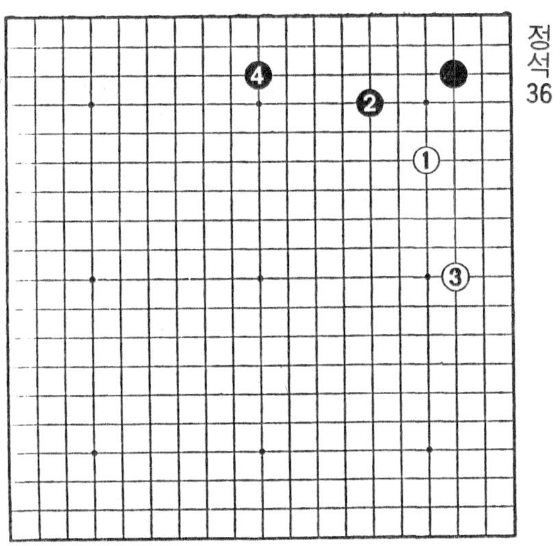

정석36 눈목자 굳힘에 날일자 붙임은 엷음이 당연하다.

1도 백1의 붙임은 급하지 않는 곳이다. 물론 1도의 백1에 서면 흑a의 미끄러짐은 없다.

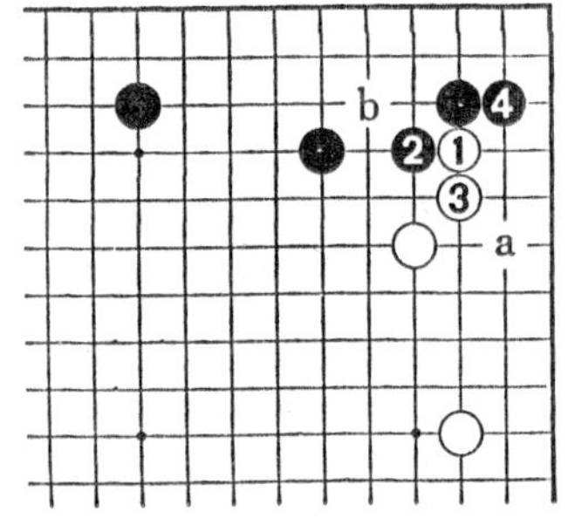

백3에로 끌어 엷음을 유도한다. 방치하면 백 b의 노림이 있다.

따라서 흑은 4로 귀쪽의 세력을 굳히지 않을 수가 없다. 만약 백이 방치한다면 흑a의 노림 수도 생각할 수 있기 때문이다.

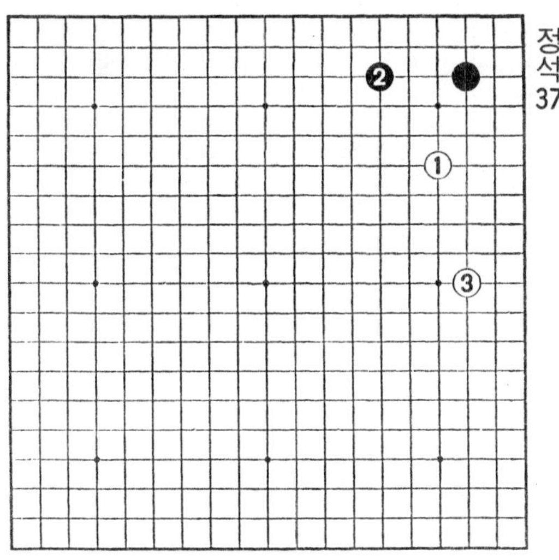

정석37

눈목자에 2칸 벌린 모양이다. 이 다음에——

1도 백1, 3의 붙임이 맥이다.

흑4에는 백5의 2단 젖힘이 있다.

2도 전도의 3 다음에 흑4의 받음이다.

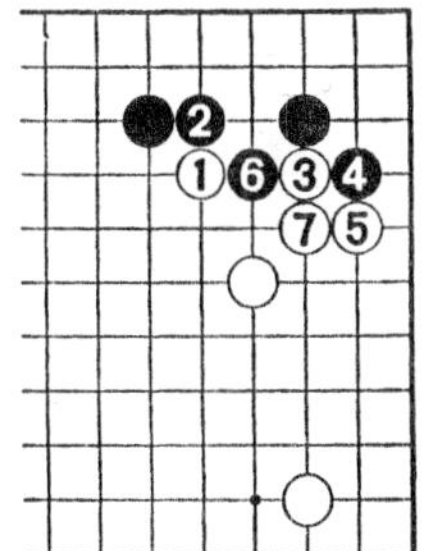

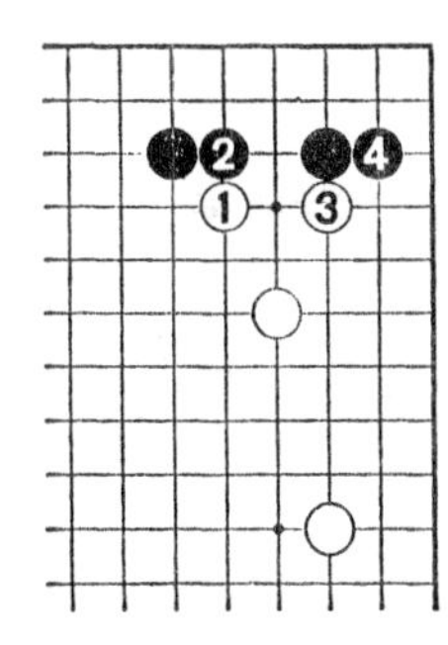

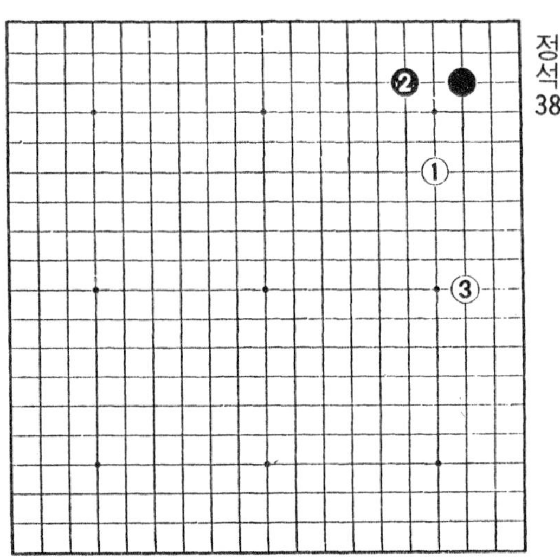

정석38 전 정석의 극단을 표시하고자 한다.

눈목자에 한 칸 뜀이다. 이 다음——.

1도 흑1의 미끄러짐이나 a의 곳에 침입을 하는 수단이 있다.

2도 백1의 치받음을 잃지 않음이 좋다. 백1에 흑a의 젖힘은 백b로 전 정석과 비슷하다.

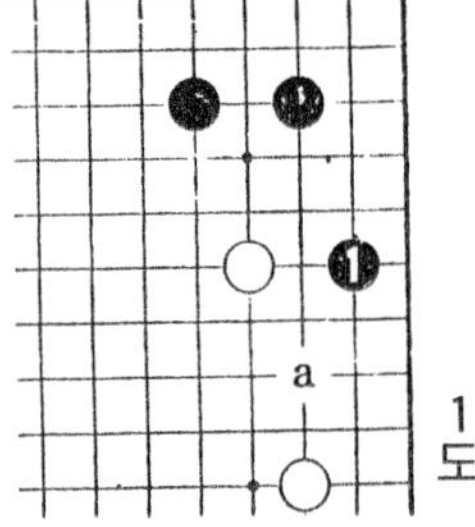

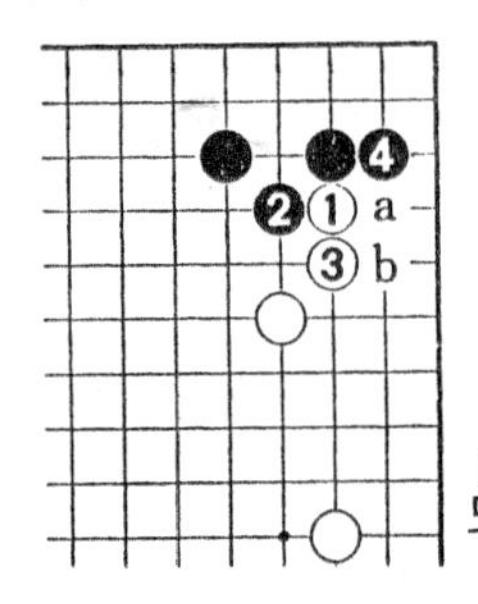

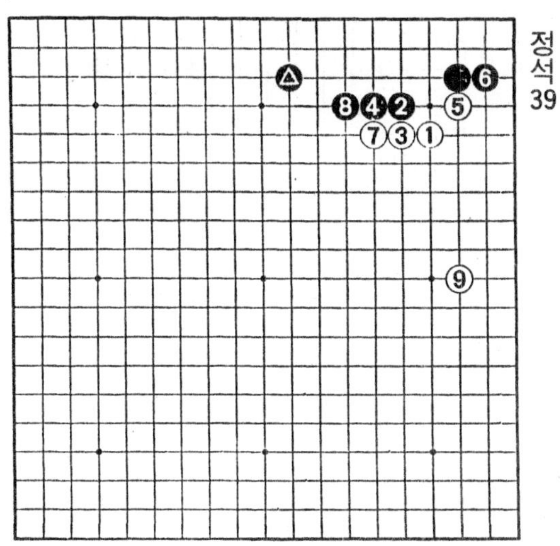

정석39

날일자 걸침은 특수하다.

흑▲가 있어 절충의 갈림이다.

설명을 바꾸어서 눈목자 걸침의 정석 3수째의 착점에 대하여 보자.

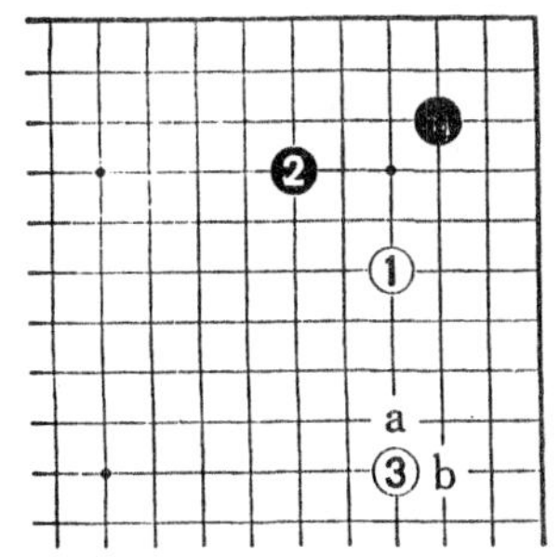

1도 백의 착점은 3이나 a, b이다.

선택은 우변, 하변의 흑·백 간의 배치이다.

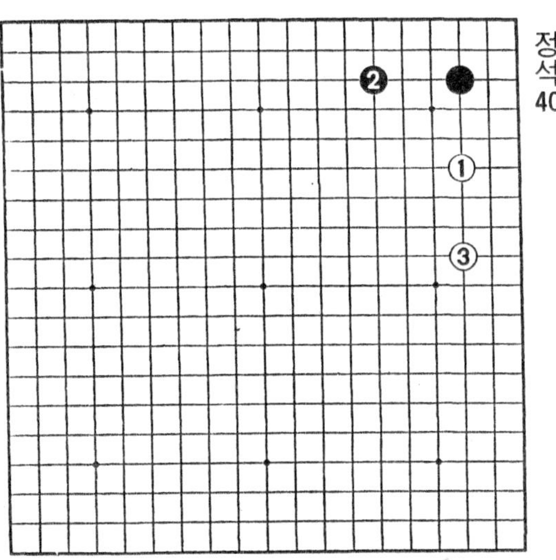

정석40

2칸 벌림이다.

1도 흑◬의 배치를 의식하여 날일자 받음은 견실한 방법이다.

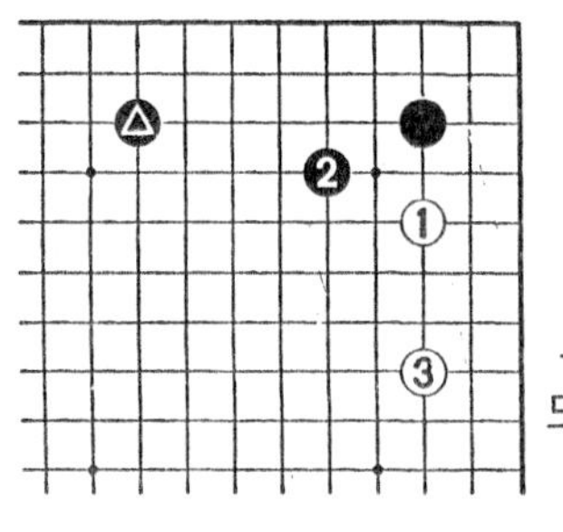

이것이 일반적인 모양이다. 눈목자의 대표적인 것으로 3·3의 바깥 측면에서 걸치는 것도 새로운 수법이다.

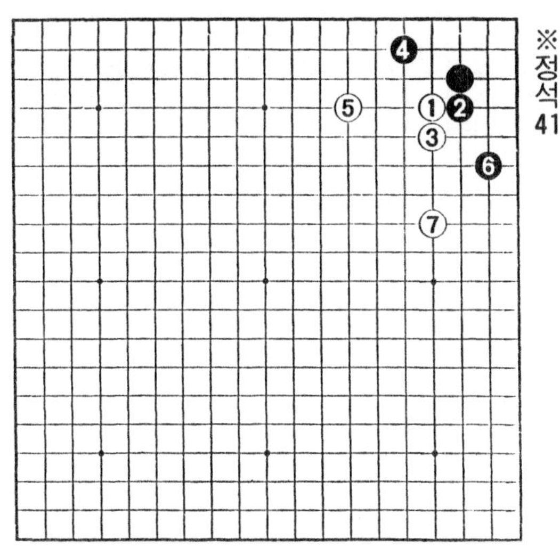

정석41

어깨를 짚는 것도 보통 두는 정석이다.

이 정석에서는 흑의 받는 방향이 문제이다.

1 도 백 7 까지 정석의 모양.

2 도 흑▲가 있다면 흑 2 가 정해이다.

백은 a 로 막아도 발전의 여지가 없다.

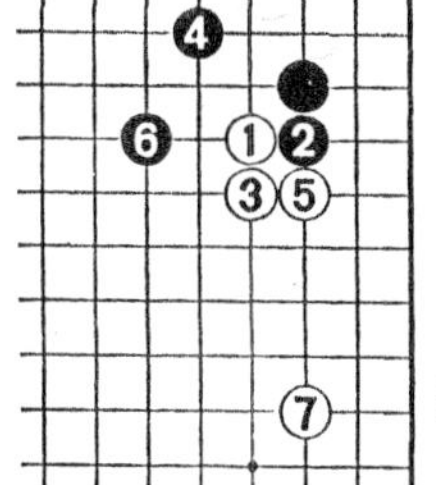

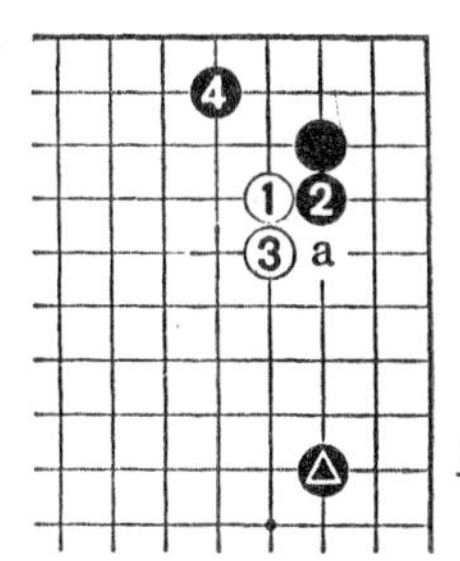

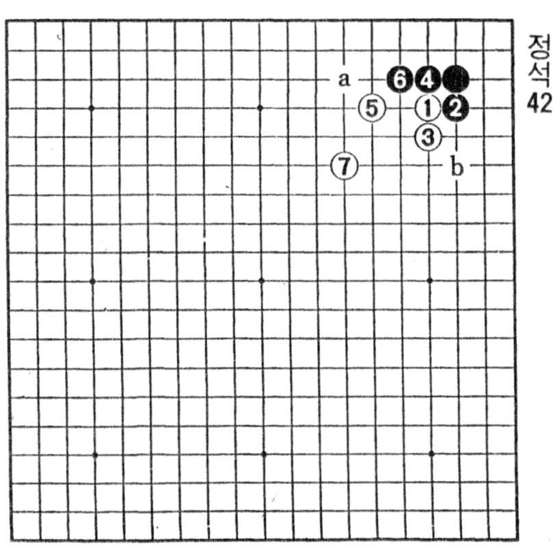

정석42

전 정석의 변화이다.

여기에서 백 7 다음에 흑은 a, b를 맞보기로 한다.

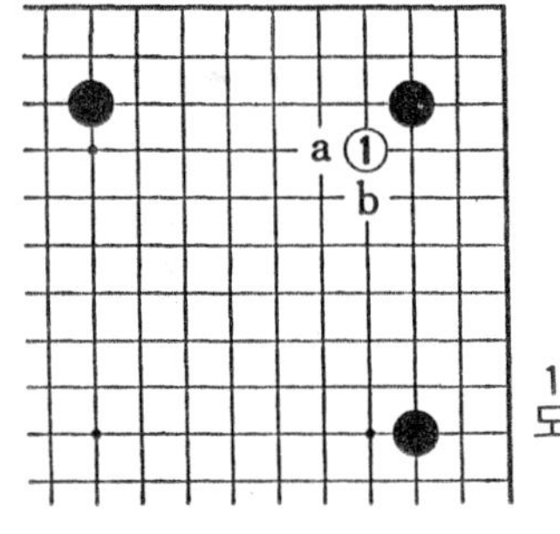

어깨를 짚는 정석은 1도의 3·3에서 양날개로 벌린 모양이다.

다음에 흑에서는 a 나 b가 이상적이다.

그러나 백이 1로 덮어 씌웠을 때는 문제가 달라진다.

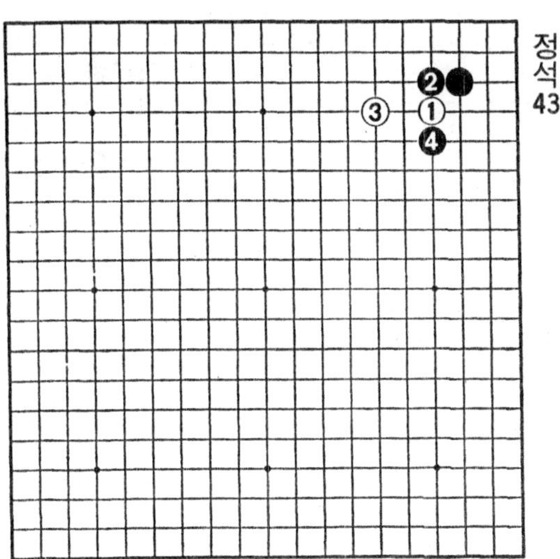

정석43

백 3 이 경쾌한 모양이다. 흑 4 가 좋은 수. 백이 이를 방치하지 않는 것이 좋다.

1 도 백은 1 이하 13까지 외길의 수순이다.

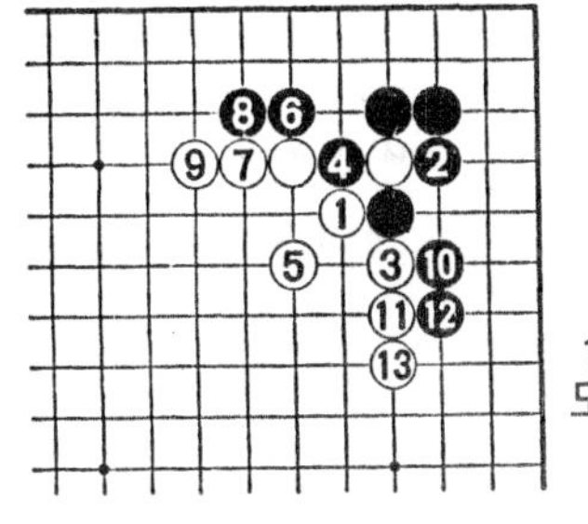

전문가의 바둑에서는 두터움을 사용하는 것이 보통이다.

실리와 외세의 팽팽한 갈림이다.

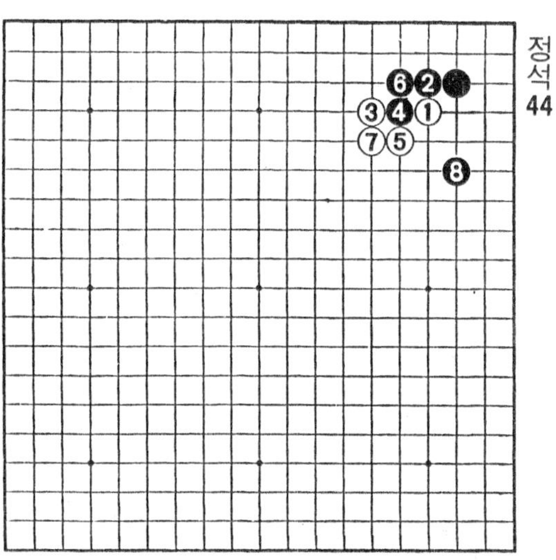

정석44

전 정석의 변화이다.

흑은 4로 끼어왔다. 백5, 7의 이음에 흑8.

1도 흑1의 건너뜀은 백2이다. 즉, 급소는 하나이다.

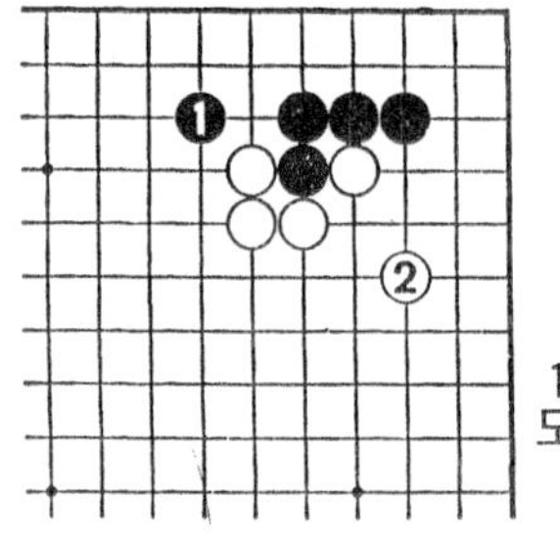

바둑 격언에도 '적의 급소는 나의 급소'라는 말이 있는데 본도의 2의 점이 바로 그런 점이다.

제2장

소목의 기본정석

1. 소목 날일자 걸침

소목은 불가사의한 지점이다. 이곳 자체가 중도 반단의 곳으로 세력이 결핍된 3선의 곳이다.

중국의 바둑은 옛날에는 화점에 돌을 둔 다음 시작을 하였다.

일본에 바둑이 건너오면서 소목에 두는 것이 발견되었고, 이곳은 복잡하고 심원한 곳이 아닐 수 없다.

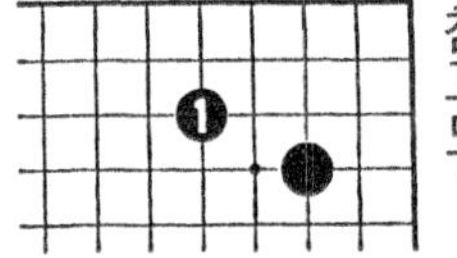

참고도 1

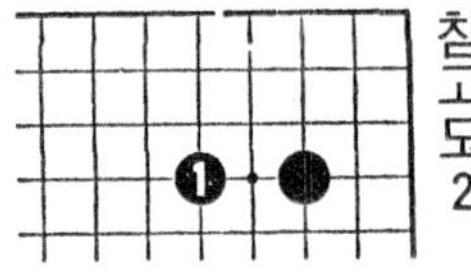

참고도 2

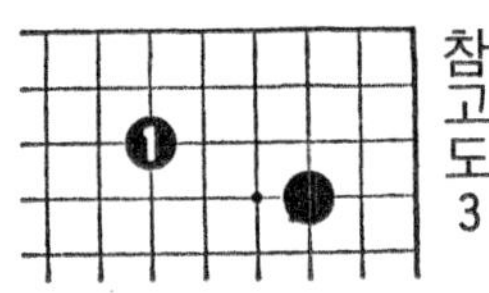

참고도 3

굳힘에는 3곳이 있다.

참고 1 도 날일자 굳힘. 10집이 확실한 곳이다.

참고 2 도 한칸 굳힘. 높게 상변에 침략의 여지가 있는 곳으로 우변에 위력은 절대이다.

참고 3 도 세력을 겸해 많이 두는 곳.

이상과 같이 소목에 걸쳐두는 방법은 다양하다. 그 가운데서 상황과 필요에 따라 적절한 방법을 선택하여 응수 한다.

그러나 한가지 주의하여야 할 것은 상대방의 돌이 움직여가는 것을 주시한 후에 수읽기의 힘을 이용하여 자기의 돌을 맥점에 응수하지 않으면 안된다는 것이다.

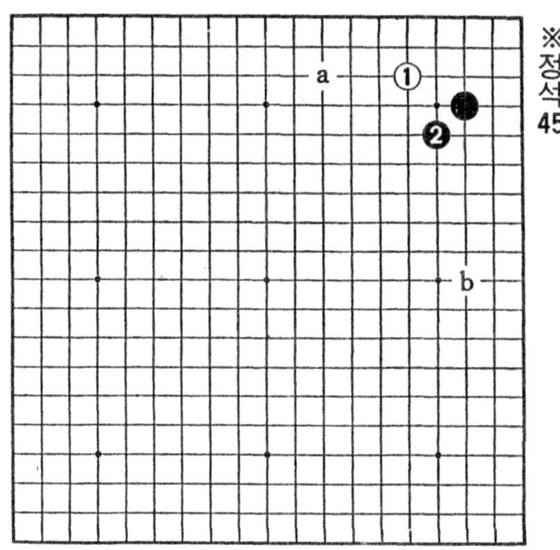

1 마늘모

소목은 다음의 굳힘이 절호여서 여기에서 걸침도 큰 가치가 있다. 걸침의 대표적인 것으로서는 날일자 걸침이 있다.

정석45 흑 2 의 마늘모는 견실하여 백의 책동을 봉쇄한다.

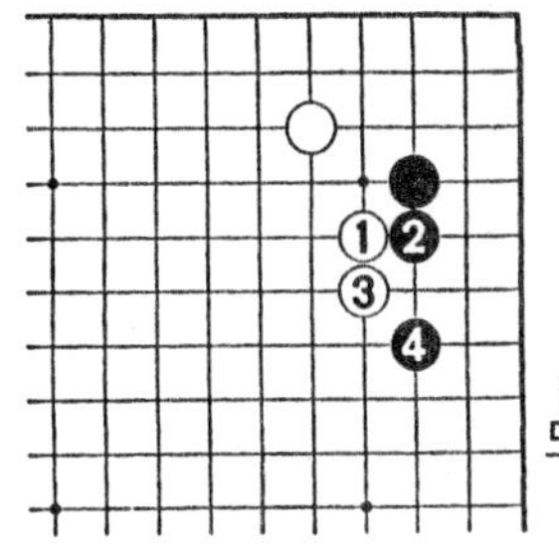

여기에는 발이 다소 느리나 집을 주체로 하는 현대바둑에서 많이 둔다. 마늘모의 다음수는 a나 b이다.

1도 백 1 의 씨움을 예방한다.

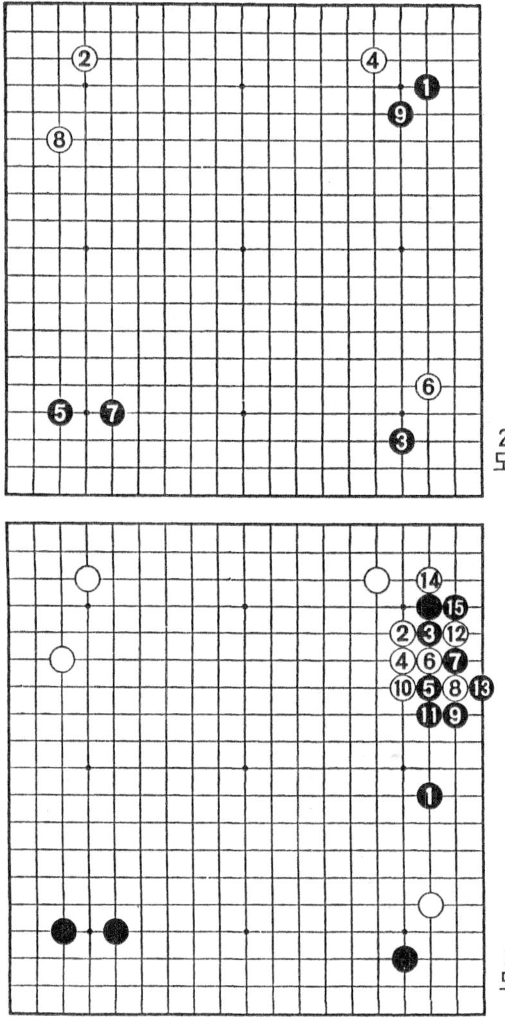

2도

3도

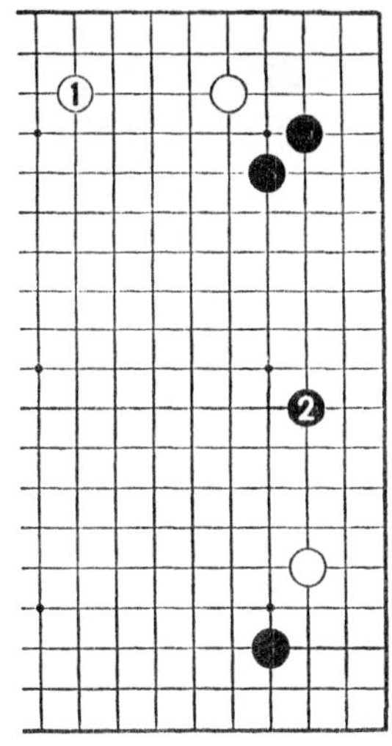

4 도

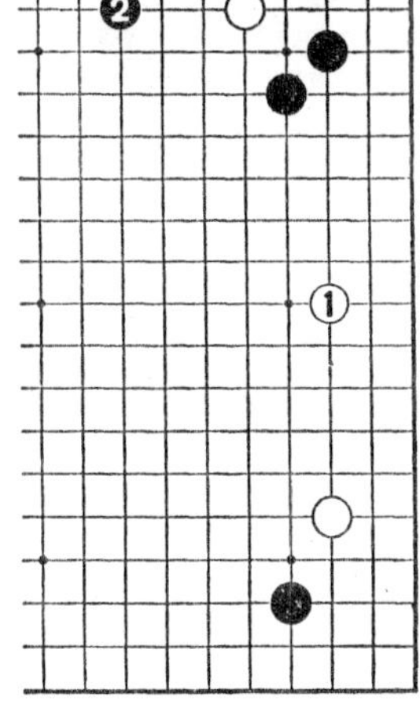

5 도

2 도 막부(幕付) 말에 나타난 기성 본인방 수책이 창설한 수책류의 마늘모이다.

흑9의 마늘모의 의미는——

3 도 전도의 흑 9 로 본도의 흑 1 의 협공에는 백 2 로 씌워 흑15까지가 예상된다.

전도의 흑 9 의 마늘모에——

4 도 백 1 에서 흑 2 가 절호의 벌림이다.

5 도 전도의 다음, 흑이 좋은 것은 백 1 의 전개에 흑 2 로 협공을 하여 백을 공격하여 주도권을 얻는다.

협공에 대한 백의 대책을 소개한다.

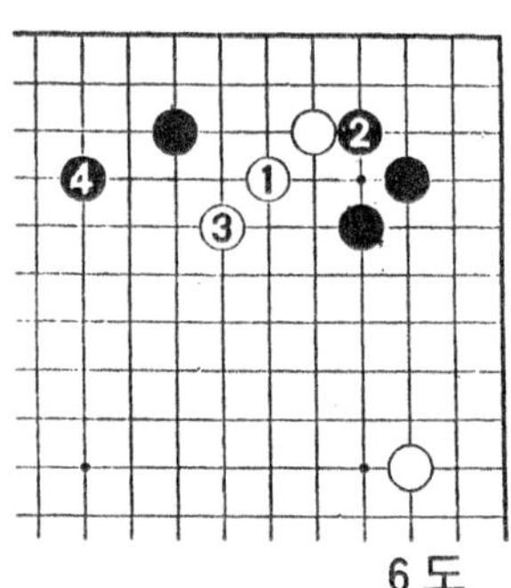
6 도

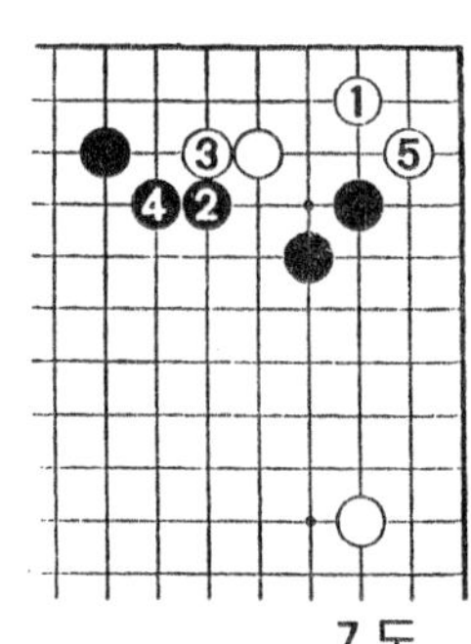
7 도

6 도 백 1 의 마늘모에 간단히 밖으로 나가는 것은 흑 2 로 백의 근거를 빼앗는다. 4 로 계속 상변에서 이익을 구한다.

7 도 근거를 얻기위해서 백 1 의 달림은 이하 5 까지살지만 외부가 완전히 봉쇄된다.

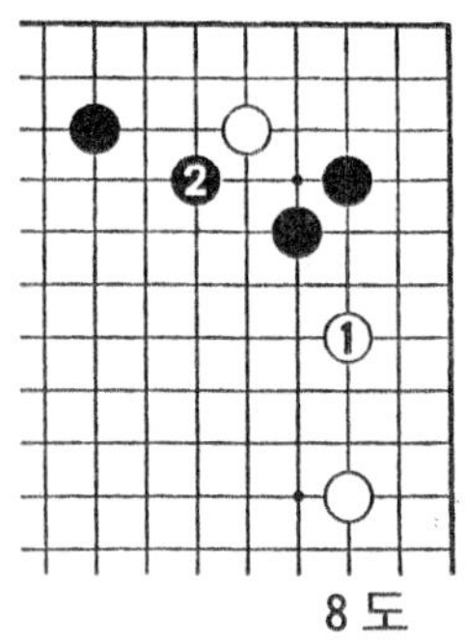
8 도

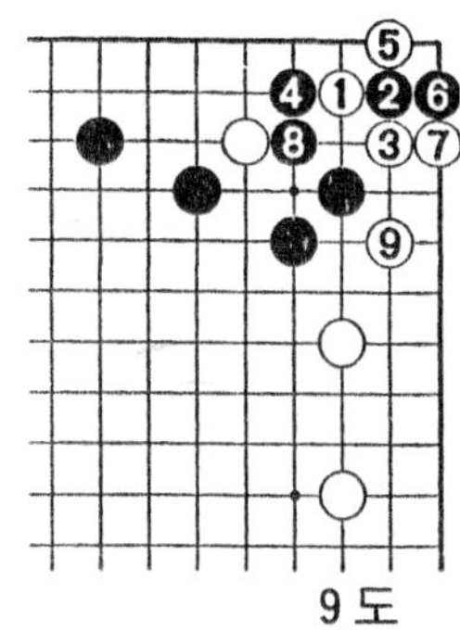
9 도

8 도 여기에서 반대쪽에 두어 신천지를 개척하는 것은 기리가 아닌 행동이다. 흑 2 다음에 귀의 백은 완전히 움직일 수 없다.

9 도 백 1 이하의 큰 끝내기가 남아있는 곳이다.

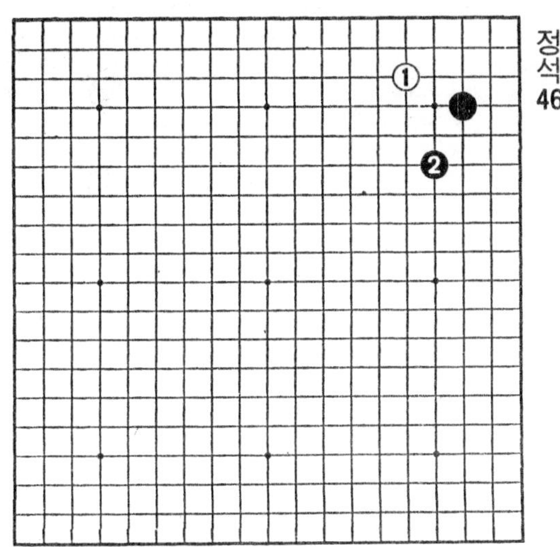
정석 46

2 날일자

정석46 날일자는 마늘모와 같이 견실함에서 비슷한 수이나 백에 대한 영향전의 행사에 있어서는 조금 다르다. 이 다음을 계속하여 보면——

1도 백1로 전개하는 점이다.

2도 백1의 3·3에 붙여 공격하는 점이다.

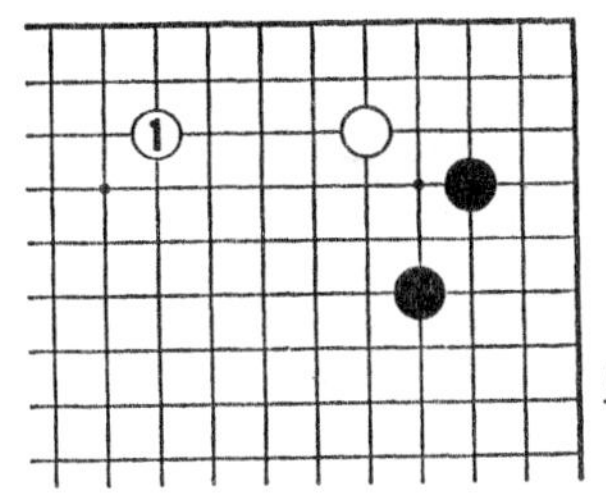
1도

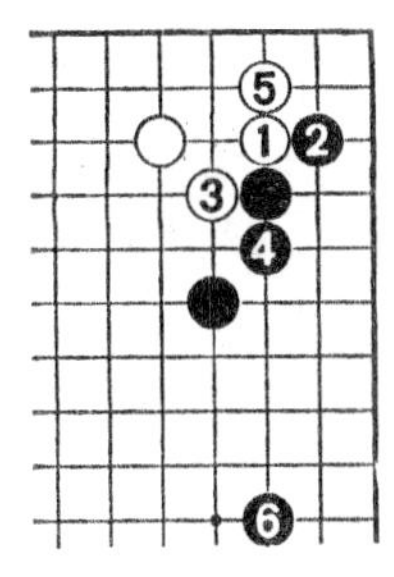
2도

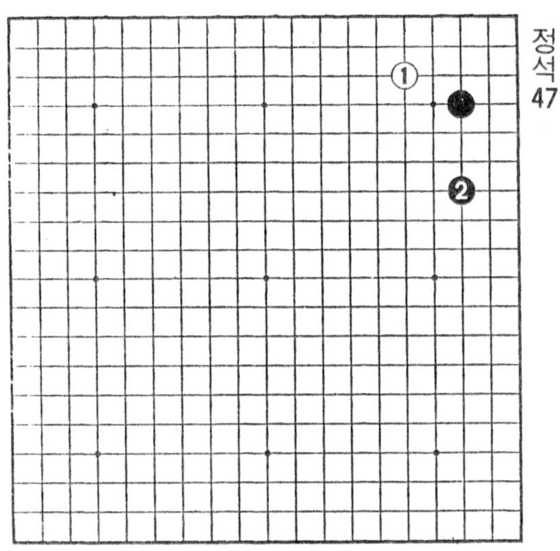

정석 47

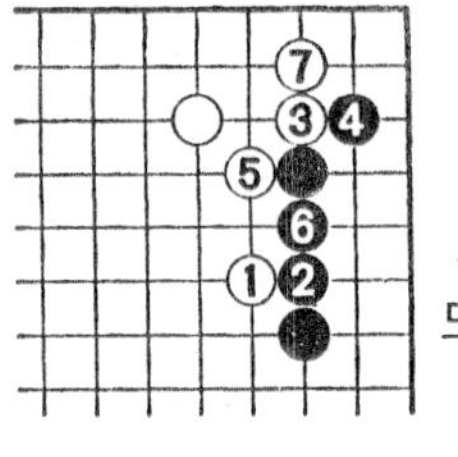

1도

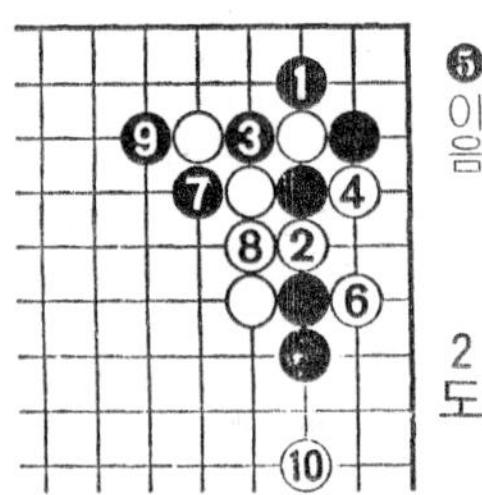

❺ 이음

2도

3 2칸

정석47

2칸 벌림으로 응수한 방법이다.

이 다음에—.

1도 백 1, 흑 2의 교환 다음에 백 3으로 귀에 붙이는 상용수단이 있다.

백 7까지 보통이다.

2도 이 모양에서는 흑 1의 반발이 있다.

백10으로 쌍방 최선이다.

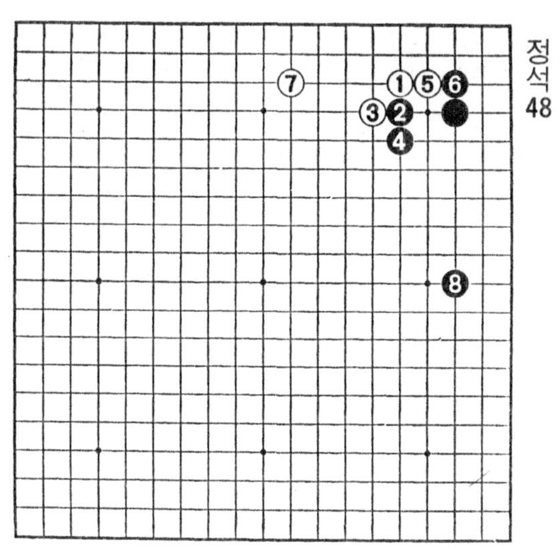

4 머리붙임

정석48 소목에서 머리붙임은 화점에서 머리붙임 보다 손해라는 정석이다.

1 도 흑10까지 정석이다. a 의 단점을 수비한다.

2 도 백 2 로 끼워 젖혀서 마늘모하는 수가 있다.

축이 유리하다고 백 2, 흑 4, 백 3, 흑 5, 백10까지 축이다.

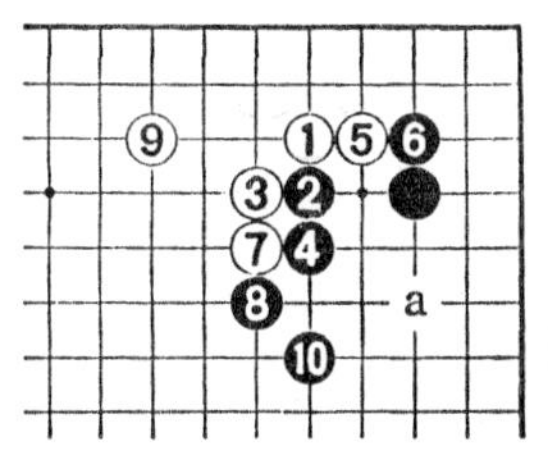

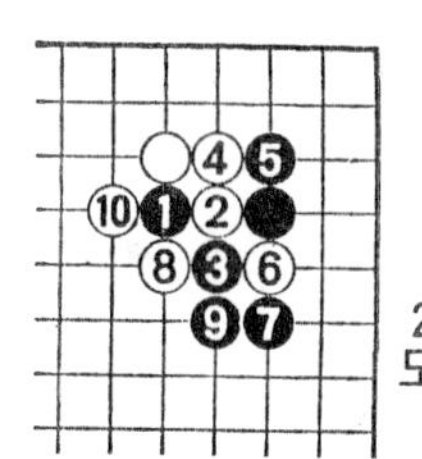

5 한 칸 협공

날일자 걸침에 대하여 협공의 보통 방법을 생각하여 보자. 귀에 선착하여 공격전을 활용한다.

협공의 종류는 6곳인데 가까운 협공은 한 칸 협공이다.

정석49 한 칸 협공은 1도에 나타난것처럼 돌이 급박하다.

2도 흑1의 붙임에 백2의 뻗음은 이하9까지 강대한 외세가 생겨 흑의 만족이다.

그러나 다음 순간에 만약 백이 새로운 묘수로 흑을 공격한다면 판세가 달라질 수도 있다. 바둑은 상대적이기때문에 항상 상대방의 돌의 움직임에 민감해야 한다.

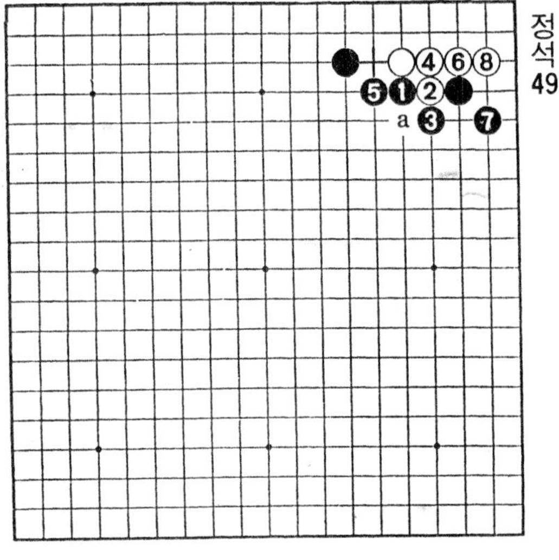

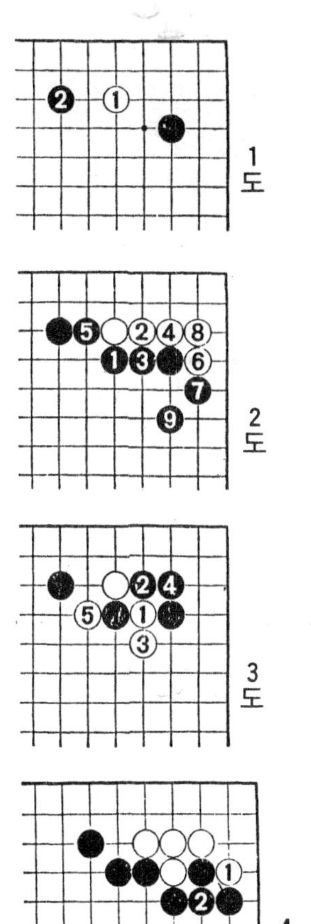

3 도 백 1 의 끼워 젖히는 수는 성립하지 않는다.

백 5 의 축은 문제가 아니다.

이 정석의 포인트는 흑 7 의 호구침이다.

이에 대하여 예전에는 4 도 백 1 의 단수를 선수로 행사하였다. 이 모양에서는 5 도의 흑 5 의 치중에서 9 까지 선수이다. 흑 5 로 6 의 마늘모도 선수이다. 상도(上図) 백 8 이 후수로 a 의 끊음이 정착이다.

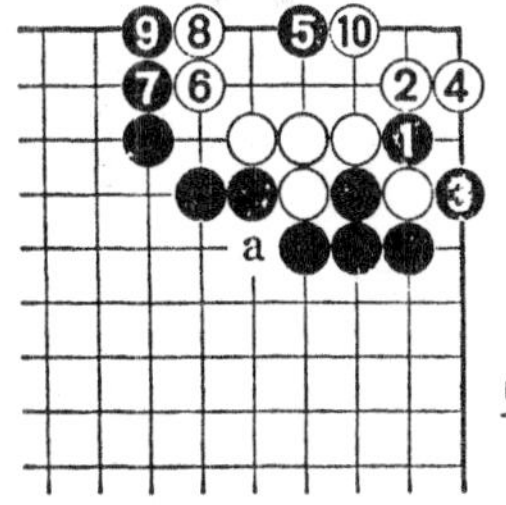

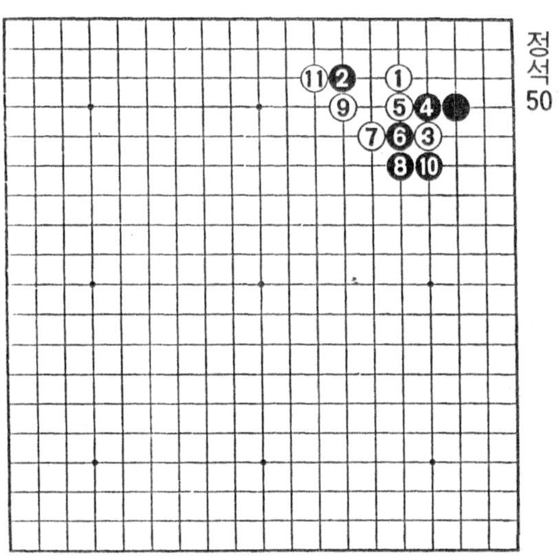

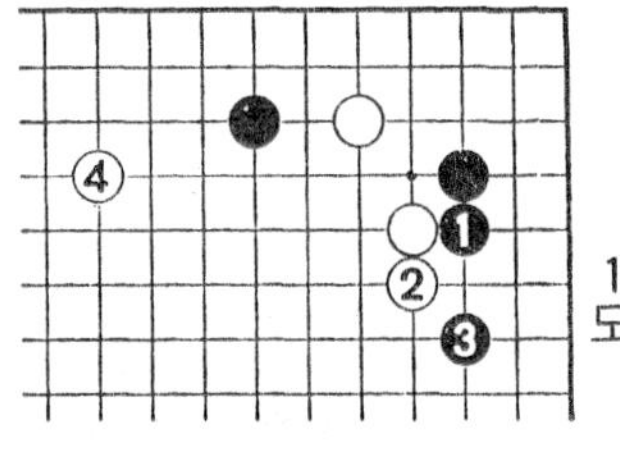

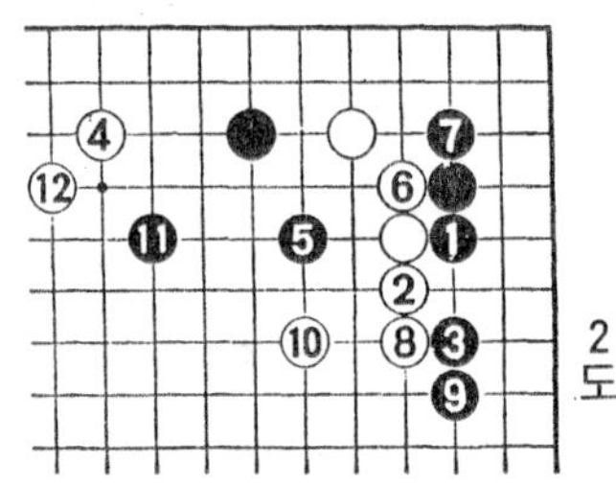

정석 50

백 3의 씌움은 사석을 이용하는 수이다.

이하 11까지인데 백 3의 씌움에—

1도 흑 1, 3으로 두는 것은 4의 협공이 있다.

2도 4의 낮은 협공에 이하 백 12까지 정석으로 두는 시대가 있었다.

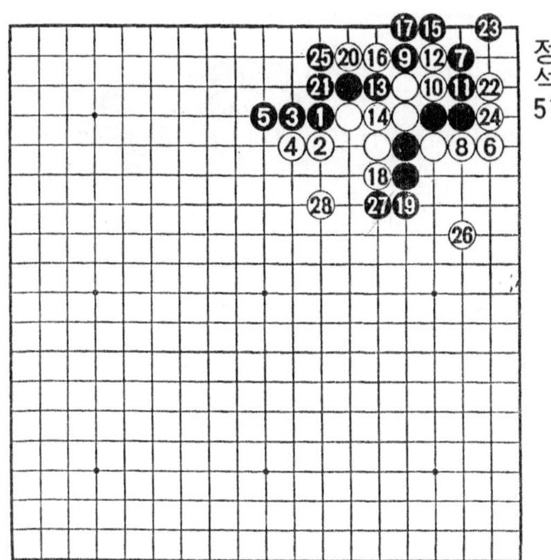

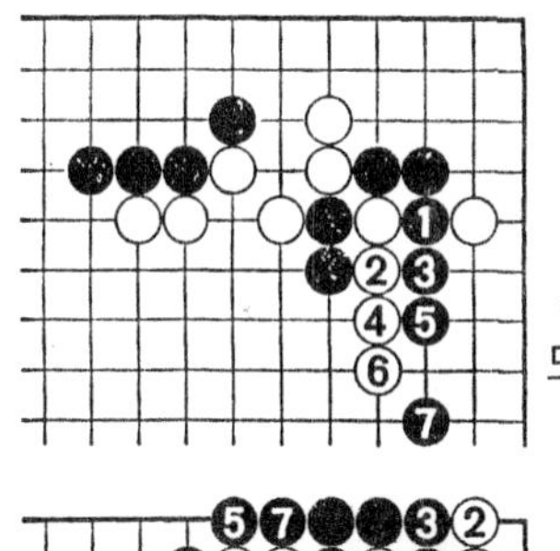

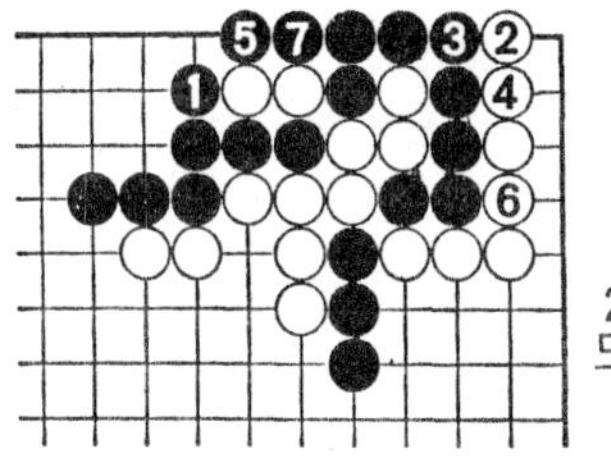

정석 51

전 정석의 변화이다. 흑 1의 젖힘이 발단이다. 백 6의 맥에 대항하여—

1도 흑 1로 나가면 백 2 이하 백의 만족이다.

2도 흑 1에는, 백은 귀에 선수로 눈을 만든다.

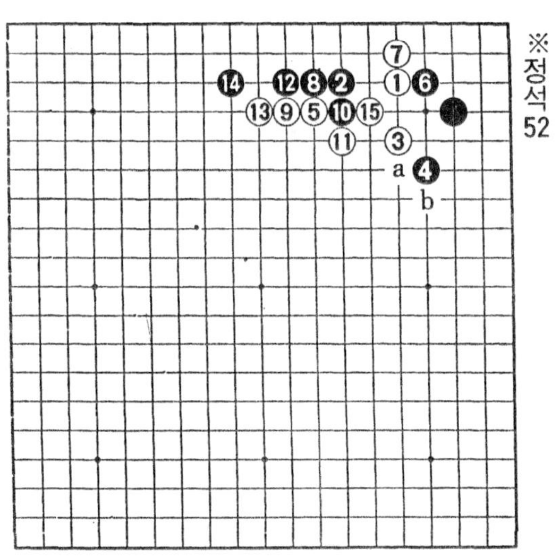

정석52 협공에는 백 3 의 한 칸도 하나의 착상이다. 흑 4 에는 백a, 흑b로 뻗는다.

일전하여 백 5 의 싸움이다.

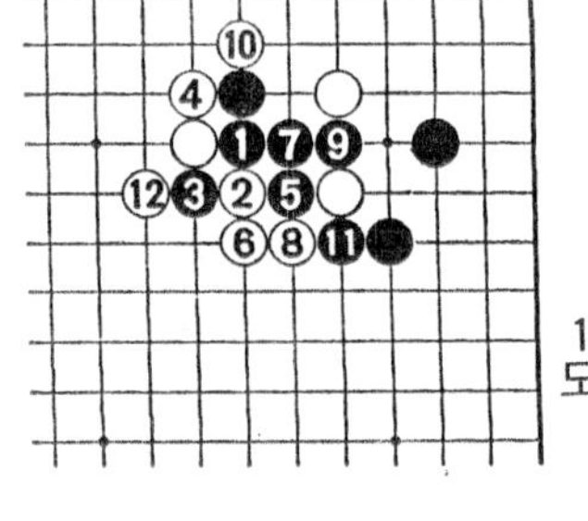

1 도 흑 1, 3 의 끊음에 대책이 없다. 이것은 백의 고전의 양상이다. 백은 12로 3 점을 밀면 13다음에 14의 한 칸 뜀이 있다.

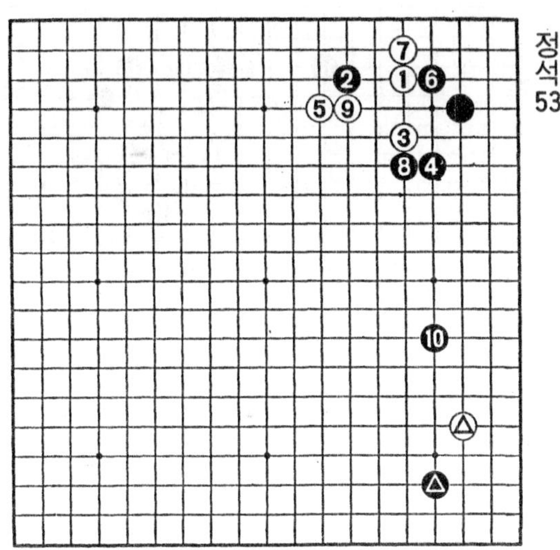

정석53 전 정석의 변화이다. 흑 6 의 붙임으로 만족이다. 2 의 한 점은 사석으로 이용을 한다.

우하귀에 흑▲와 백△의 배치가 있다면 흑 4 , 8 이 능률적이다.

우상귀는 한정이 되어 있지만 흑 2 의 한 점을 사석으로 한 것은 손해가 아니다.

왜냐하면 흑은 2 를 사석으로 이용, 10까지의 진행으로 우변의 실세(実勢)를 강력하게 확보했기 때문이다. 바둑은 항상 천변만화하는 전술이 필요하다. 이미 놓여진 돌을 잘 이용하는 것이 중요하다.

다음 페이지에서 2 가지의 예를 살펴보기로 하자.

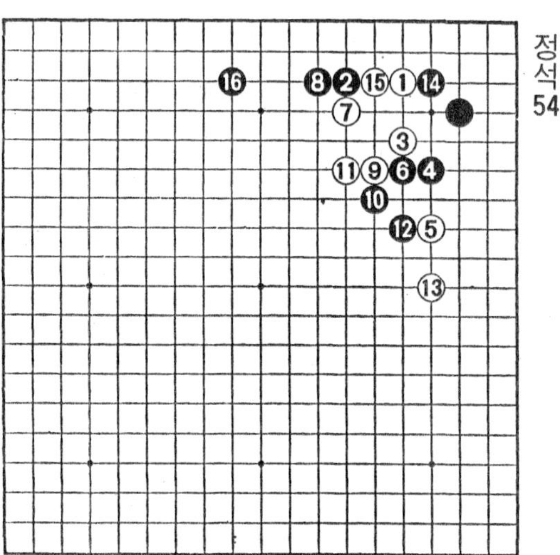

1 도

정석 54

흑 4 에 대하여서는 백 5 로 흑의 진로를 방해한다. 백13이 이 방면에 두는 의도이다.

1 도 우하에서 이런 배치라면 흑 1 의 2 칸 벌림이 현명하다고 할 수 있다.

다음에 백은 흑 1 의 세력 확장을 거부하는 자세로 나올 것임이 분명하다.

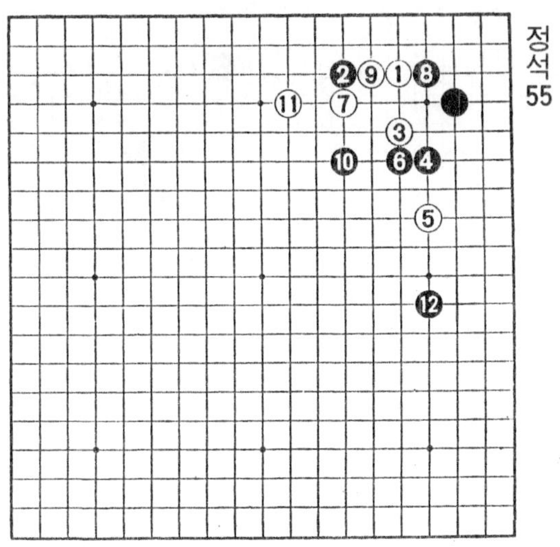

정석55 정석53의 정신에서 백7로 붙여서 상변의 한 점을 그냥 두는 경우가 있다.

흑8, 10다음 백11로 상변을 키우면 흑12의 협공이다. 4, 6, 10을 활용한 전투다.

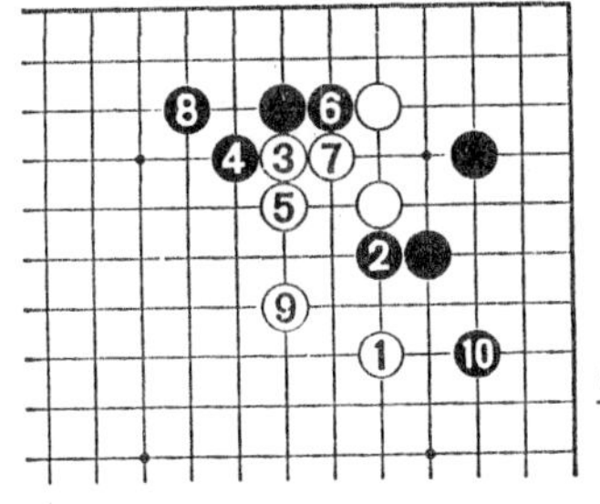

1도 백1의 높은 협공으로 두는 수도 있다.

흑2이하 백9의 봉쇄가 일반적이다. 흑10은 같은 점이다.

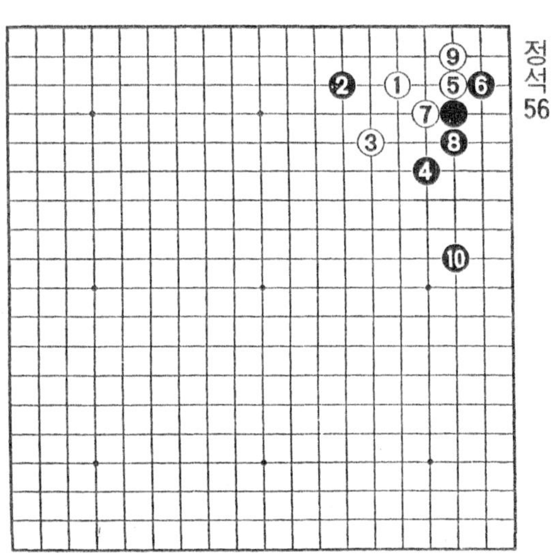

정석56 백 3 의 날일자 정석이다.

백 3 은 좌를 향하는 것이지만 실은 우측 귀의 한 점을 협격하는 뜻이 있다.

이하 5 의 3 · 3 은 10까지 정석이다.

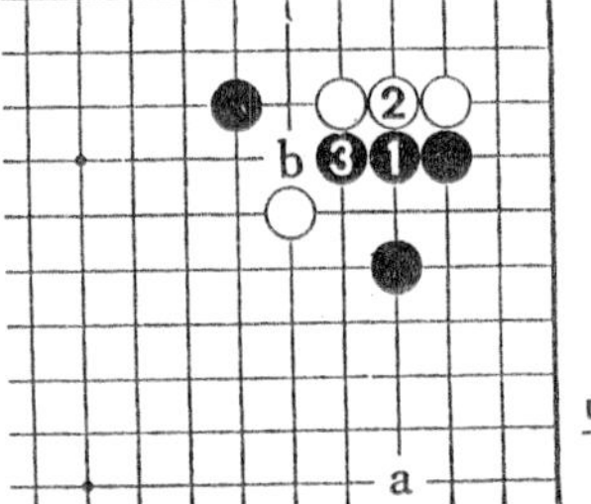

1 도 백의 3 · 3 붙임에 1 의 뻗음. 3 의 곳은 옛정석이다. 백 a, 흑 b 로 정형이다.

참고하기 바란다.

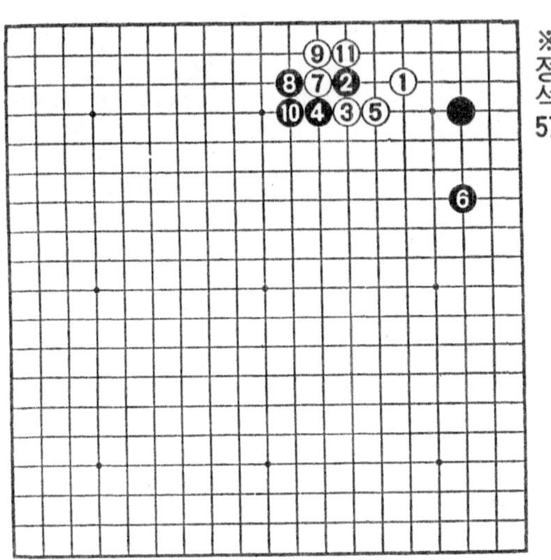

※정석 57

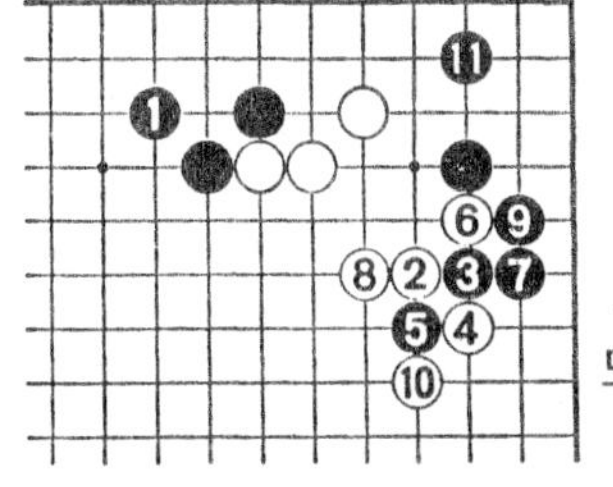

1도

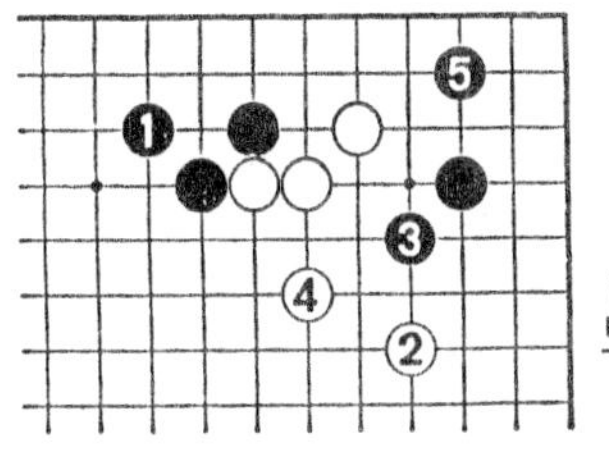

2도

정석 57

백 3 의 붙임도 한 칸 협공 정석의 하나이다. 백 5 에 흑 6 의 수비는 백 7 로 끊는다.

수순중 흑10의 단순한 이음이 좋다.

흑 6 으로 왼쪽을 수비하는 것은 1 도나 2 도로 백의 세력이 좋다.

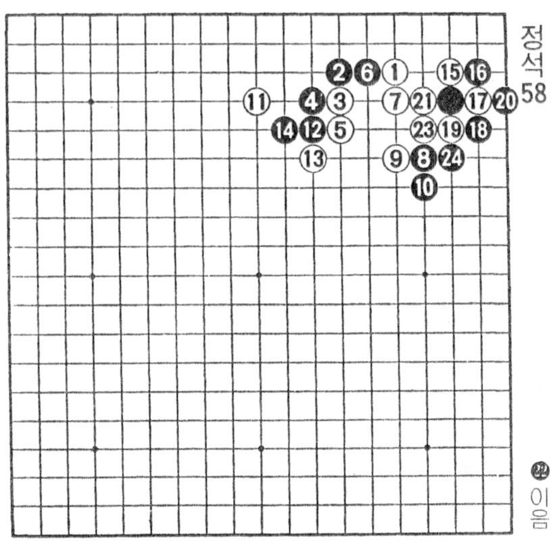

정석58 백 5 로 서는 것이 유력한 수단이다.
이하에서 11의 급소에 두면 흑14까지 우형이 된다.
귀는 15, 17의 붙이고 끊음에서 21, 23까지——
여기서 전체의 백이 2 집이 없다.

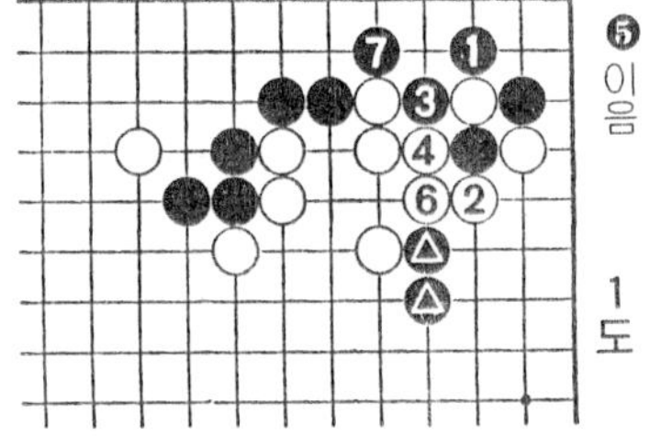

백 17의 마늘모 끊음에 반발하여 1 도 흑 1 의 단수는 7 까지 건너갈 수 있다. 그러나 흑 ▲표 2 점이 고립이 되어 좋고 나쁨은 반반이다.

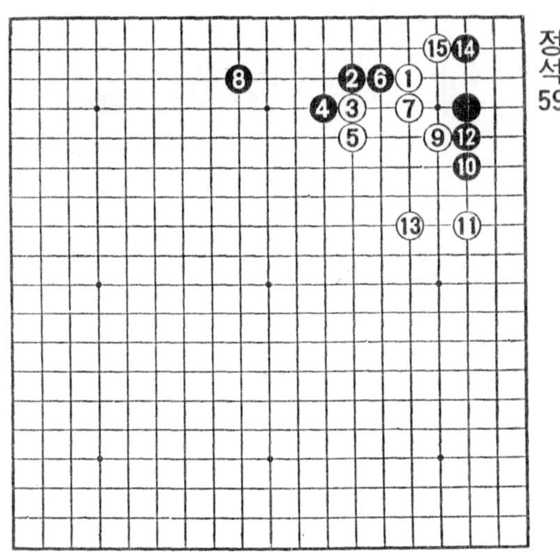

정석59 전 정석의 변화이다. 상변에 우형을 만들지 않으려면 흑 8 을 선착한다.

백 9 의 단점 보강에 흑10은 맥이 아니다.

여기에서는 1 도를 예상할 수도 있다.

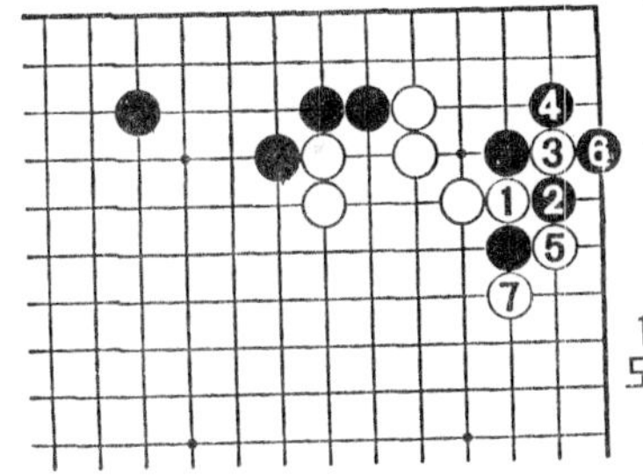

여기에서 백11은 먼 공격이다.

만약 1 도를 예상한다면, 1 도의 백 1 부터 백 7 까지의 진행도를 머릿속에서 그려보아야 한다.

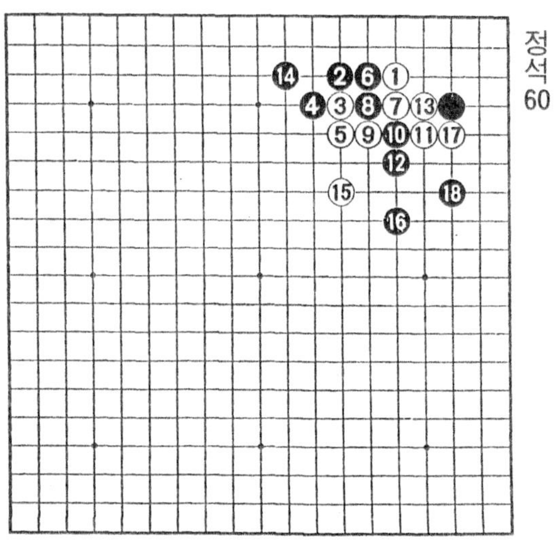

정석60 백 7 의 전투의 올라섬은 쇼와 초기에 귀전강태랑(鬼田強太郞)과 강완소야전(強腕小野田) 천대태랑(千代太郞) 7 단이 창안을 하였다.

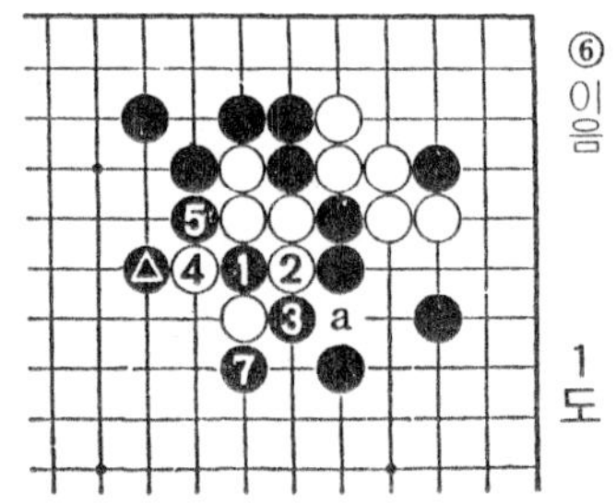

이 다음에 조금씩 변화되었다. 이 정석은 변화의 여지가 많다.

1 도 흑▲의 뜀은 급소이다. 이것은 백 3, 흑 a 이다.

흑 1 이하 축이다.

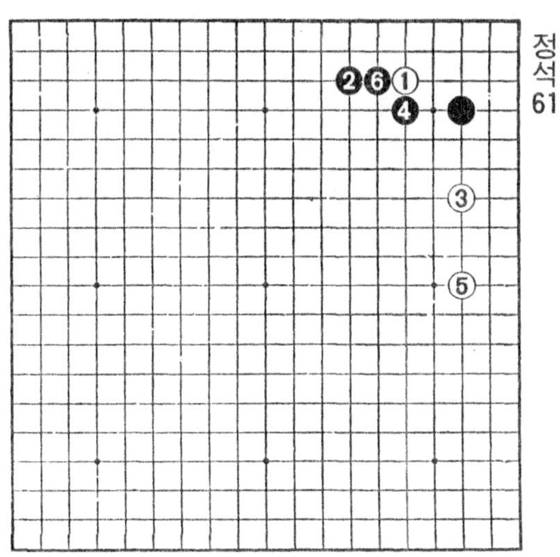

정석61 한 칸 협공에 직접 응수를 피하는 것은 백 3, 5 이다. 흑은 4, 6 으로 둔다.

이것은 호각의 갈림이다.

백 3 으로 두는 이상 백 5 의 수로는 1 도 백 1 의 끼움은 어떨까?

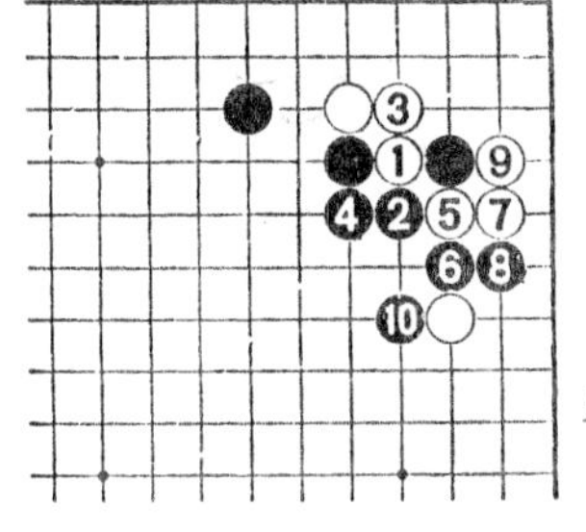

흑 4 의 이음이 좋은 수이다.

백 5 의 끊음을 강요하여 10까지 흑의 외세가 좋다.

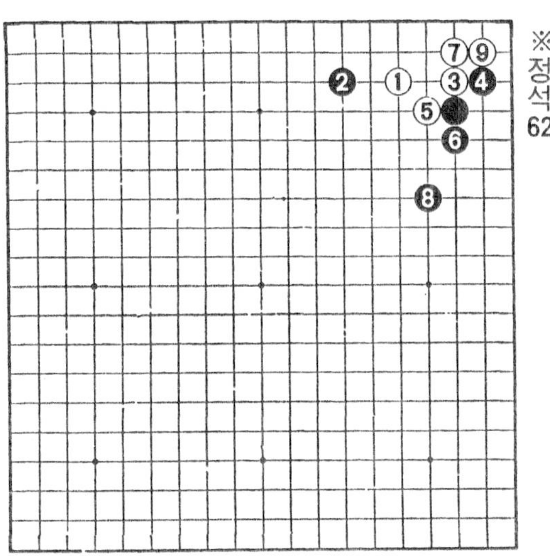

정석62

협공 다음 3·3에 붙이는 정석이 많다.

일찍 근거를 얻을 수 있는 자연적인 발상이다.

한 칸 협공의 정석에서는 9까지가 정형. 여기서 9를 태만히 하면 반대로 흑9로 밀어 역습을 꾀한다.

여기서 흑8로——

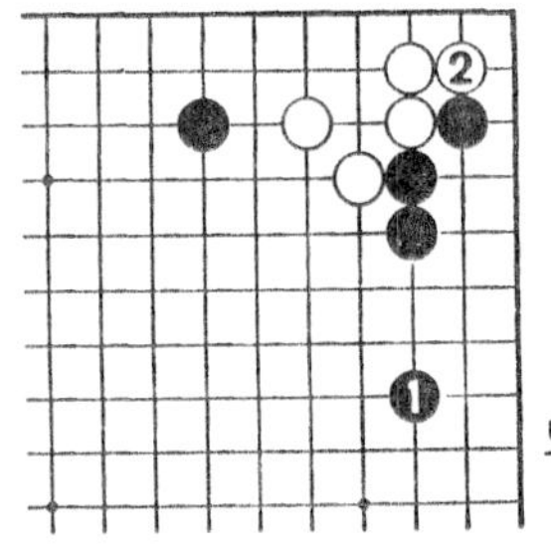

1도 흑1의 2칸 벌림도 있다. 그래도 백2로 막는다. 흑1은 안정도가 높다.

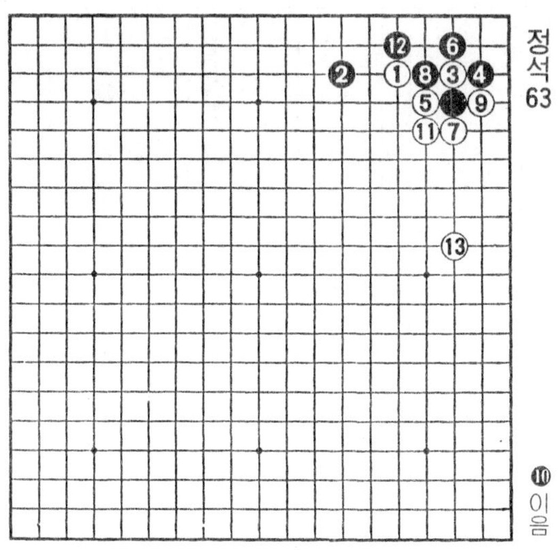

정석63 백 5 의 호구치는 수에 흑 6 의 단수가 현대바둑의 상징이다.

이 모양도 오 청원 9 단의 창안으로 여기에서도 오 청원 9 단의 위대함을 볼 수 있다.

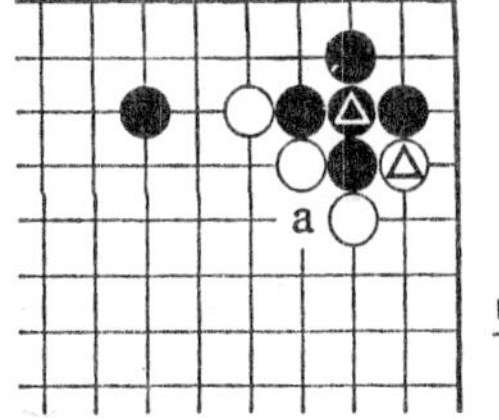

1 도 백 ◬의 단수에 흑 ▲는 필연이다.

흑 a 로 끊으면 패인데 흑에 절대의 팻감이 없음을 유의하여야 한다.

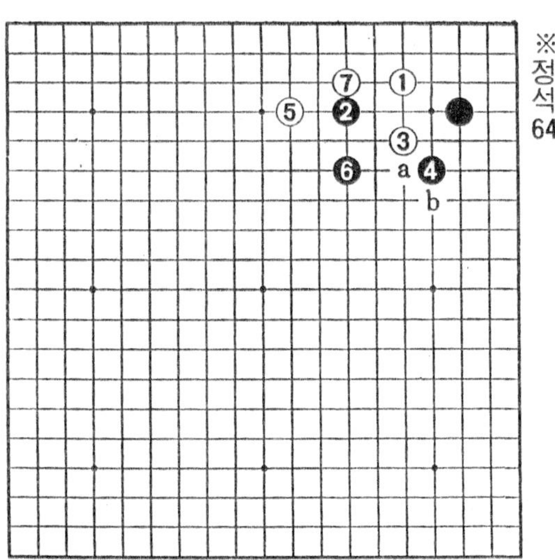

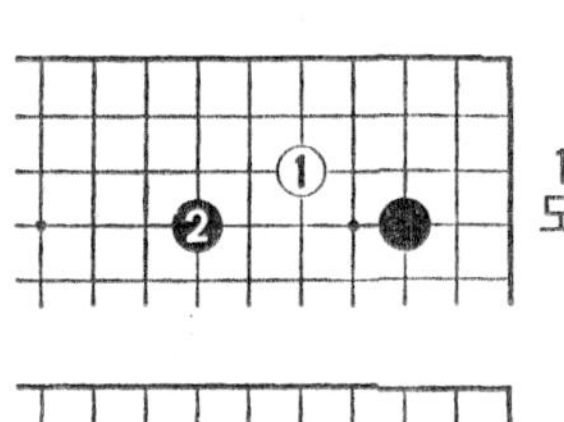
1도

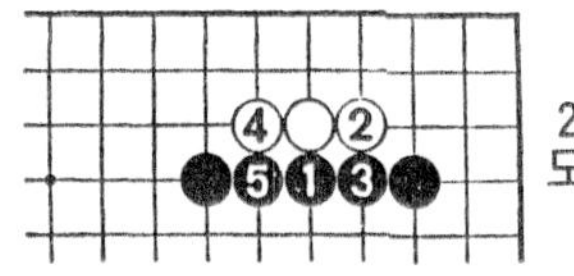
2도

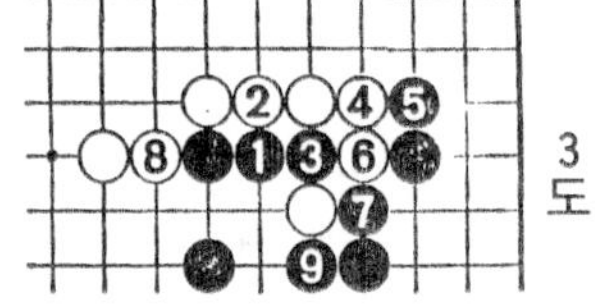
3도

6 한 칸 높은 협공

정석 64

1 도의 한 칸 높은 협공이 강렬하여 손을 뺄 수가 없다. 손을 뺀다면 2 도이다.

본 정석은 자연적인 수순이다. 백 a 이면 흑 b 이다.

이 다음 3 도의 경과이다.

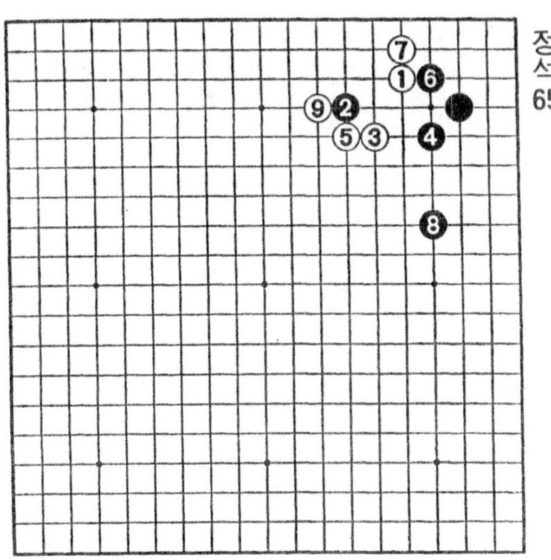

정석65 백 3 으로 왼쪽을 향하는 수법은 한 칸 높은 협공에 있다.

흑 4 로 지키면 백 5 로 그만이다. 흑 8 의 전개에는 백 9 까지 한 점을 잡는다.

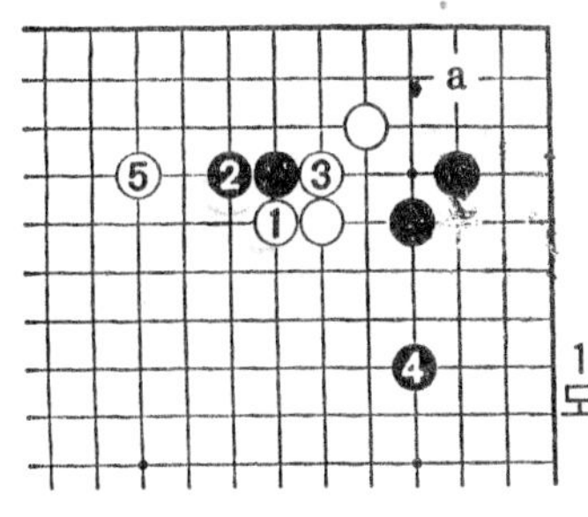

도중 백 5 다음에 1 도 흑 2 로 나가는 것은 돌의 처치가 무겁다. 윗도에서 흑 6 의 마늘모 붙임에 7 을 생략하고 9 로도 둔다.

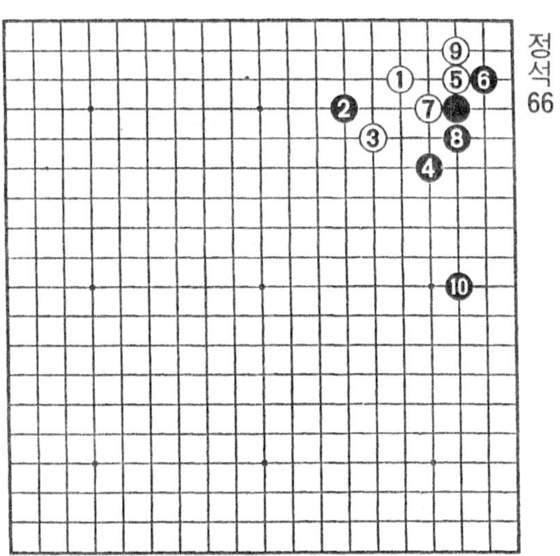
정석 66

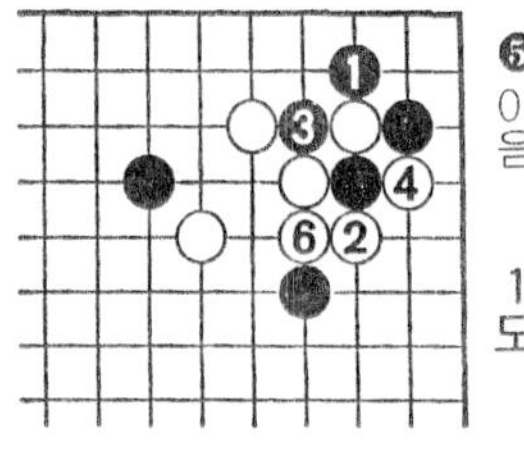
❺ 이음

1 도

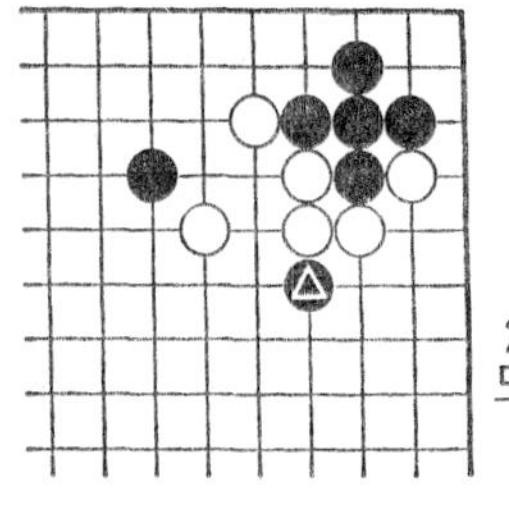
2 도

정석 66

백 3 의 씌움에 흑 4 의 날일자라면 백 5 의 3·3 에 붙이는 것은 10까지이다.

도중 흑 8 로—·

1 도 흑 1 의 단수는 백 6 까지 진행이다. 위의 모양은—·

2 도 흑 ◬ 가 있음을 유의한다.

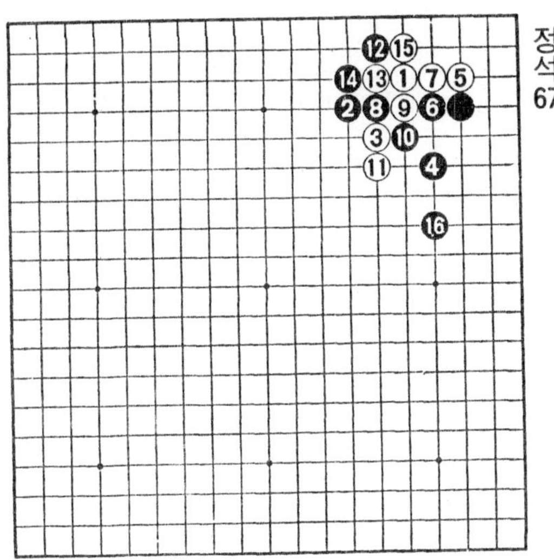

정석67

백 5 의 3·3 붙임에 흑 6 으로 나가는 수가 있다.

이하 필연의 순서인가? 13의 나가는 수순이 필요하다. 1 도의 흑이 1, 3 의 젖힘이면 4, 6 으로 산다. 2 도 흑◬의 교환이 있다면 5 로 응수를 한다.

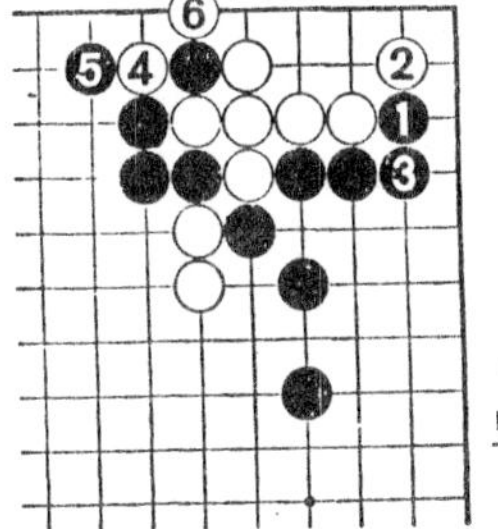

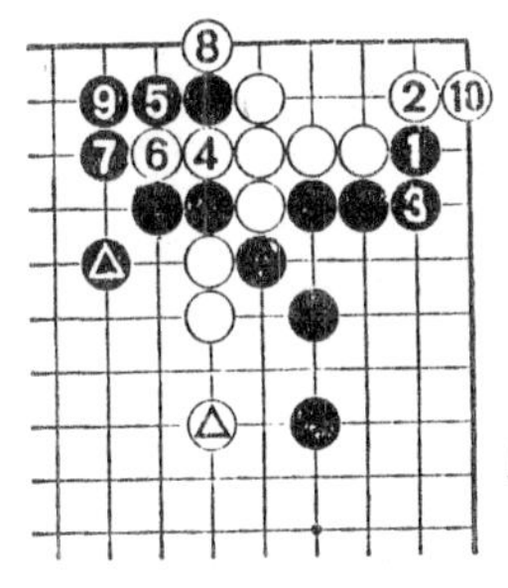

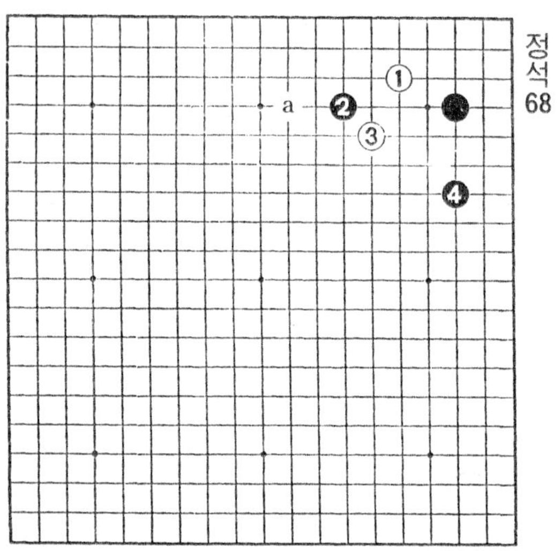

정석68

여기에서의 정석은 흑 4 까지 일단락이다.

백은 a 의 방면에 두어 흑 2 를 공격한다. 지금 움직이는 것은 돌이 무겁다. 기회를 엿보아야 한다.

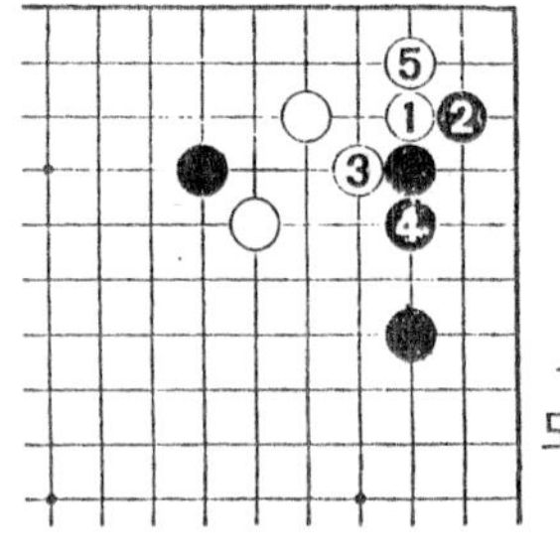

이것이 프로나 고단자의 수법이다. 1 도 백 1 의 3 ·3 붙임에서 5 까지는 후수이지만 가치가 있는 곳이다.

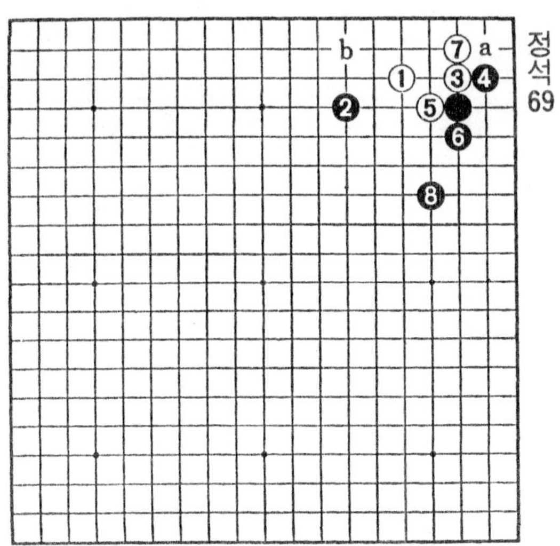

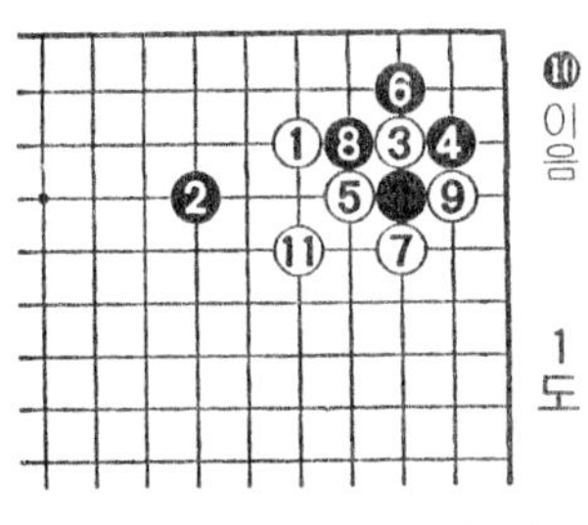

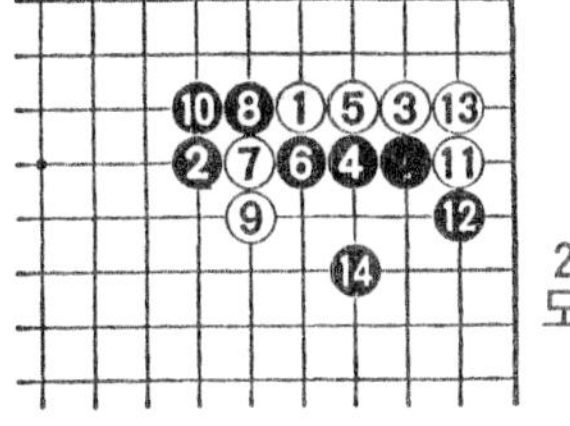

정석 69

이것이 3·3의 붙임 정석이다. 흑 4로 응하여 알기 쉽다. 백 a에 두는 것이 좋다. 백 b의 미끄러짐의 여지가 있는 곳이다. 1도 흑 6의 단수. 2도 흑 4는 이하 7의 마늘모 젖힘으로 어려운 싸움이다. 이것은 미완성 정석이다.

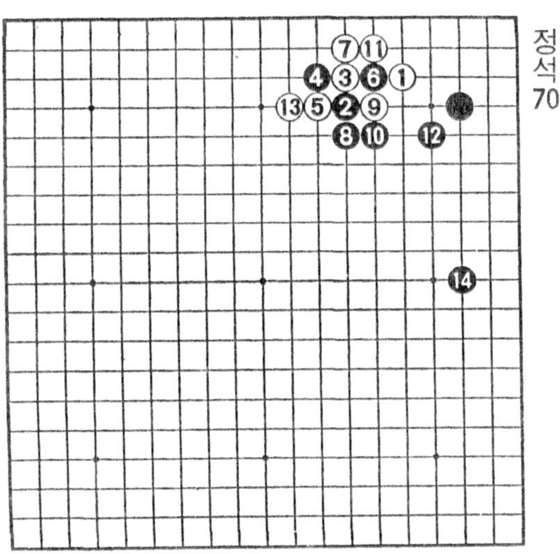

정석70

백 3 에 붙이는 수가 있다. 흑 4 의 내려섬에는 14까지이다.

이 정석은 백 9 의 수로 11의 아래쪽을 단수한 다음13에 축이 유리하면 성립하지 않았다.

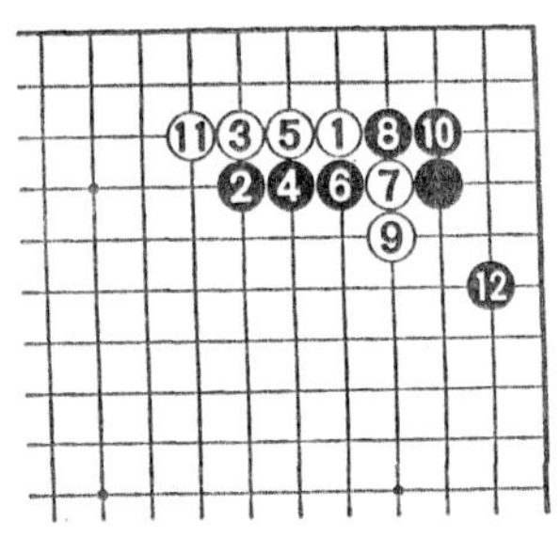

1 도 백 3 의 붙임에 흑 4 로 나가면 앞형의 변화도와 비슷하나 12까지 예상된다.

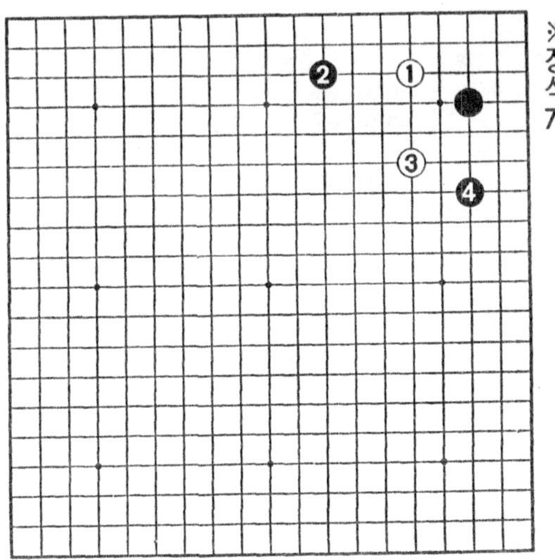

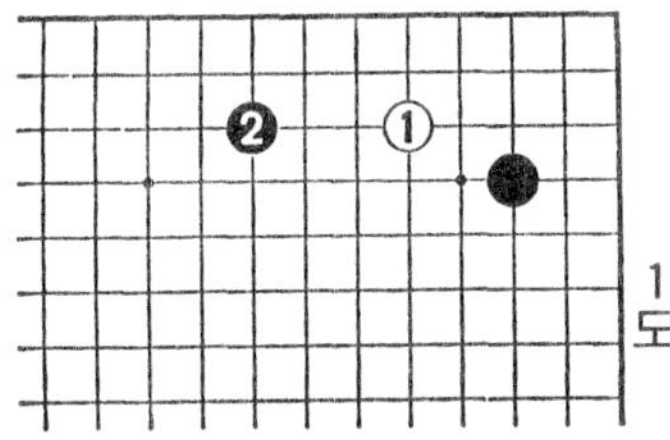

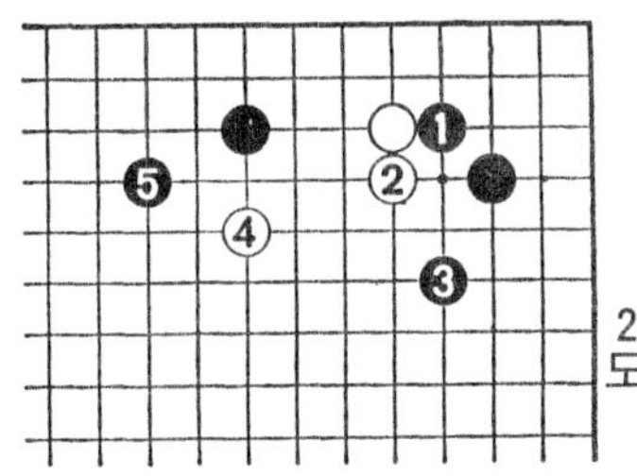

7 2칸 협공

정석 71

2칸 협공(1도)의 역사는 오래된 협공의 하나이다. 손을 빼면 2도의 공격으로 고심이다.

1도의 진행 다음, 2도와 같은 상황이 연출되면, 흑 1에 대해 백은 2로 내려선다.

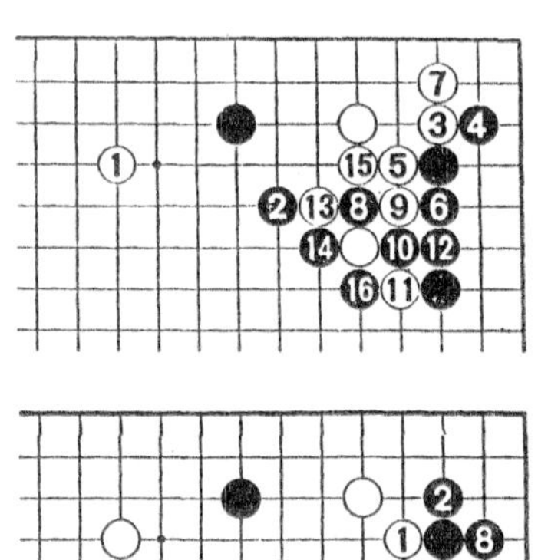

3 도

4 도

정석 71은 다음의 형이 복잡하다.

3 도 백 1의 협공에 흑 2의 날일자가 정형이다. 여기에서 백 3으로 귀를 둔다. 8의 건너 붙임에서 16까지 봉쇄이다.

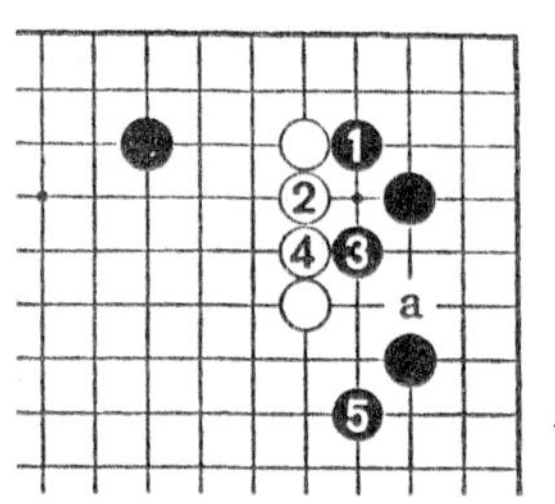

5 도

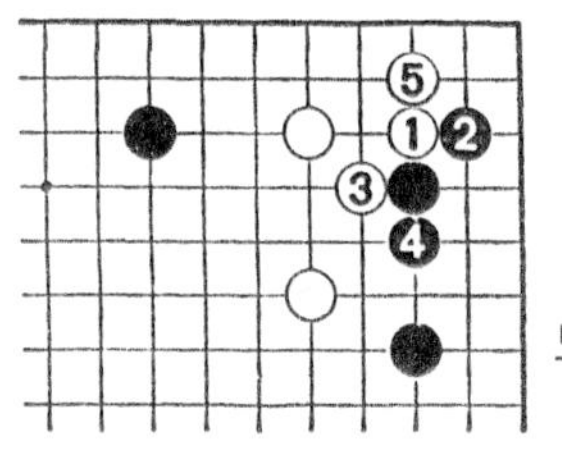

6 도

4 도 백 1의 마늘모 붙임에서 3, 5의 2단 젖힘의 정형은 9까지—·

5 도 백은 어떻게든 두지 않을 수가 없다. 흑 1에서 3, 5의 공격이다. 흑 5는 백 a를 지키는 수이다.

6 도 여기에서 백은 3·3의 곳에 붙이고 3, 5까지이다. 비슷한 변화는 후술하기로 한다.

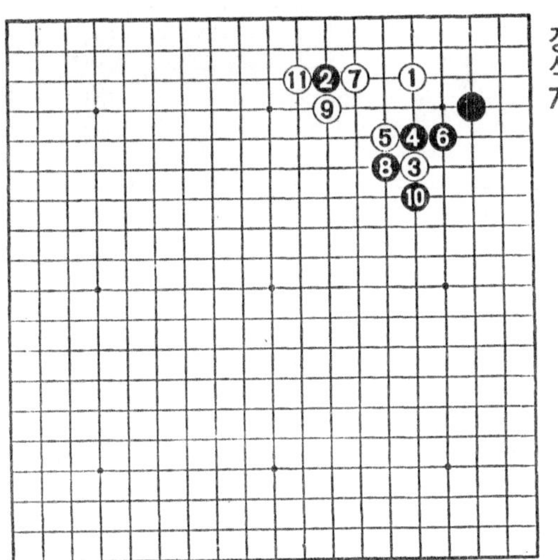

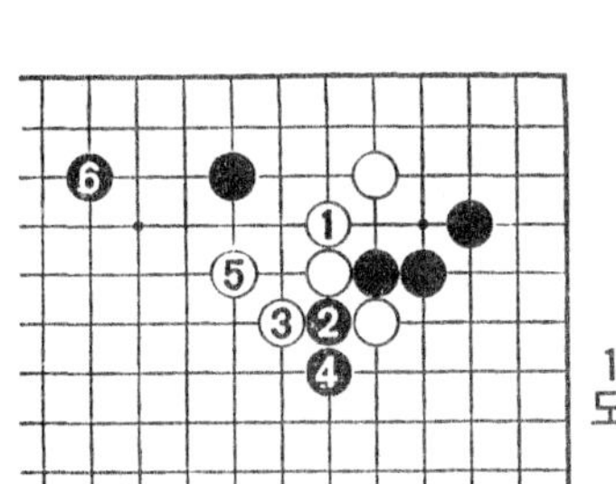

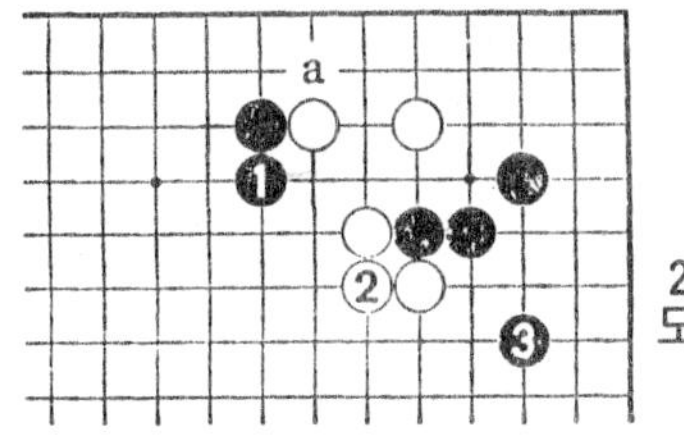

정석 72

흑 4도 정석의 하나이다. 백 7은 맥이다.

이 수로 1도의 백 1은 흑 6까지이다. 백 7에—

2도 흑 1에 서면 백 2의 이음이다. 흑 3으로 전개한다. a는 쌍방이 노리는 곳이다.

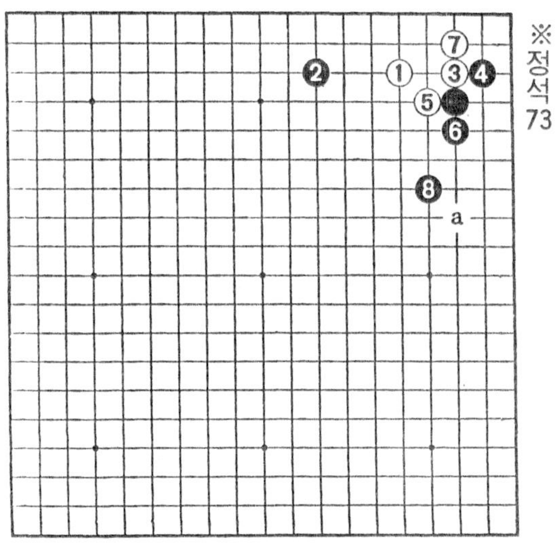

정석73

3·3붙임의 모형이다. 흑8은 a도 좋다. 앞과 같다.
한 칸 협공에서는 백이 귀에 내려서는 수를 생각할 수도 있다.

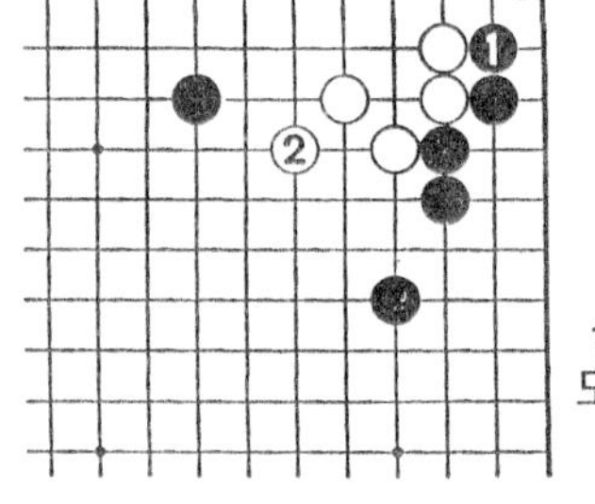

1도 흑1의 내려섬에는 백2로 응수를 한다.

백2는 모양의 급소이다.

1의 곳에 백이 온다면 흑의 집모양에 영향을 끼친다.

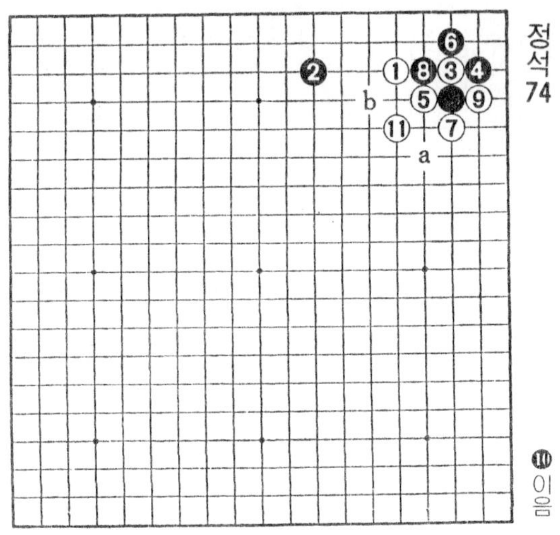

정석74

흑 4 의 받음도 유력한 정석의 하나이다.

백은 11까지 외세를 넓힌다.

흑 2 다음에 흑은 a와 b의 곳을 들여다보아 전체를 공격하는 수도 있다. 현대의 전문기사들에게 있어서는 흑을 지지하지는 않는다.

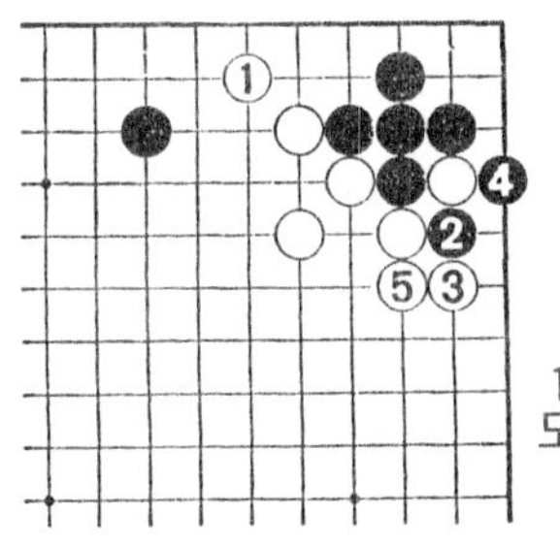

1도 이 다음 백이 보강하는 수단으로는 백 1의 마늘모이다.

백 3 에 흑 4 는 절대 후수이지만 백은 잇는다.

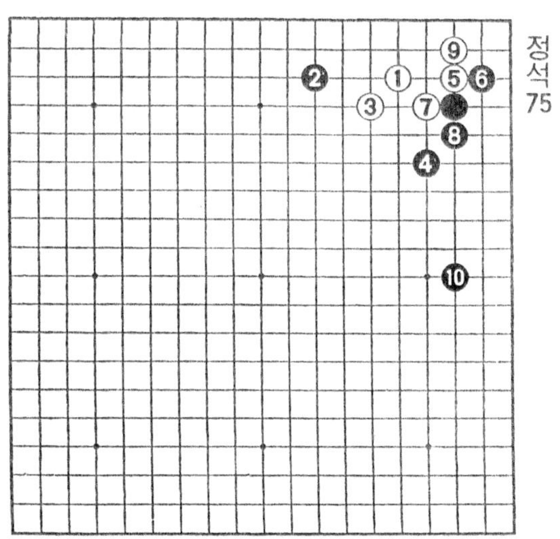

정석75

백 3 의 마늘모에 흑 4 의 날일자엔 백 5 의 3·3이다. 도중 흑 8 로——

1 도 흑 1 의 단수는 매화송이마냥 뭉치지 않는다. 여기에서 백◎가 있기 때문에 외세가 강해진다.

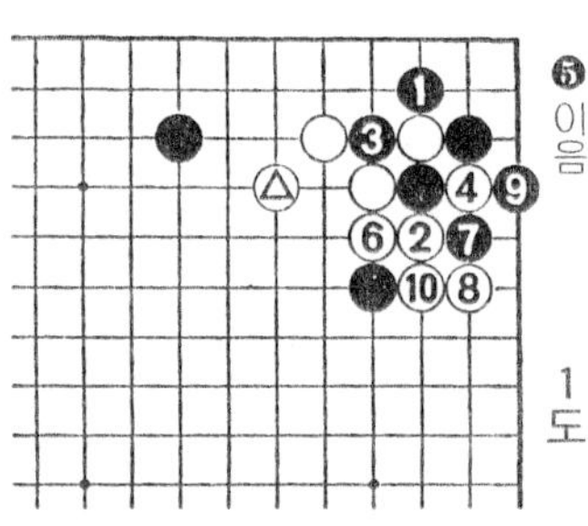

흑 1에 대해 백은 2로 흑 한 점을 단수한다. 흑은 3으로 백 한 점을 따내고, 백은 4로 흑 한 점을 다시 단수한다.

이 정석은 후술하는 2칸 높은 정석과 관계가 있다.

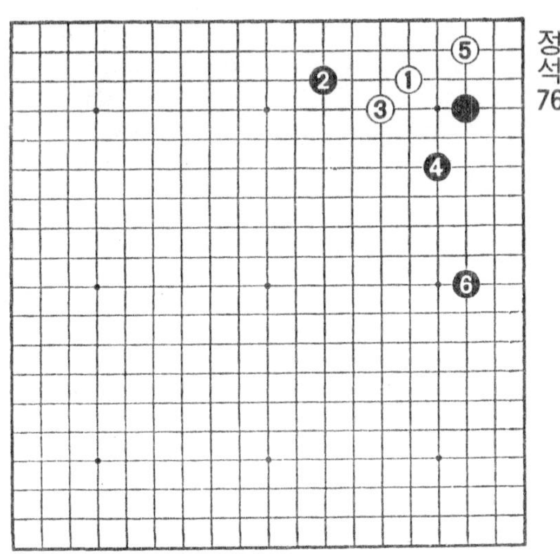

정석76

전 정석의 변화이다.

이 다음의 모양은——

1도 백◬가 급소로 백1, 3이다.

2도 흑이라면 후수이지만 1의 곳 붙임이 유력하다.

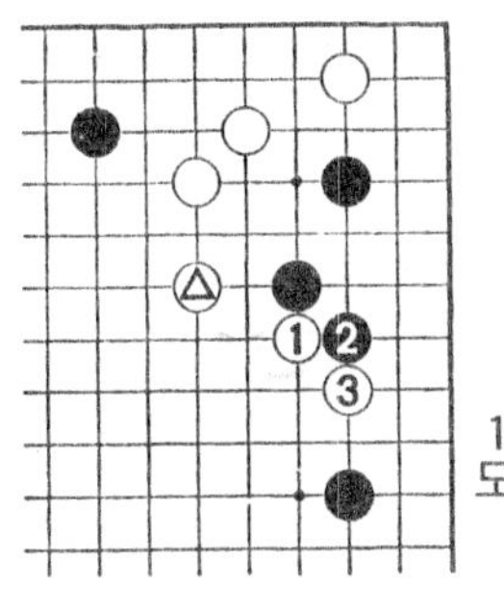

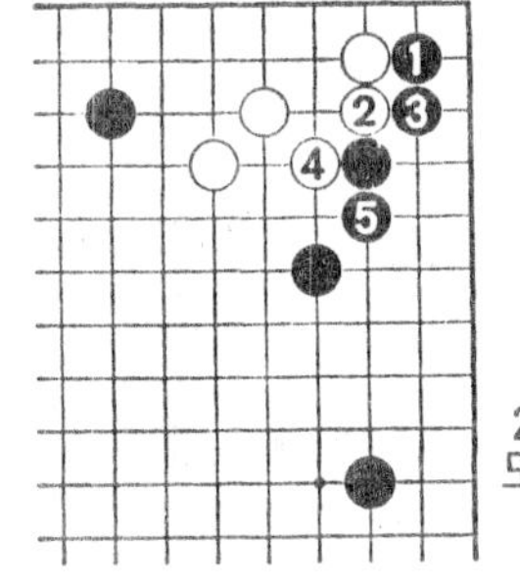

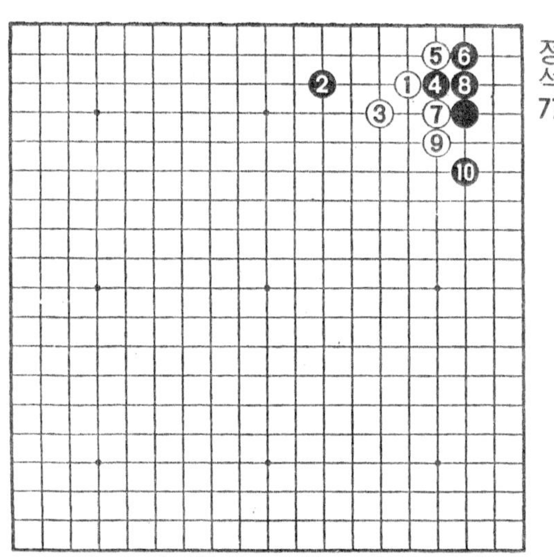

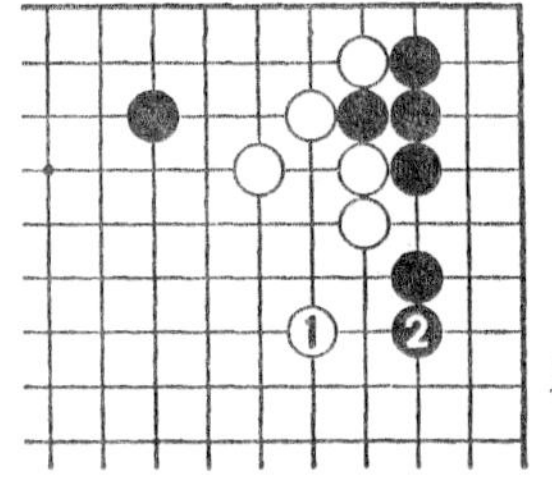

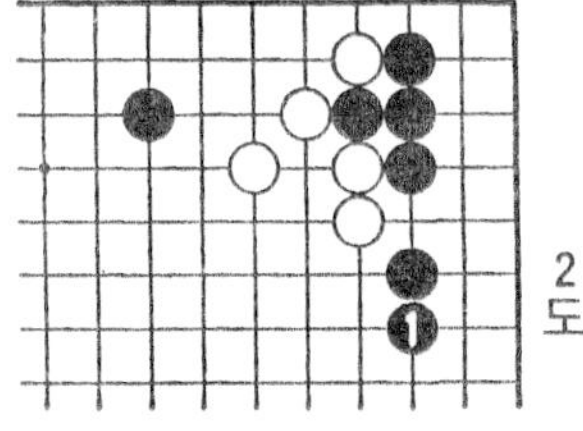

정석77

백 3 의 마늘모에 흑 4 로 코붙임하는 수도 정석이다. 흑10까지 된다.

1 도 이 다음 백 1 에는 흑 2 가 정확한 응수이다.

2 도 흑에서 둔다면 흑 1 의 곳이 본수이다.

이와같이 바둑은 어느 편이 먼저 두느냐에 따라서 그 세력 형성의 판도가 달라진다.

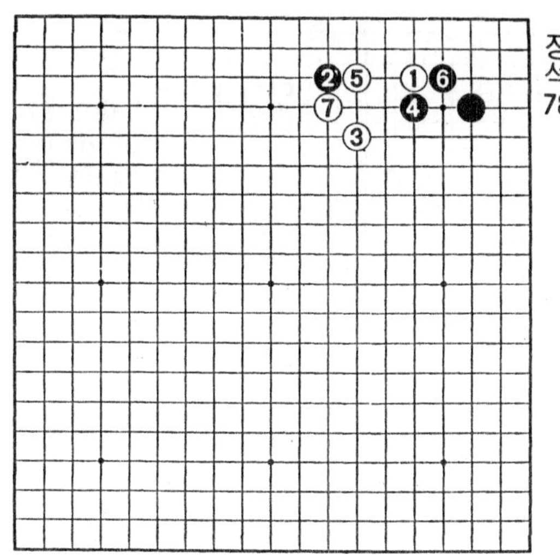

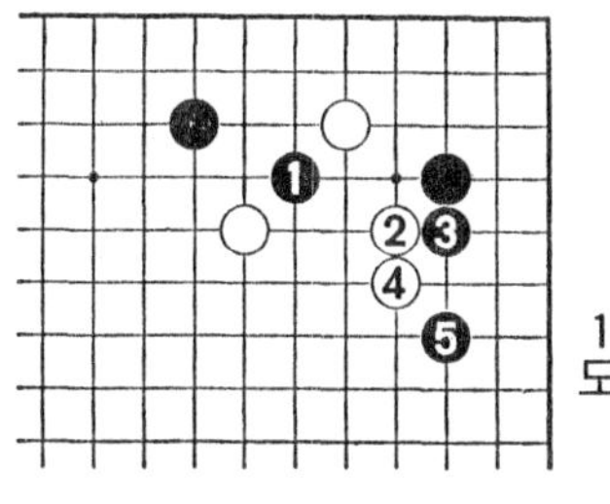

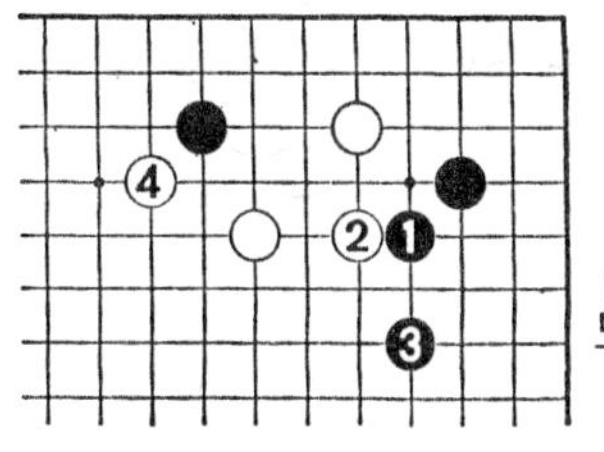

정석 78

백 3은 진귀한 모양이다. 1도 흑 1로 가르는 것은 백 2, 4로 오른쪽을 둔다. 흑 4, 백 5, 흑 6, 백 7까지 진행이다.

2도 흑 1의 마늘모의 변화이다.

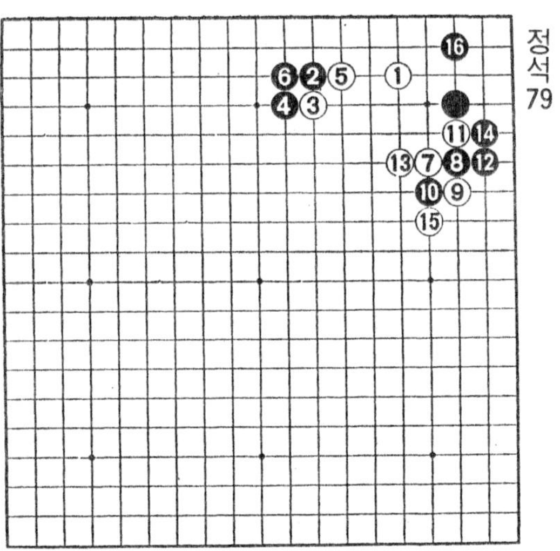

정석79

백 3 으로 머리에 붙인 옛정석이다.

왼쪽에서 흑을 견고하게 한 죄(罪)를, 백 7 로 선제(先制) 하였다. 백 15까지 축이 좋아서 절대조건이다.

1 도, 2 도 백 1 로 낮은 2 칸 압박의 수가 있다.

흑 2 의 마늘모에는 이후의 10까지 예상이다.

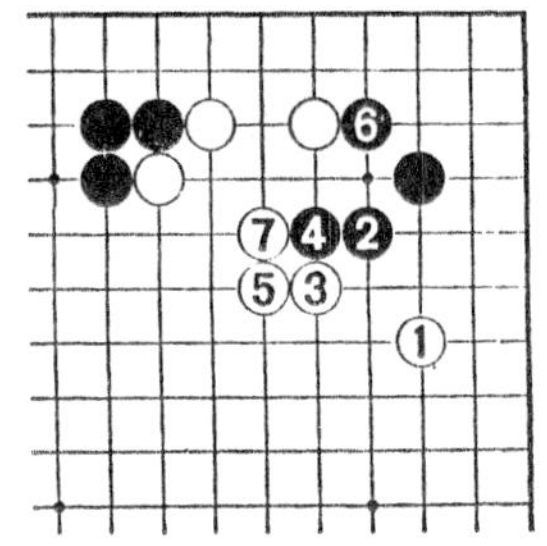

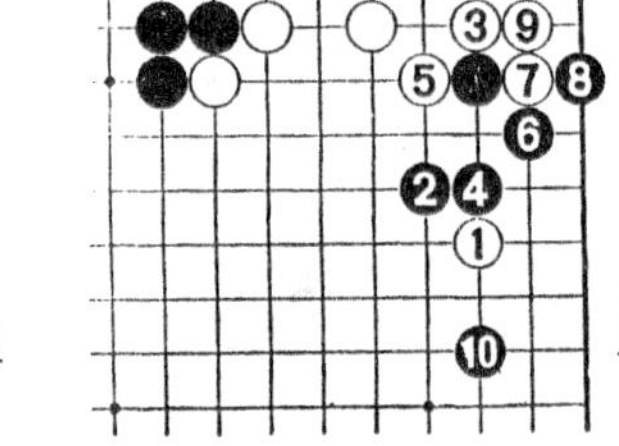

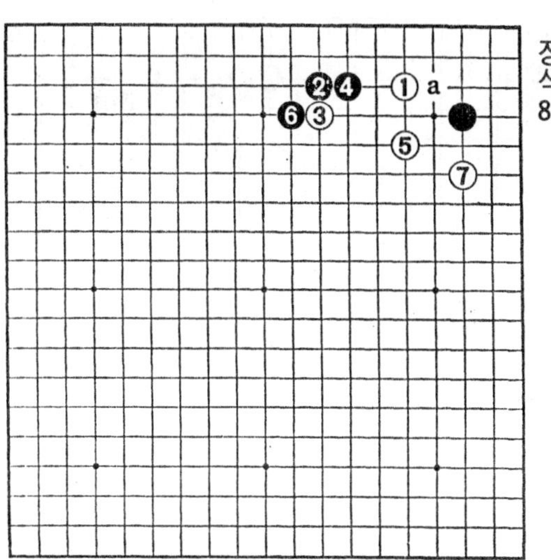

정석 80

정석80

머리붙임에 대하여 흑 4 의 뻗음은 백 5 의 한 칸이다. 6 으로 상변을 두면 백은 7 로 귀쪽을 봉쇄한다.

귀의 흑은 a 에 둔다면 살 수 있을까? 백의 외세가 두껍지 않아 시기가 문제이다.

도중 흑 6 에는—

1 도 흑 6 으로 두어 정석 52형이다.

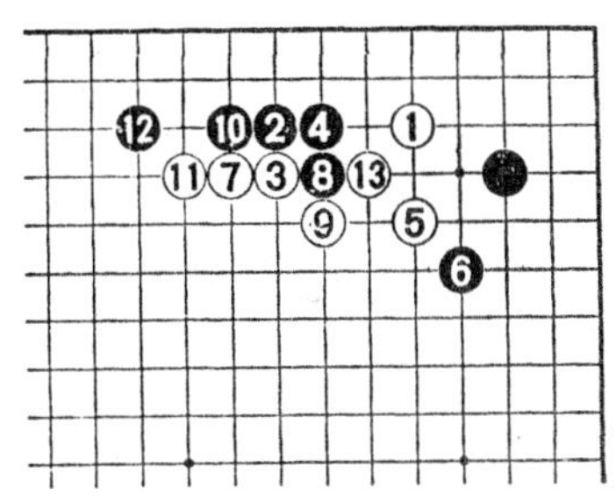
1 도

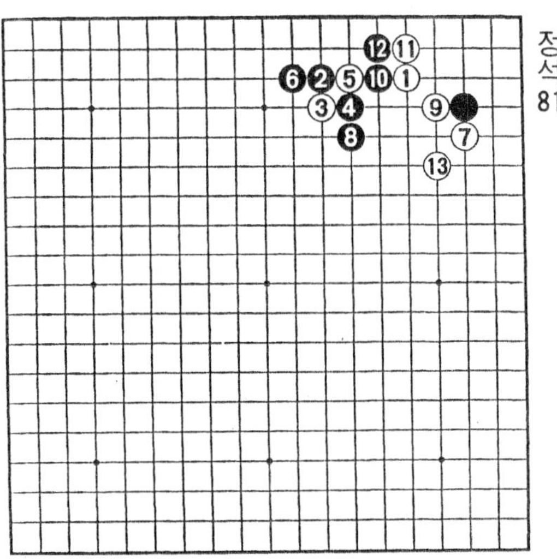

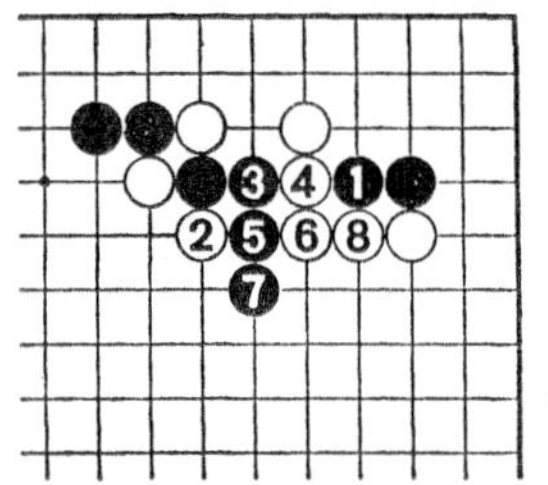

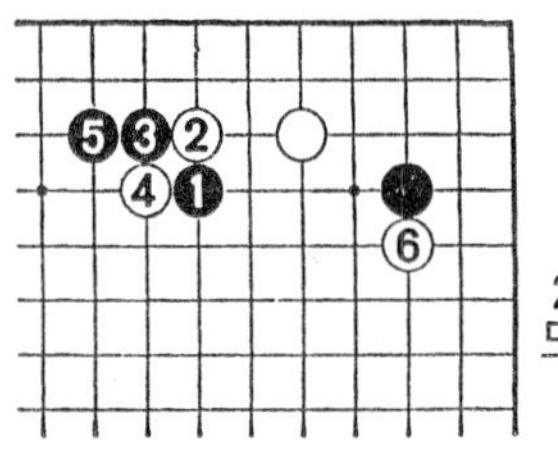

정석 81

백 3 의 머리붙임에 흑 4 의 젖힘, 백 5 의 끊음이다. 이것도 정석이다.

백 7 의 붙임에는 흑 8, 1 도 흑 1 로 도망하는 것은 그림의 진행과 같다.

백 7, 9 의 수순에 복잡한 논란이 인다.

변화라면 2 도를 살펴보자.

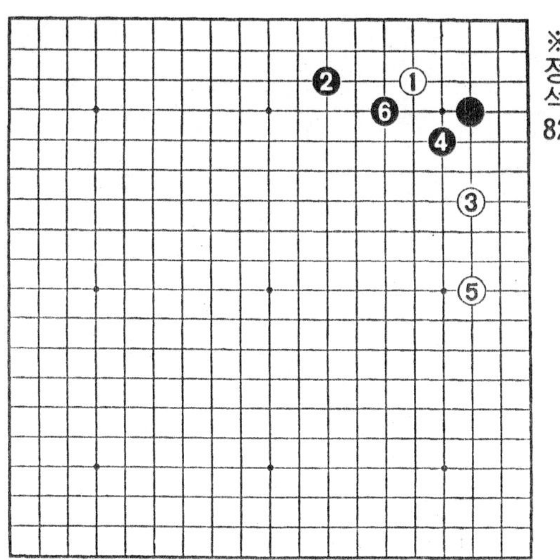

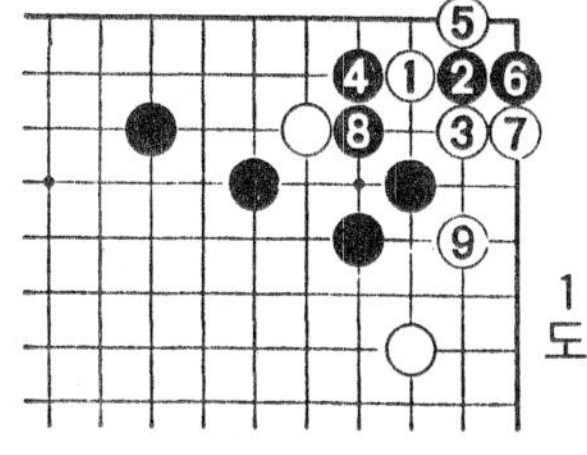
1도

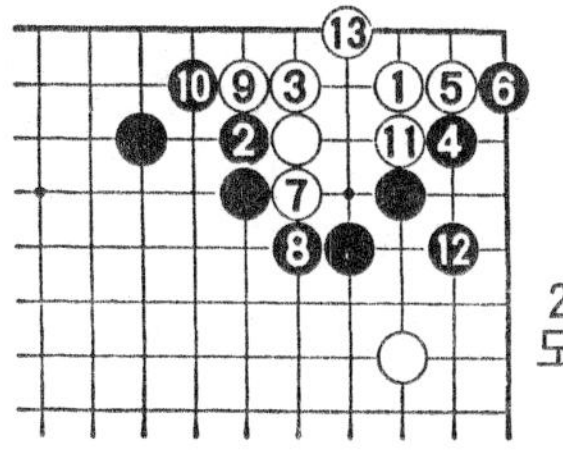
2도

정석82

백 3의 다가섬이 유력하다.

한 칸 협공에서의 정석61의 벌림 정석이다. 귀에는 1도의 수단이 남아있는 곳이다.

다른 변화는 2도와 같다.

백 1의 한칸 뜀에는 흑 2의 내려섬이 있다. 백도 3으로 내려선다.

8 2칸 높은 협공

참고도 1의 2칸 협공은 현대바둑에서 꽃피운 형이다. 손을 빼면 참고 2 도

참고 3 도 협공에 흑의 ▲가 급소로 백의 고전이다.

참고 4 도 손을 빼면 백 a나 b로 움직인다.

기억해 두기 바란다.

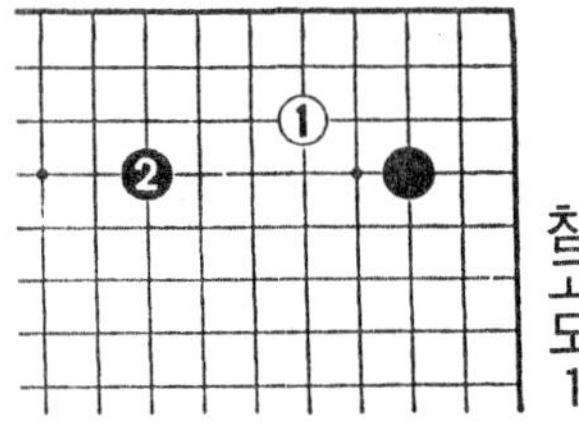

참고도 1

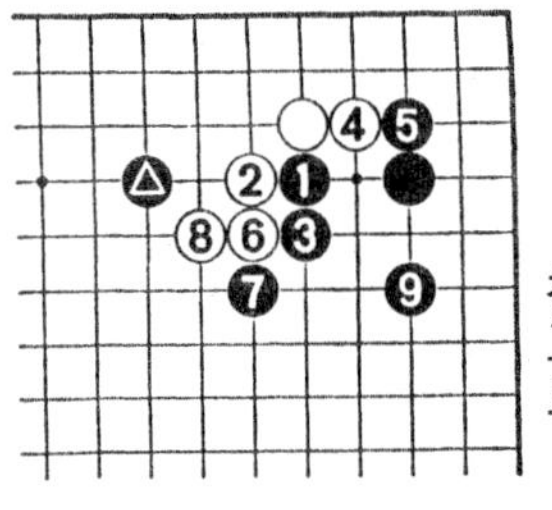

참고도 2

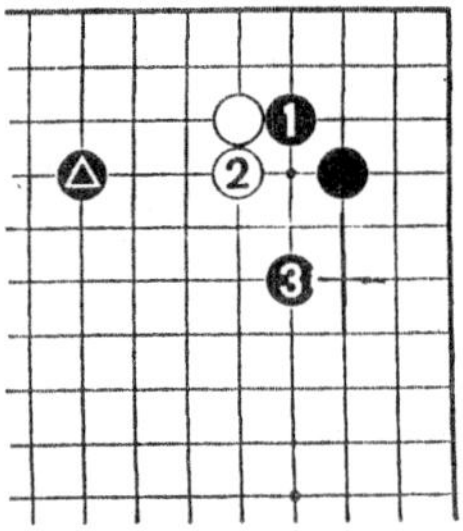

참고도 3

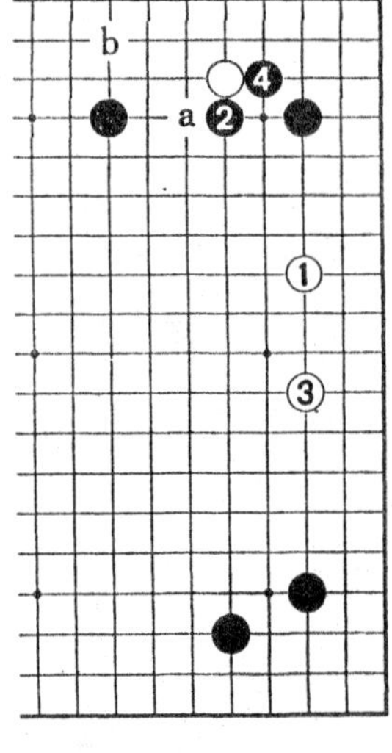

참고도 4

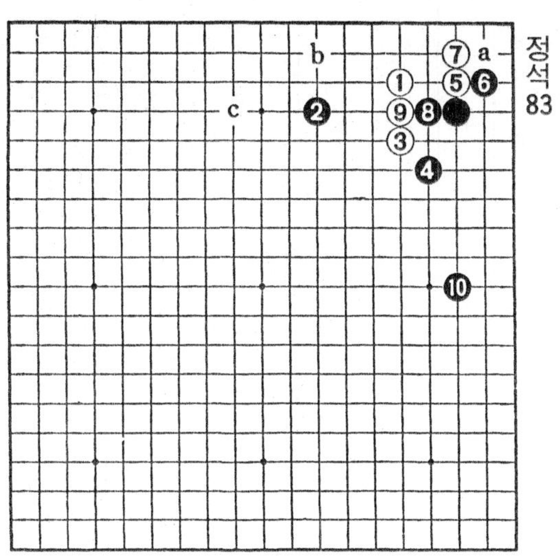

정석83

백3의 한 칸 뜀에서 5,7은 2칸 높은 협공에서의 특유의 정석이다.

흑10으로 일단락인데 이다음 백은 a의 내림과 b의 달림이 맛보기이다. 1, 3, 9의 세력활용에는 c의 방향에 흑2의 한 점을 협공한다.

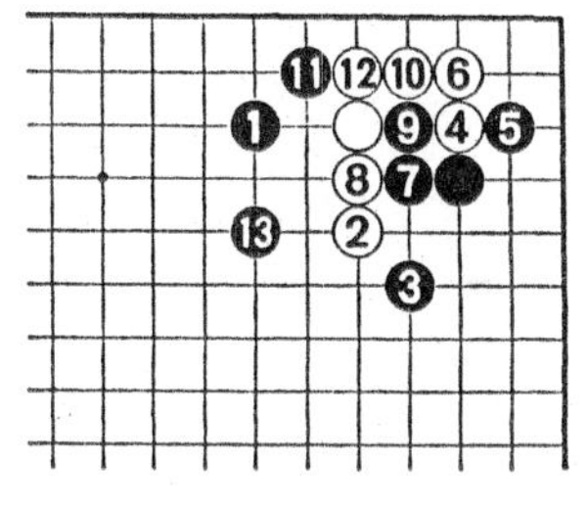

1도 흑1의 한 칸 협공에서의 기상도이다. 흑9로 나간 다음 11, 13으로 공격하여 백의 고전이다.

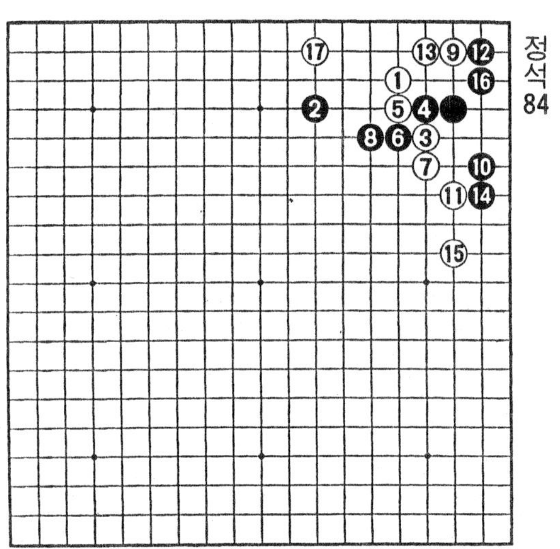

정석84

백 3 의 씌우는 정석이다. 이에 대하여, 1 도흑 1 , 3 은 냉정하다. 2 칸 협공은 다분히 공격적 기분이다.

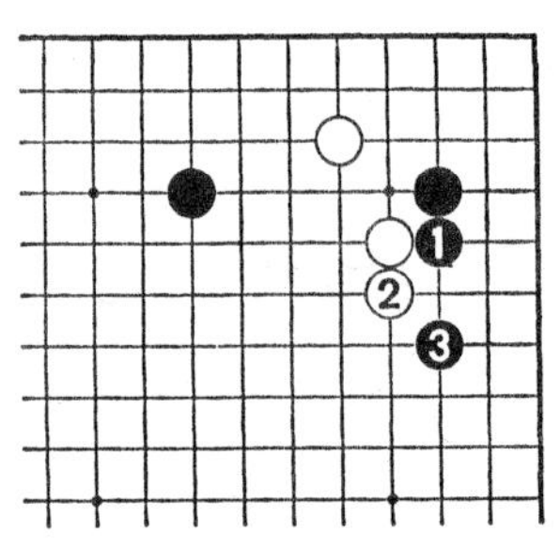

흑 4 , 6 은 기세이다. 백 9 에는 흑10의 달리는 모양이다.

결과적으로 볼 때는 백이 유리한 국면을 이끌어 왔다고 볼 수 있다. 흑의 공격력보다는 백의 공격력이 더 우세한 편이다.

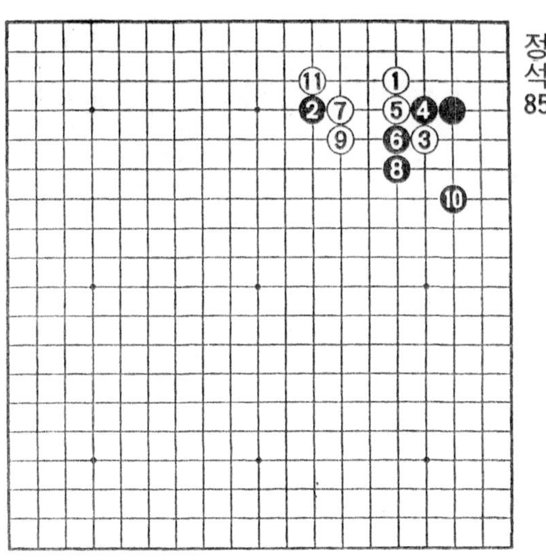

정석85

전 정석의 변화이다.

흑4, 6은 백7, 9로 움직인다. 호각의 갈림이다.

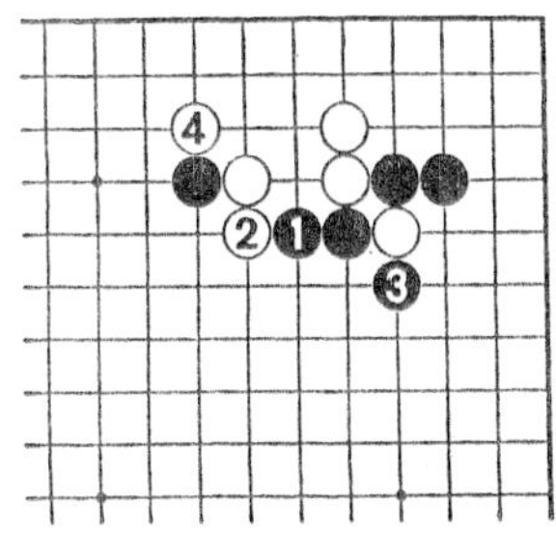

1도 상도(上図)의 7에. 이 정석이 개발된 초기에는.흑1 다음 3으로 되돌아간다.

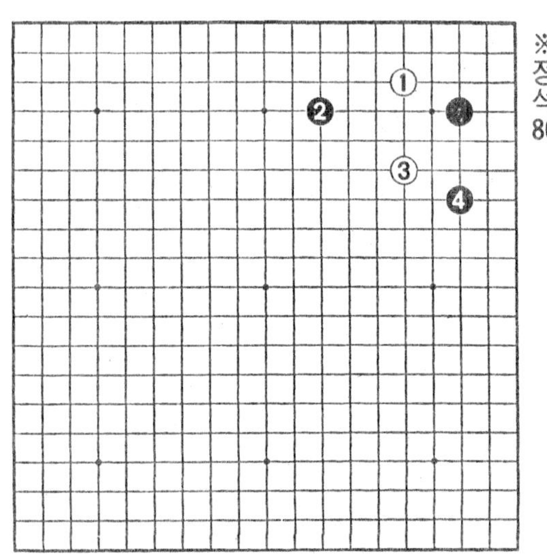

정석86

백2칸 뜀, 흑2칸 뜀이다. 이런 모양은 정확히 기억을 해야 한다.

백1의 날일자 걸침에 대하여 흑은 2로 협공을 시도하였다. 백은 3으로 2칸 뜀을 단행하였고 흑도 역시 4로 2칸을 뛰었다.

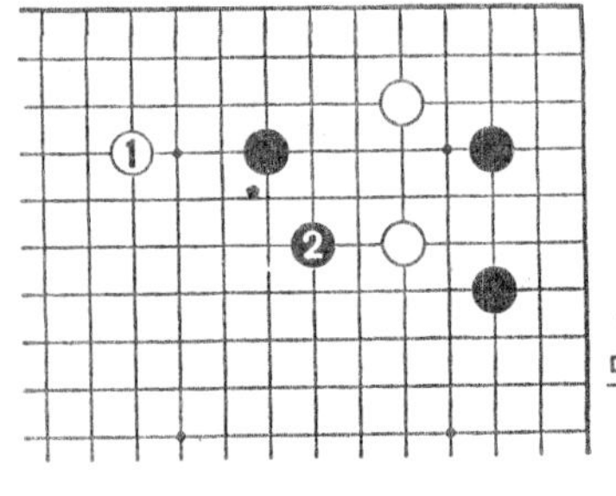

1도 백1의 협공에 흑2의 날일자가 문제의 원형이다.

결국 흑과 백은 서로가 쫓고 쫓기는 공격과 방어의 국면을 동시에 가져왔다.

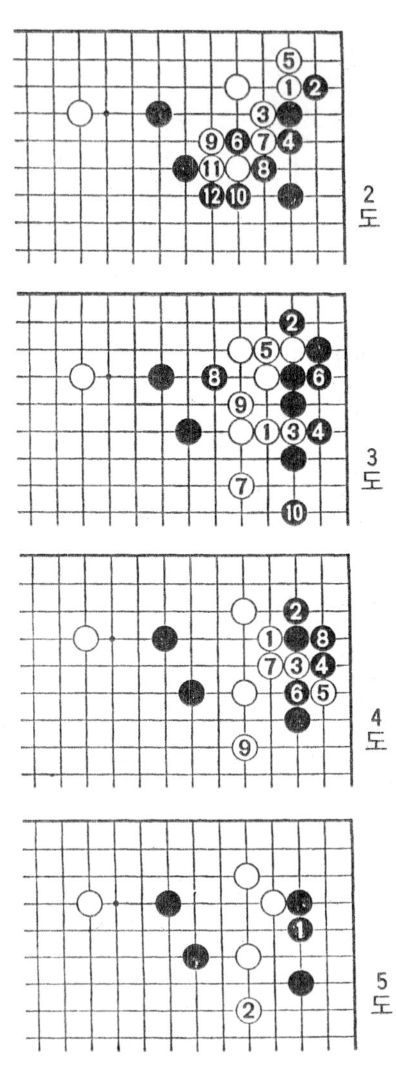

2도 백 1, 3, 5로 귀를 내려서는 것은 흑 6의 붙임에서 12까지이다.

3도 여기에 공부가 있다. 전도의 백 5로 백 1의 곳에 두는 것은 흑 2의 단수에서 3으로 단점을 만든 다음 5의 곳을 잇는다. 흑 6에서, 백 7, 흑 8에 백 9까지—·

4도 백 1에는 흑 2, 3, 5의 2단 젖힘의 모양까지 성공이다.

5도 흑 1에는 백 2이다.

흑의 공격에 대해 백 역시 한 보도 양보할 수 없다는 태세이다. 서로가 공격의 자세로 나가고 있는 형상이다.

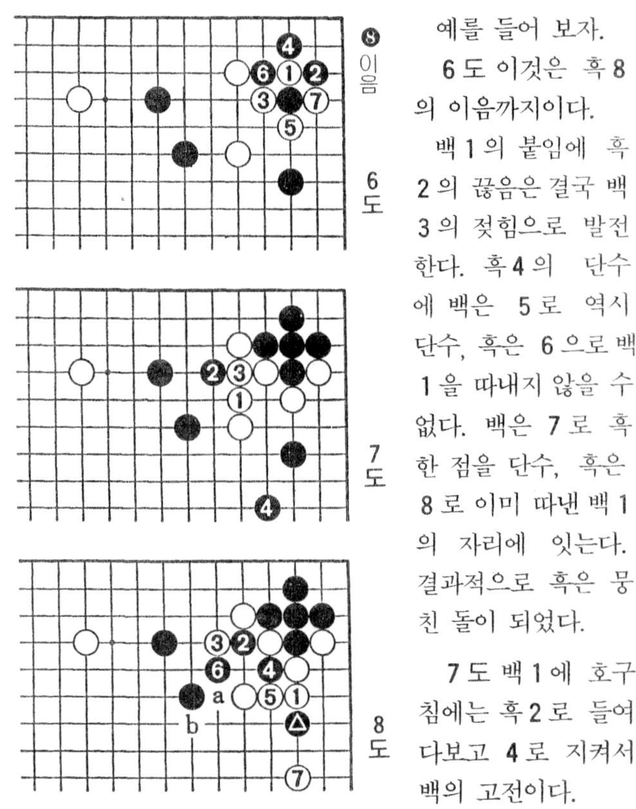

예를 들어 보자.

6 도 이것은 흑 8 의 이음까지이다.

백 1 의 붙임에 흑 2 의 끊음은 결국 백 3 의 젖힘으로 발전한다. 흑 4 의 단수에 백은 5 로 역시 단수, 흑은 6 으로 백 1 을 따내지 않을 수 없다. 백은 7 로 흑 한 점을 단수, 흑은 8 로 이미 따낸 백 1 의 자리에 잇는다. 결과적으로 흑은 뭉친 돌이 되었다.

7 도 백 1 에 호구침에는 흑 2 로 들여다보고 4 로 지켜서 백의 고전이다.

8 도 여기에서 백의 공부는 백 1 이 제 1 보이다.

흑 2 의 끊음에 백 3 의 단수가 고급스런 착상이다. 흑▲를 무력화시키는 것이 백의 목적이다.

흑 6 에는 백 7 로 흑▲를 협공한다.

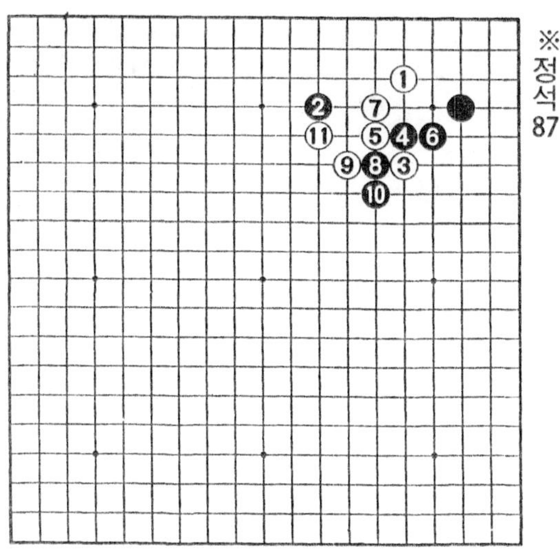

정석87

백 3의 2칸 뜀에 흑 4의 붙임은 상용의 맥이다. 백 5, 흑 6은 당연한가? 여기에서 백이 두는 곳은 그곳이 아니다. 보통의 정석에는 백 7 다음 흑 8의 끊음에서 11까지이다. 변화는——.

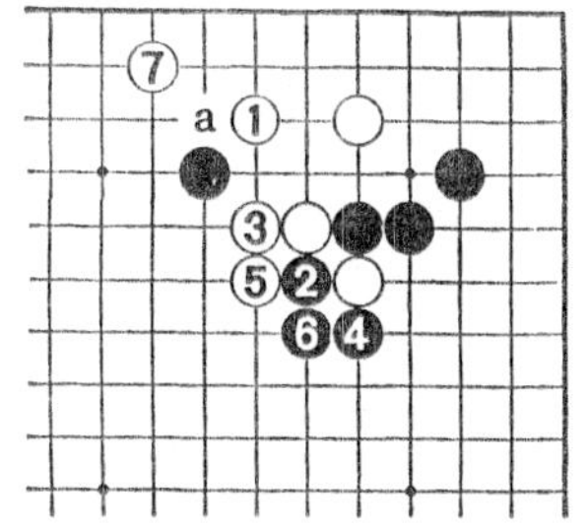

1도

1도 백 1의 뜀이다. 흑 2는 당연하다. 이하 6까지이다.

백 7은 흑 a가 있는 이상 생략할 수 없는 점이다.

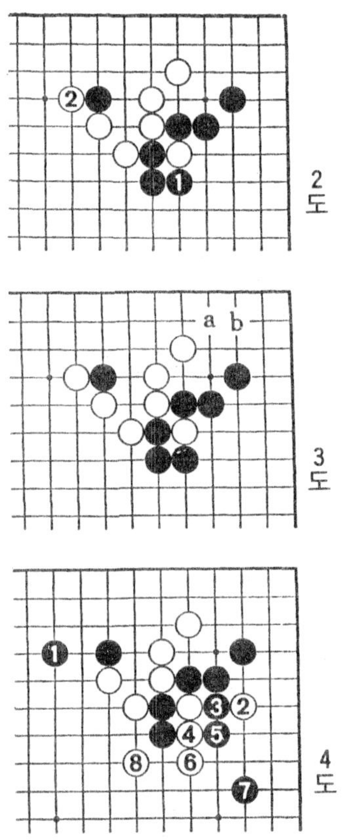

2 도 정석**87** 다음, 본도는 확정적인데 이 다음에—

흑 **1**에는 백 **2**의 젖힘수가 뒤따른다. 이것은 흑·백 서로가 실리를 추구하는 장면이다. 백은 윗변을, 흑은 우측변을 각각 차지하겠다는 속셈이다. 이러한 국면은 다시 **3 도**에서 보는 a, b 의 다툼으로 이어질 수 밖에 없다.

계속해서 진행도를 살펴보자.

3 도 흑이 둔다면 흑 a, b는 후수 15집 이상의 큰 끝내기이다. 여차하면 승부를 결정짓는 곳이다.

4 도 흑은 **1** 로 상변을 둔다. 그러면 백은 **2** 로 응전을 한다. 흑 **3**, **5** 에서 **7** 까지이다. 이것은 **8** 의 수비가 필요하다.

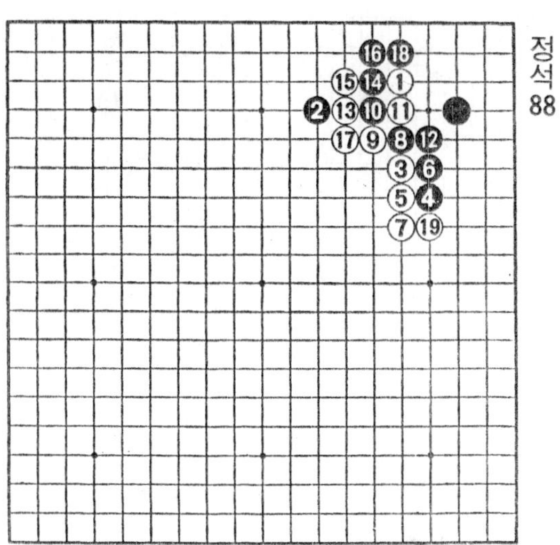

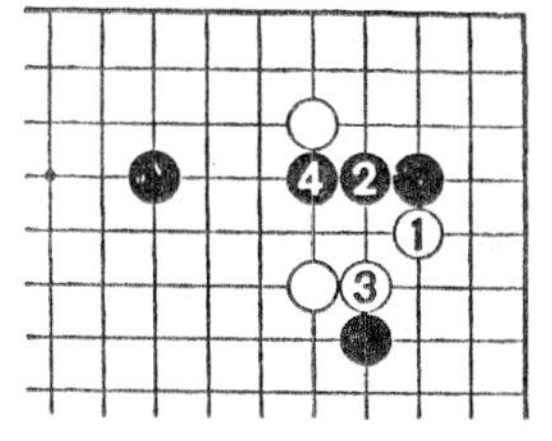

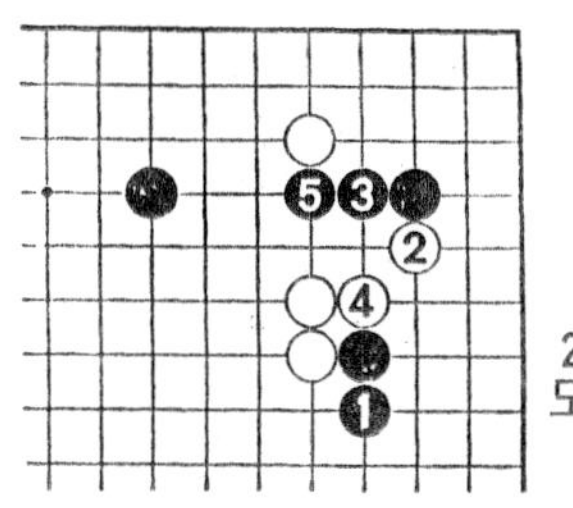

정석 88

백 2 칸 뜀에 대하여 흑 4의 눈목자이다.

백이 1도 백 1에 두어 분단을 획책하는 것은 흑 2, 4로 백을 분단하여 흑이 유리하다. 백 5는 2도 흑 1의 뻗음에 백 2이다.

결국 19까지의 진행이다.

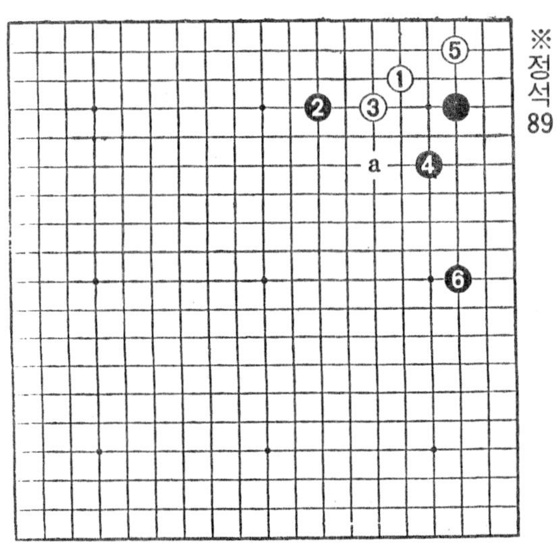

정석89

2칸 높은 협공에 대하여 알기쉬운 정석이다. 이 다음에 a의 곳이 서로간에 절호점이다. 흑에서 모양을 결정하는 것은 1도와 2도에서이다. 1도의 백4는 절대, 2도의 백6은 생략할 수 없는 점이다.

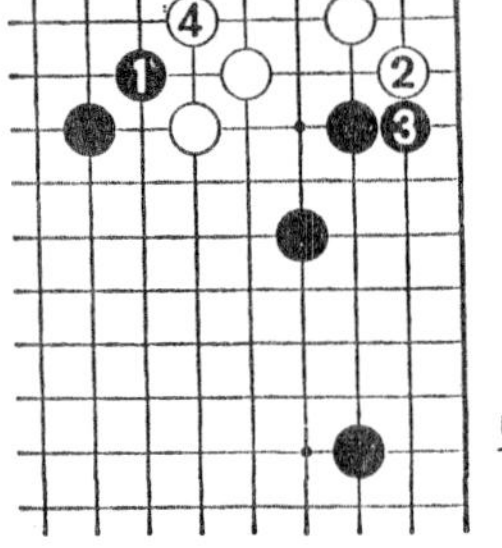
1도

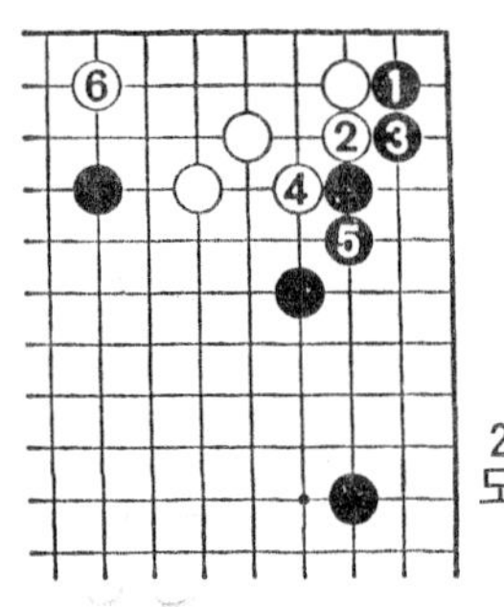
2도

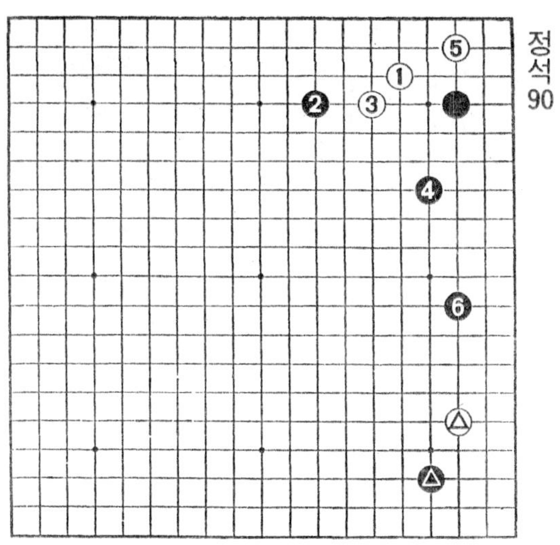

정석90

정석89의 변화이다. 흑6이 한길로 나가는 것은 어떨까? (흑▲와 백△의 배치가 있다) 1도의 수단이 백에게 있다. 2도 흑▲ 벌림의 변화이다. 정석90과 반대의 의미이다.

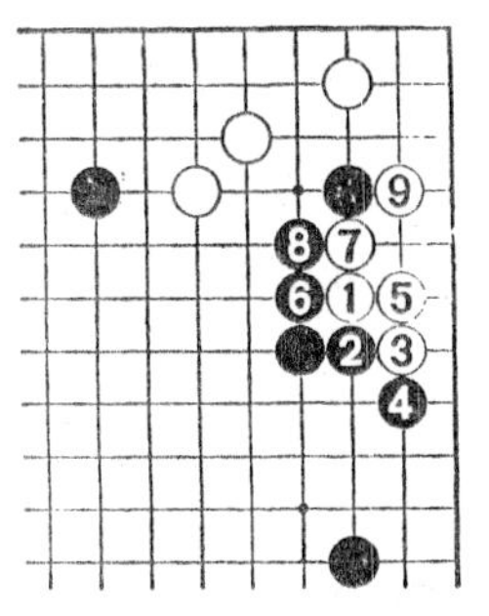

1도

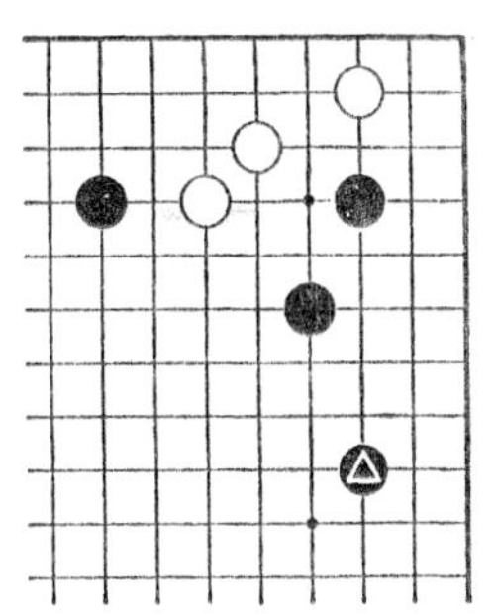
2도

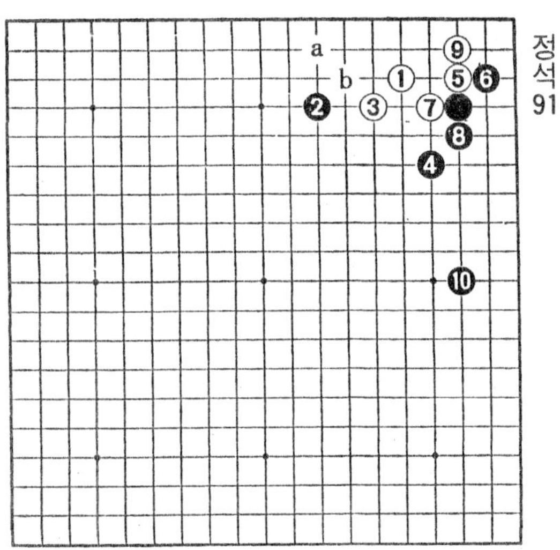

정석91

정석89의 조형(祖型)이다.

정석89는 초심자에게 적합한가?

상변에 관하여 이 다음 백a는 흑b와 차이가 있다.

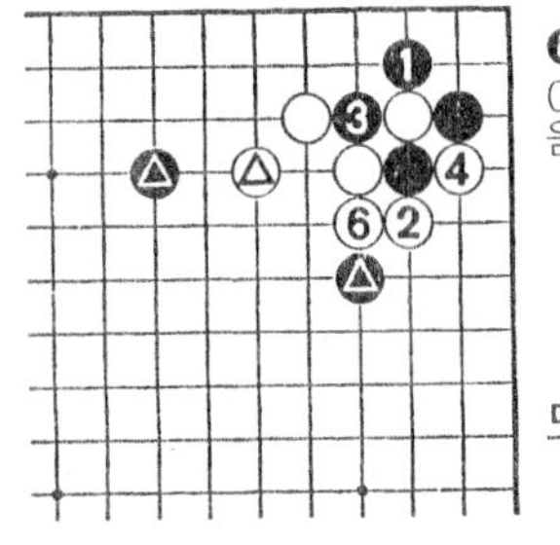

도중 흑8로 두지 않는 경우를 1도에 나타내었다. 백△의 위치에 대하여 흑▲표 2점이 들떠 있다.

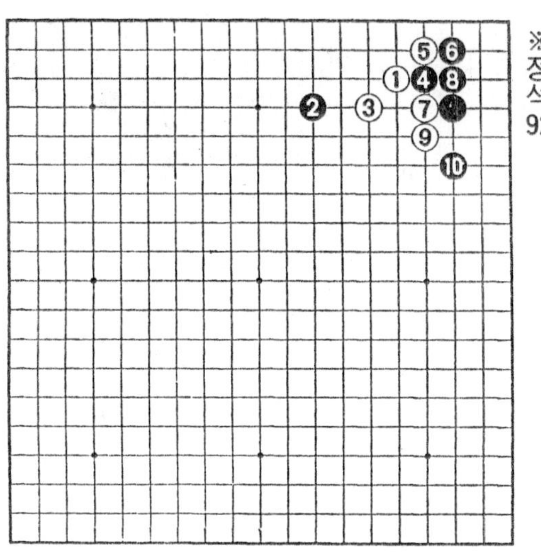

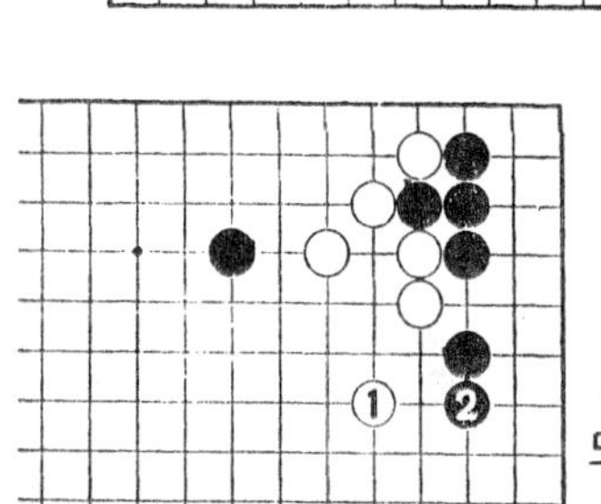

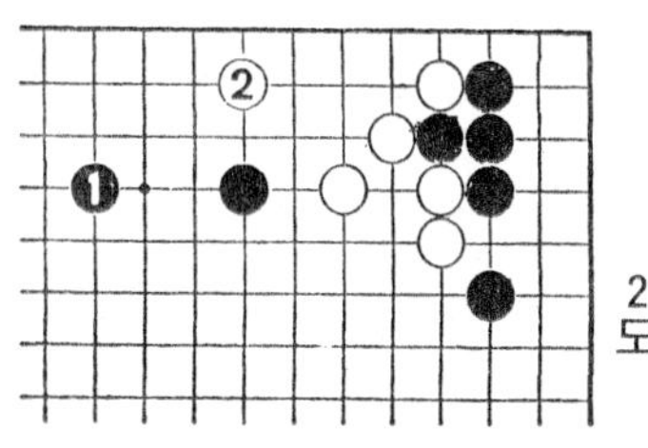

정석 92

비슷한 모양을 정석 2칸 높은 협공에서 설명을 하였다. 1도 백 1의 날일자에는 흑 2의 늘음이다. 2도 흑 1로 집 모양을 형성하는 것이 좋은 수이다.

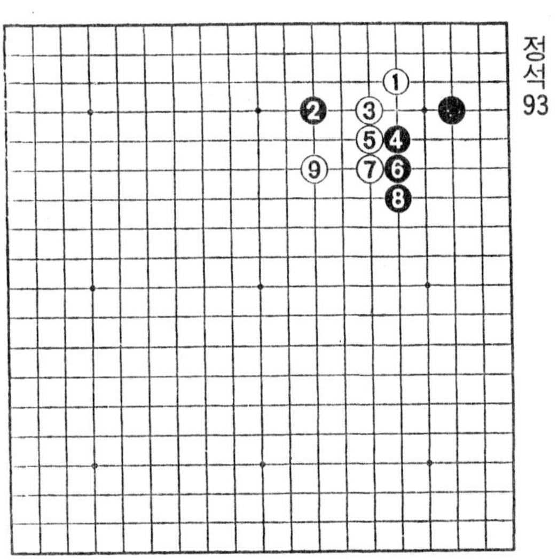

정석93

백의 마늘모에 대하여 흑 4 이다.

이 수는 백 1, 3 의 모양이 급소이다. 정석의 수수도 오래 되었지만, 미완성의 모양이 많다.

여담이지만 프로의 바둑에서는 여러 가지의 수를 읽음이 대국에 지대한 영향을 끼치는 것이지만 결국은 안전함을 택할 수 없다.

자, 알기쉽게 두자.

7 다음 흑 8 을 기다려 백 9 까지 호형이다.

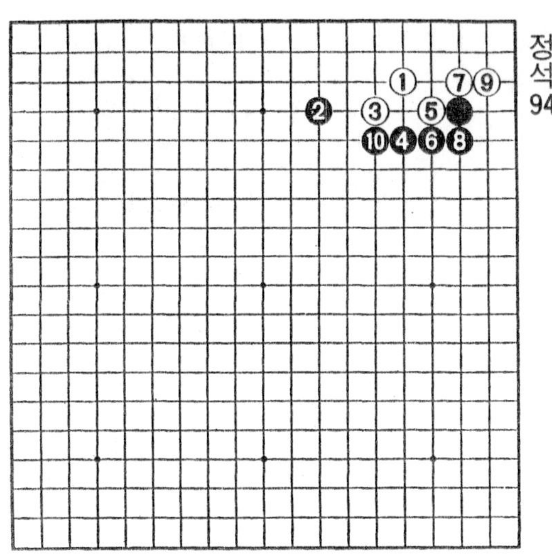

정석94

백 5 의 마늘모로 붙이는 수는 어려운 길의 입구이다.

여기에서 흑 6 으로 내려서면 7 의 젖힘이다. 이것은 흑 8 , 10까지 일단락이다.

흑의 외벽에 대하여 같은 모양을 소개해 보고자 한다.

그것은 1 도의 도입이다.

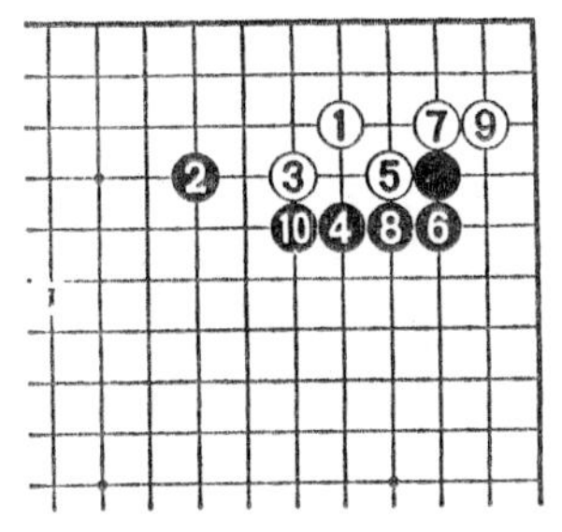

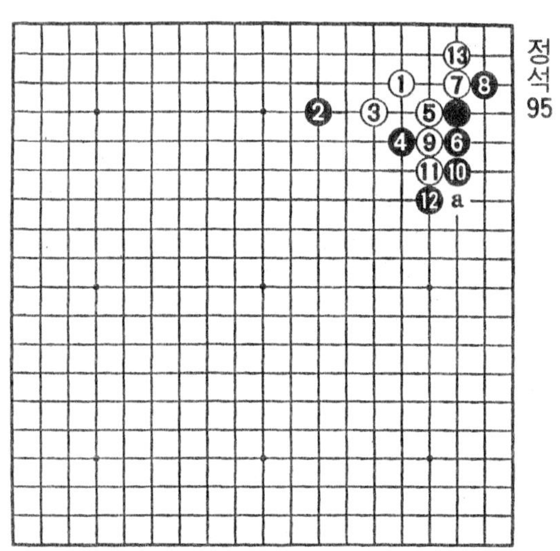

정석95

흑6에 백은 7, 9의 수순이 있다. 이것을 같이 나타내 보면——

1도 백1, 3의 수순으로 정석의 진행이다.

흑은 도의 모양을 선택하는데 이 모양은 정석94와 비교하여 불만이 아니다.

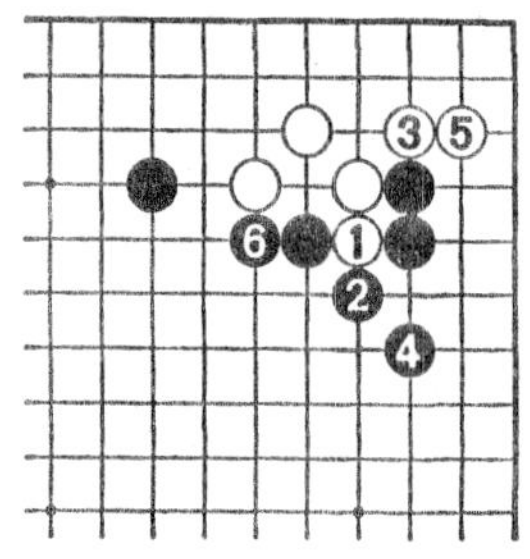

이 관문을 통과하면 흑10으로 받아 이것도 하나의 형이다. 결과는 흑4의 한 점이 무용화되었고 a의 곳에 약점이 남았다.

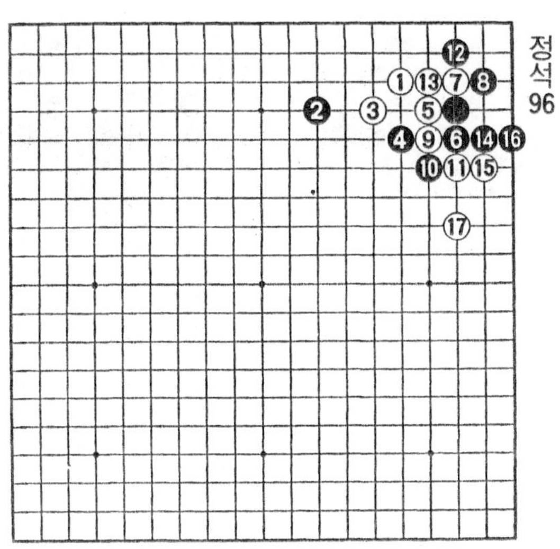

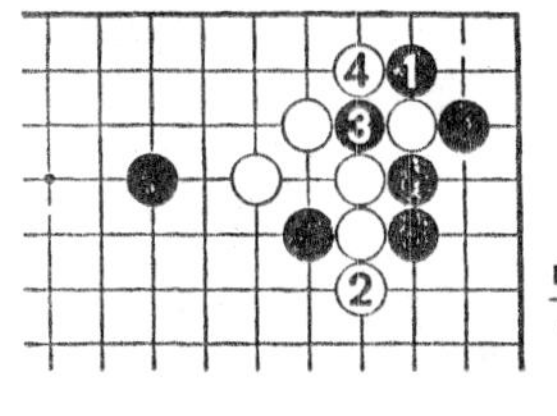

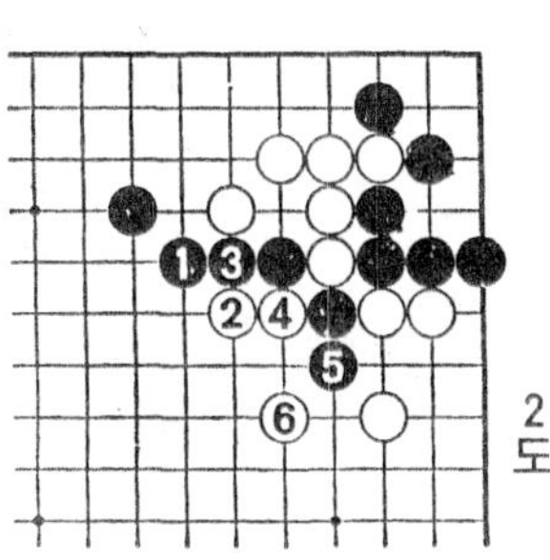

정석 96

전 형과 도중까지 같다. 백 9 에 단호하게 흑10 으로 막은 정석이다. 이것은 미완성형인데 준정석이다. 흑10의 막음에 앞서—

1 도 흑 1 의 젖힘은 수순의 바뀜. 백 2 의 잇지 않아 실패도이다. 2 도 상도(上図)의 다음 흑 1 이하의 수가 있다.

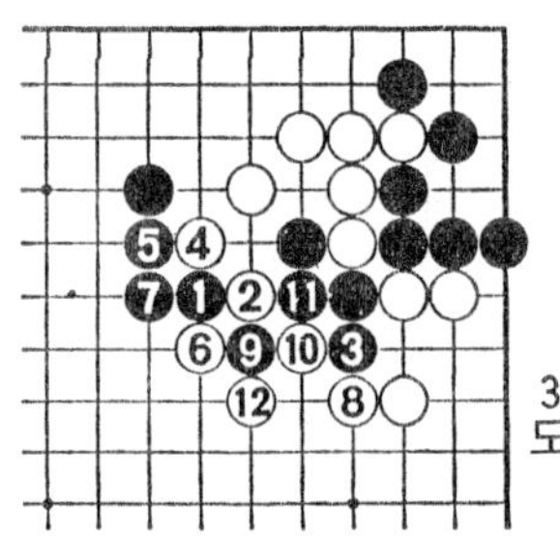
3 도

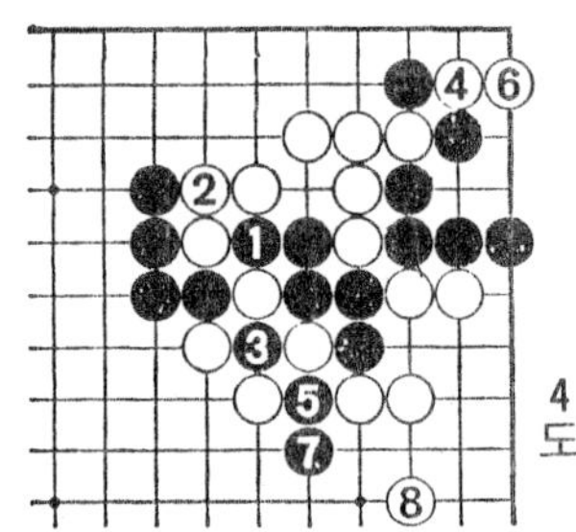
4 도

3 도 흑 1 의 날일자가 좋은 수이다. 계속하여서 백은 2 의 건너붙임. 흑 3 , 백 4 , 흑 5 , 백 6 의 단수는 외길의 수순이다. 4 도 흑 1 에서 3 의 패. 백 4 의 끊음에 중앙을 따내면 이하 8 까지 호각의 갈림이다.

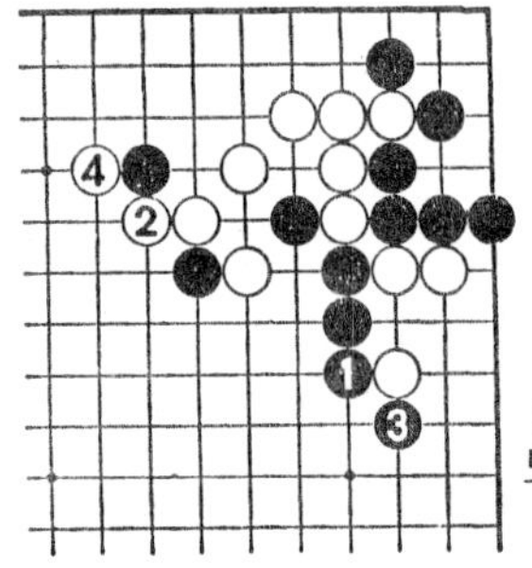
5 도

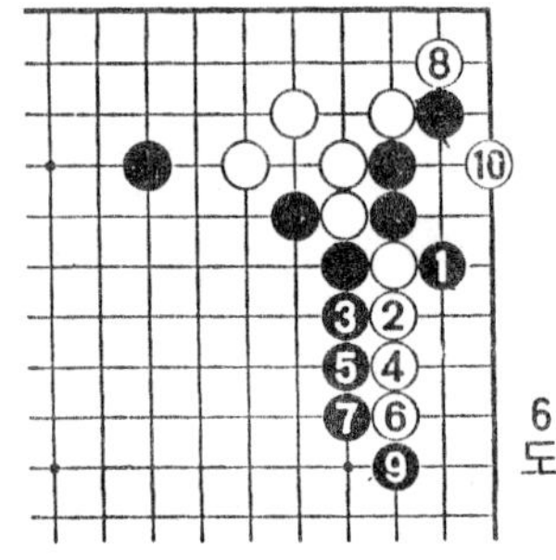
6 도

5 도 3 도의 백 4 에 흑 1 로 느는 것은 현명하다. 이것도 호각의 갈림이다.

6 도 고단자의 실전으로 흑 1 로 아래쪽 단수 이후 흑 9 까지 된 다음에 백10의 치중이 절묘하다. 참으로 어려운 곳이다.

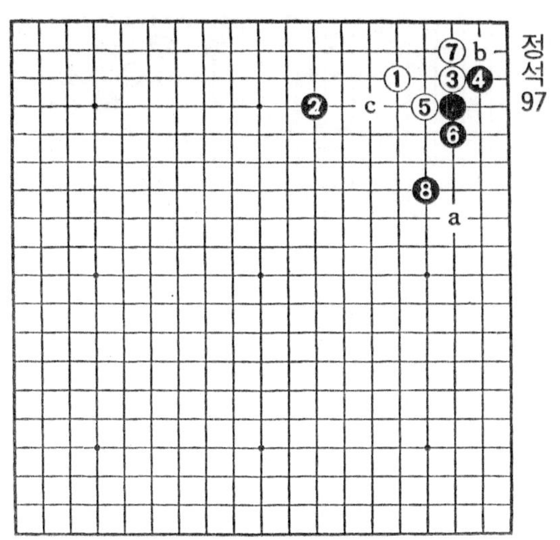

정석97

3·3의 붙임이다. 흑8의 날일자로 이 정석은 일단락이다. 백은 b와 c가 맛보기이다.

3·3의 붙임에 대하여 알기쉬운 모양이다.

현대정석에서, 활짝핀 2칸 높은 협공은 백의 3·3 붙임에서 나타난 수비의 특질이라고 하여도 과언이 아닐 것이다.

백 1의 날일자 붙임에 흑 2의 넓은 협공은 당연한 수순이다. 백 3의 한칸 뛰어 붙임이 멋진 일착이다. 흑 4의 젖힘은 정수이다. 백 5의 호구 젖힘에 흑 6의 늘어서기, 백 7의 내려서기에는 흑 8의 한 칸 높은 날일자 걸침이 있다. 이것으로서 귀의 윤곽이 어느 정도 들어나고 있다.

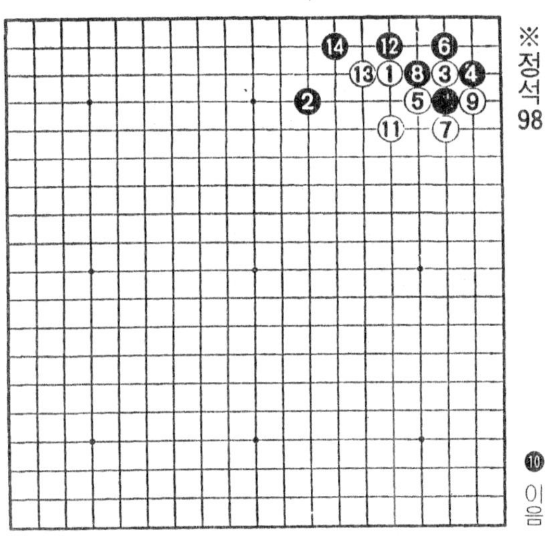

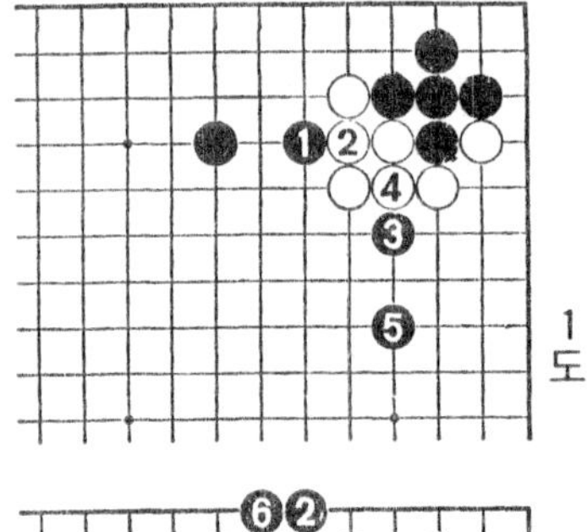

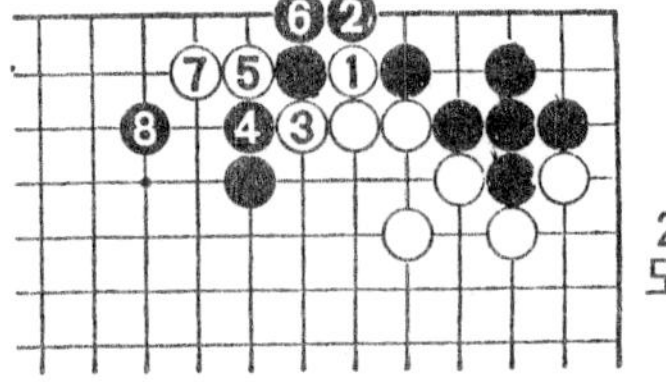

정석98

백5의 호구침에 흑6의 단수이다.

흑12로는— · 1도 1, 3으로 백을 공격하는 것이 유력하다. 백의 모양이 고달프다. 2도 정석의 모양 다음에 백 1, 3, 5의 단수에서 흑8까지 낙승이다.

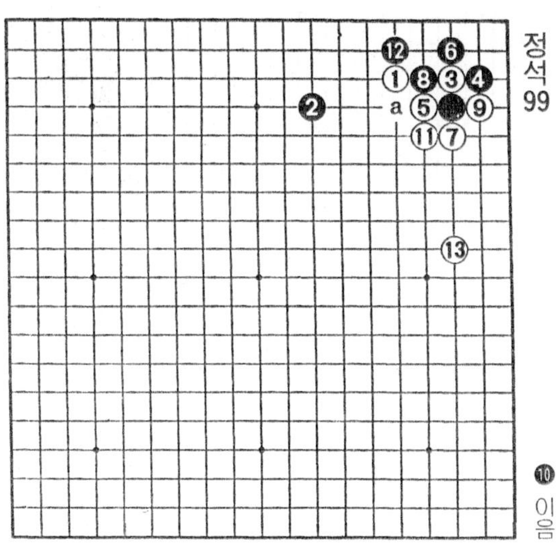

정석99

백11이 견실한 이음으로 고육지책이다.

흑12의 젖힘에는 백13이 큰 수이다. 축의 관계가 좋으면 흑은 12의 수로 a의 끊음이 있다.

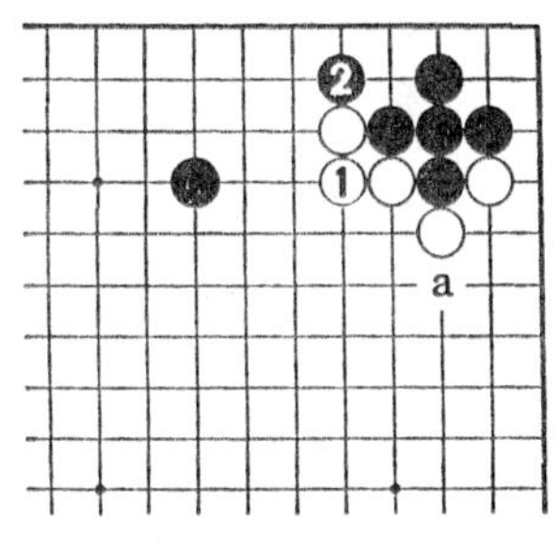

1도 백1의 이음은 무거운 수이다. 흑a의 붙임에는 곤란하다. 냉정히 백2의 젖힘으로 둔다.

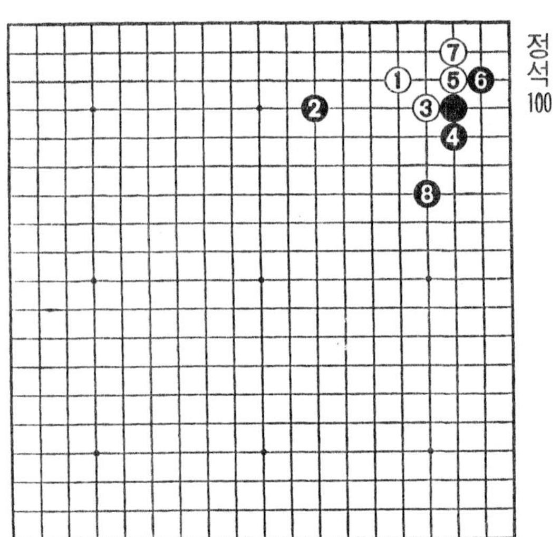

정석 100

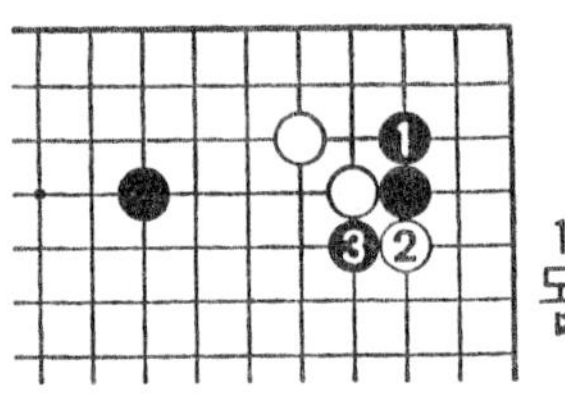

1도

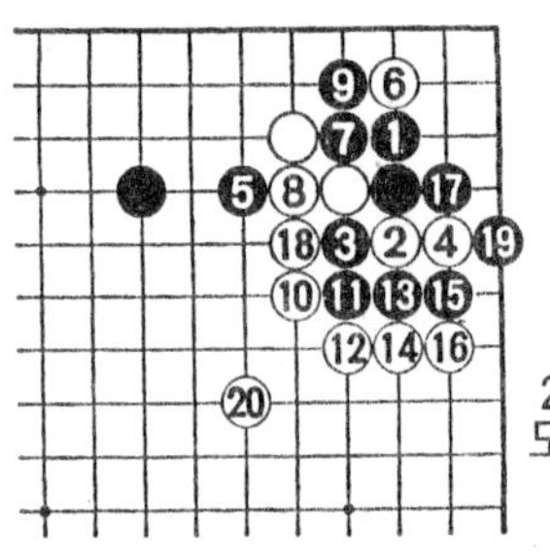

2도

정석 100

백 3 의 마늘모 붙임에서 변화된 모양이다.

4 의 뻗음에 5 로 젖히면 흑 6 에 백 7 까지 소기의 목적을 이루었다. 1 도 흑 1 의 뻗음이 강수이다. 백 2 에 막으면 3 의 곳을 끊는다.

2 도 백 4 의 내림에는 흑 5 의 들여다봄이 부분적으로는 호각이다.

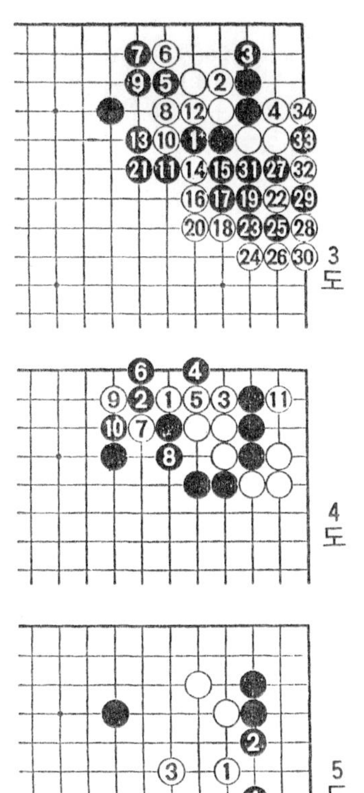

우변의 모양에서의 바둑은 백이 유리하다.

3도 흑1의 뻗음에는 축 관계가 관련이 되는 수이다. 백2에는 흑3으로 이하의 작전이다.

계속 진행해나감에 있어서, 수읽기의 힘을 발휘, 상대방의 응수에 대한 대책을 강구하면서 한 수 한 수를 착점(着點)하도록 해야 한다.

결과도를 미리 그려보지 않는 대국은 결국 불리한 국면을 이끌어가기가 쉽다. 따라서 대국자(対局者)는 항상 상대방의 응수에 민감한 반응을 보여야 한다.

흑5의 붙임이 급소이다.

백6, 8, 10의 저항이 있다. 백20에 21은 외길이다. 4도 여기에서 흑2에는 백3으로 후퇴, 여기에서 4, 6이 교묘하다. 5도 전도 보다는 다소 불리하지만 본도를 선택한다.

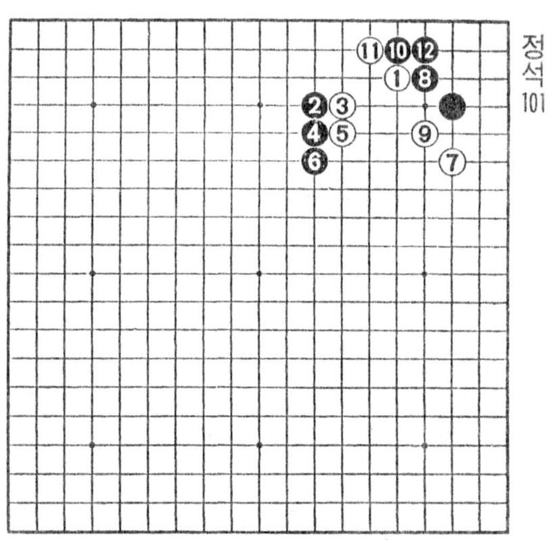

정석101

백 3 으로 붙여 진귀한 모양이다. 흑 2, 4, 6 으로 세력을 키우며 움직이는 것이 좋은 수이다.

백 3, 5 는 다음 백 7 에 흑 8 로 귀에 모양을 만든다. 흑12까지 일단락이다.

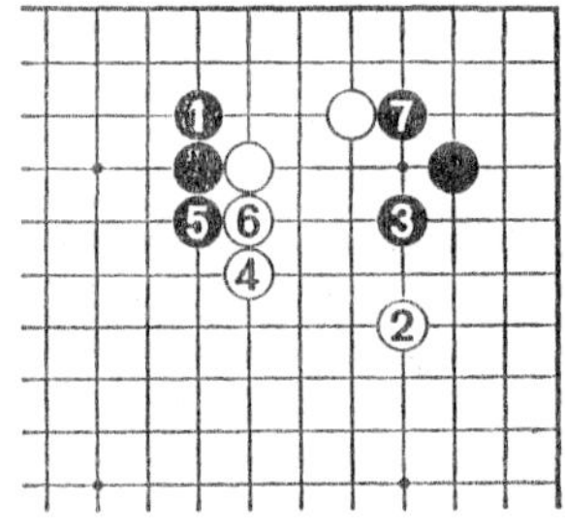

1 도 정석의 흑 4 로 본도의 1 은 그 좋은 예이다. 흑 7 까지 호각이다.

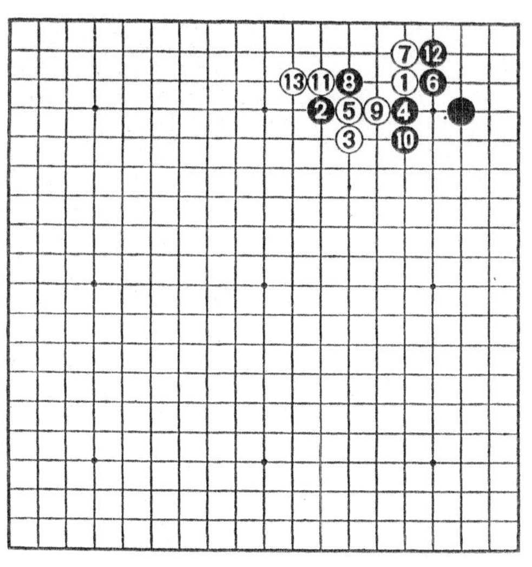

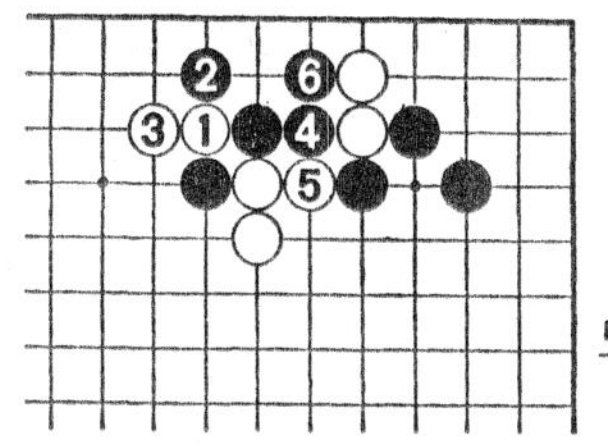
1도

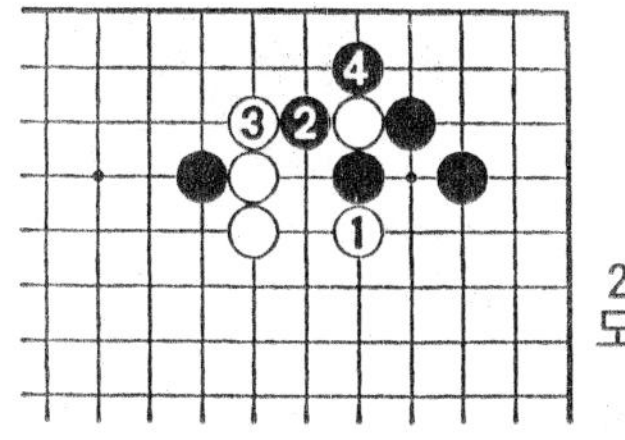
2도

정석 102

협공과 뻗음의 정석이다.

흑은 10의 좋은 모양을 갖출 수가 있다. 그것은 8의 희생타 다음에 1도의 백1은 흑6까지로 실패이다. 백13까지 일단락이다. 2도 도중에 백1이 급소로 흑2, 4를 허락하여 정석의 갈림이다.

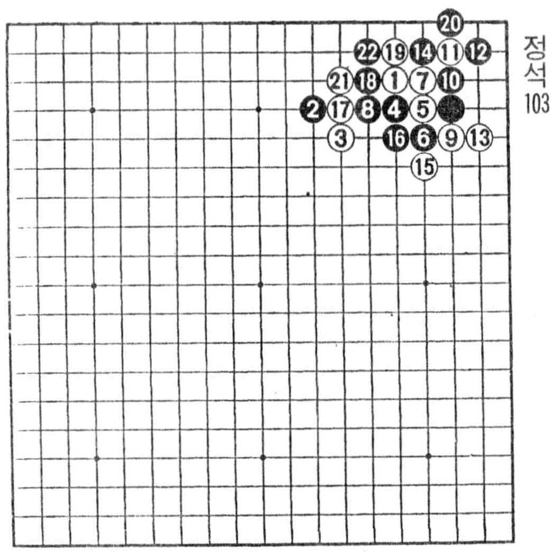

정석103

흑 4 의 붙임에 백 5 의 끼움이다. 이것이 미원(梶原) 정석이다. 백17로 잇기 전에——

1 도 백 1, 3 의 결단이 있다. 이 정석은 바깥조임이다. 일단락 다음——·2 도 흑 1 로 나가면 백 2, 4 의 숫자사석은 매우 중요하다.

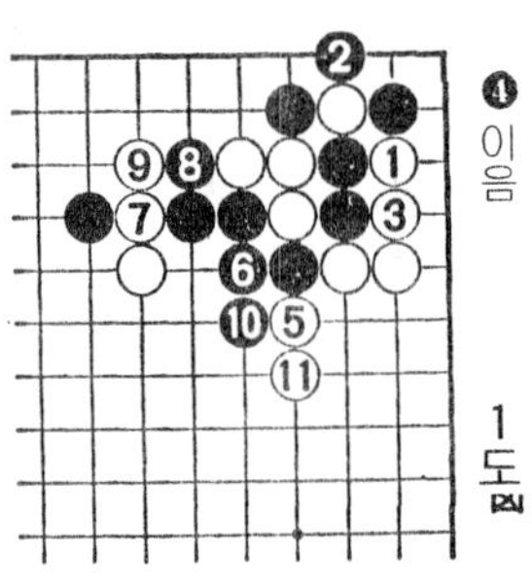

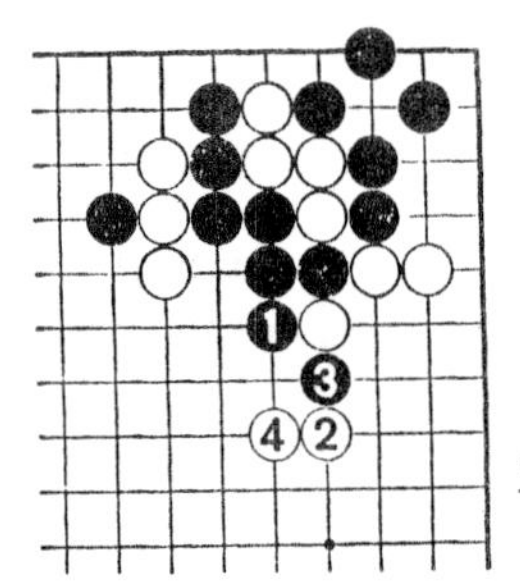

9 세 칸 협공

3칸 협공에는 기성 본인방 도책(島策)이 애용한 것으로 국부적인 돌의 흐름보다는 전체를 엮는 돌의 모양임을 알 수가 있다.

참고1도 3칸 협공은 먼 협공이다. 손뺌의 여지는 없다. **참고도2** 손을 뺀다면 흑에서는 1의 마늘모 붙임이다.

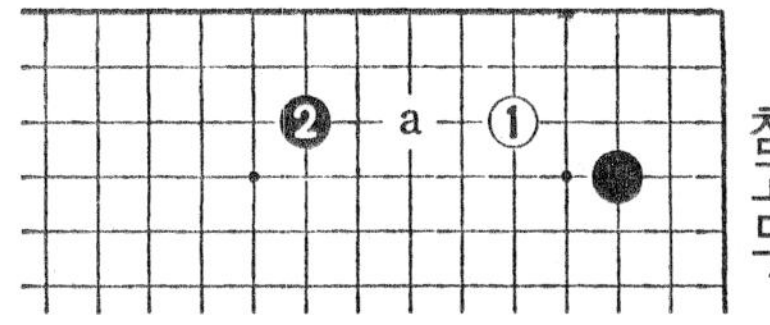

참고도 1

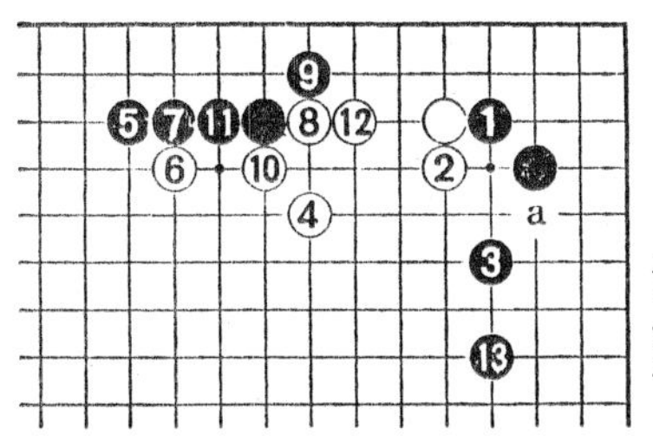

참고도 2

백2로 돌을 무겁게 한 다음 흑3으로 공격을 한다. 이하 12까지 정형이다. 13은 백a의 지킴도 있다. **참고3도** 백1의 모자도 있다.

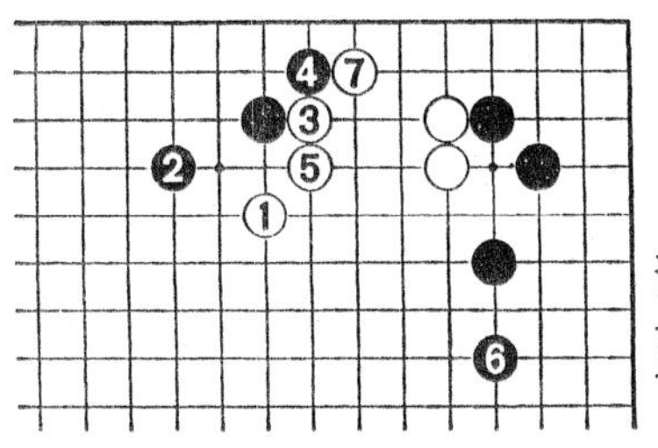

참고도 3

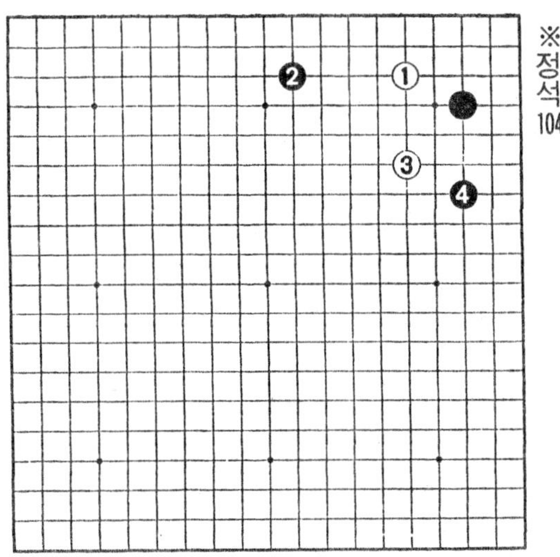

정석104

2칸 뜀의 정석이다.

2칸 협공, 2칸 높은 협공, 절력의 공격은 3칸 협공이 아닐 수 없다.

정석105

3·3붙임의 정석이다. 흑8까지 일단락이다. 이 다음 백은 a와 b의 곳이 맞보기이다.

정석106

이 정석에서는 11까지이다.

장차의 발전 방향은 a의 곳이다.

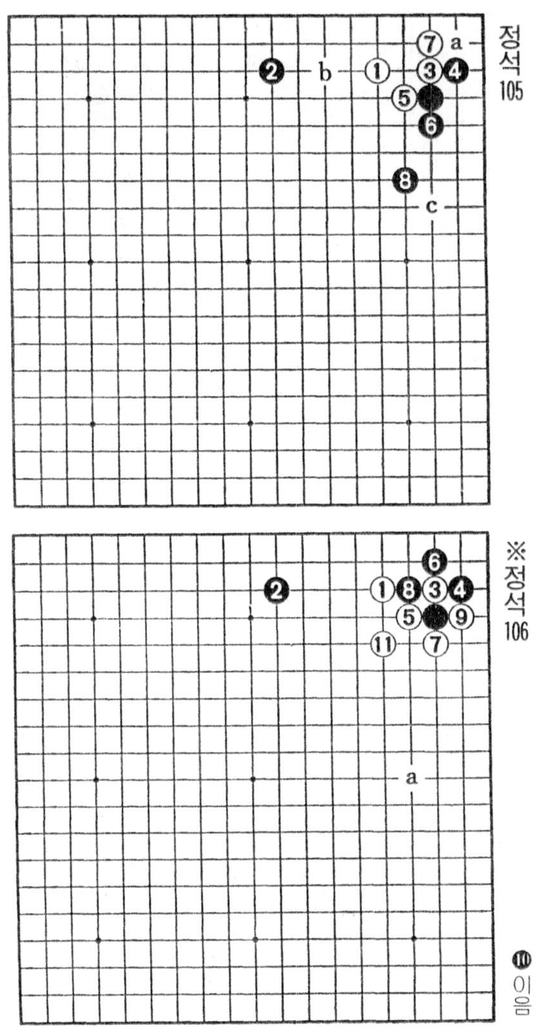
정석
105
※정석
106
⑩ 이음

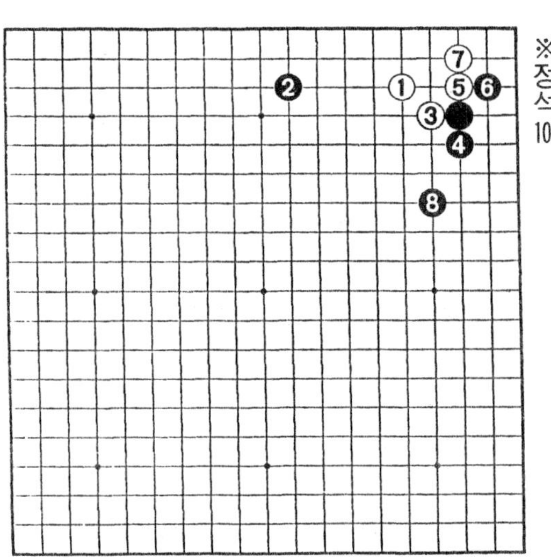

※정석107

정석107

백은 3의 마늘모 붙임부터 둔다.

여기에는 변화의 여지가 없다. 앞의 정석 105에 환원한다.

도중 흑4의 뻗음에는——

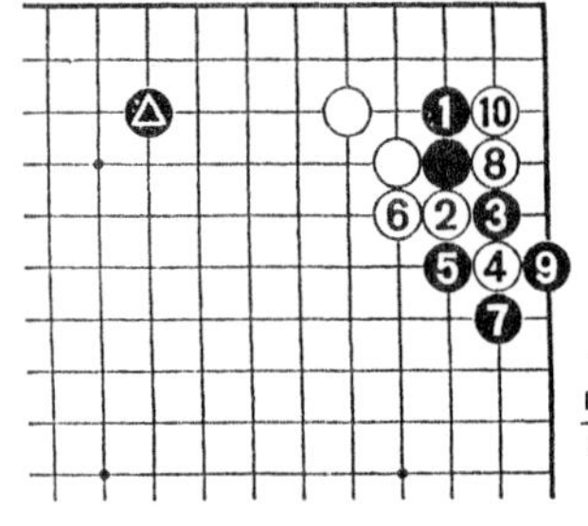

1도

1도 흑1의 뻗음이다. 백2의 젖힘에는 흑 ▲의 협공이 멀다. 3 이하의 젖힘에는 백4의 2단 젖힘, 이하 10까지 알기쉽다.

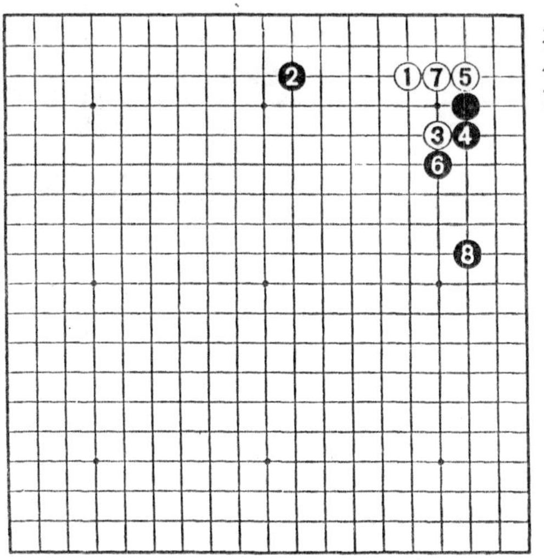

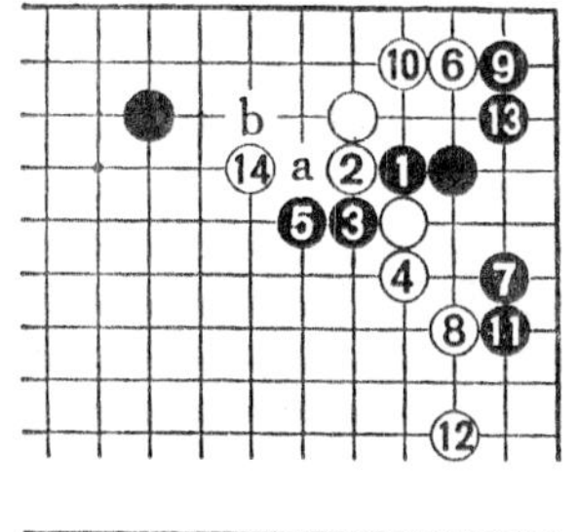

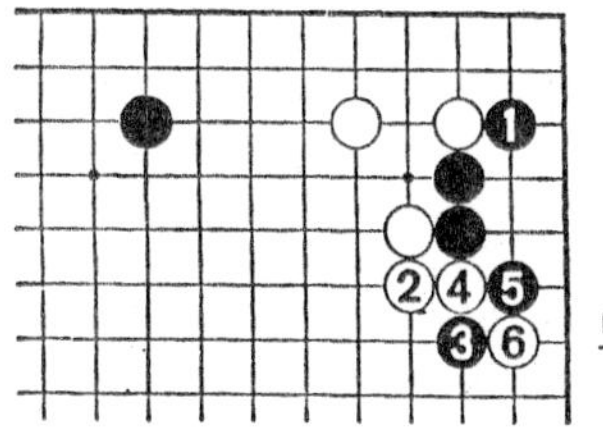

정석 108

날일자의 씌움이다. 이에 대하여 1도 흑 1, 3은 이하의 외길 진행으로 14까지이다. 흑 a는 백 b이다. 백 5의 붙임에 흑이—

2도 1일 때, 백 2에 흑 3의 뛰움은 금물이다.

백은 기회를 놓치지않고 4로 침입해 들어온다.

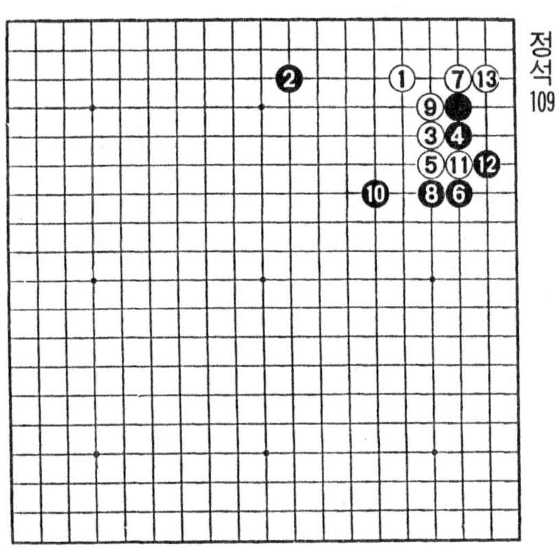

정석109

백 3 의 날일자 씌움에 4 , 6 으로 두는 백의 발전 방향에 흑 2 이다.

1 도 백 1 이 좌상 귀의 관계에서 절호점이다. 흑 6 의 뜀에는 백 7 의 3 · 3 의 붙임이다.

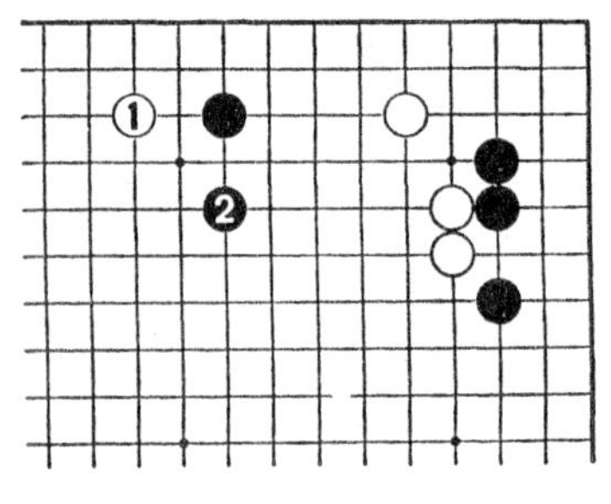

2 도와 같은 의미다. 정석 108 , 109 는 고풍의 정석으로 에도 (江久)시대에 사용되었다.

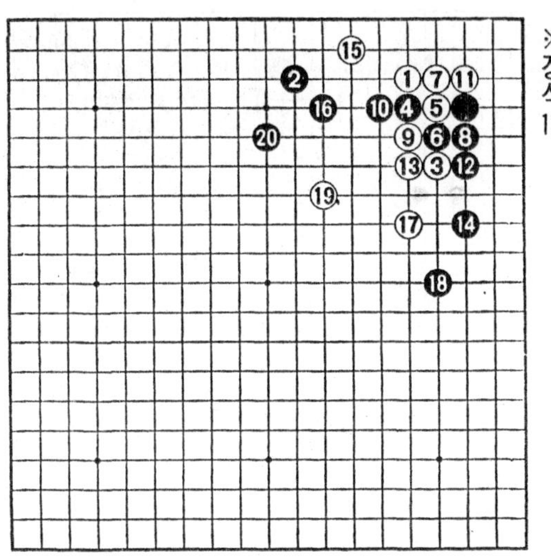

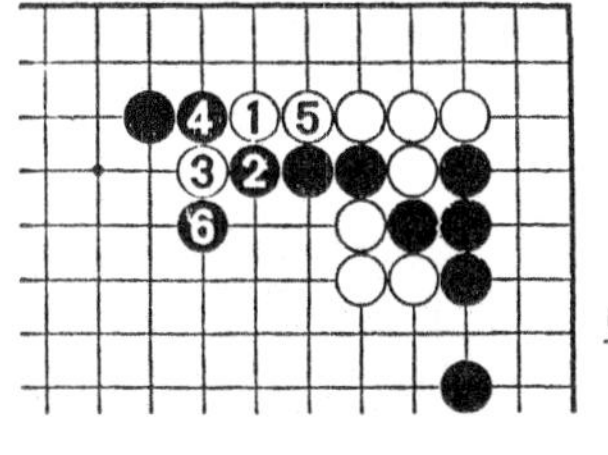

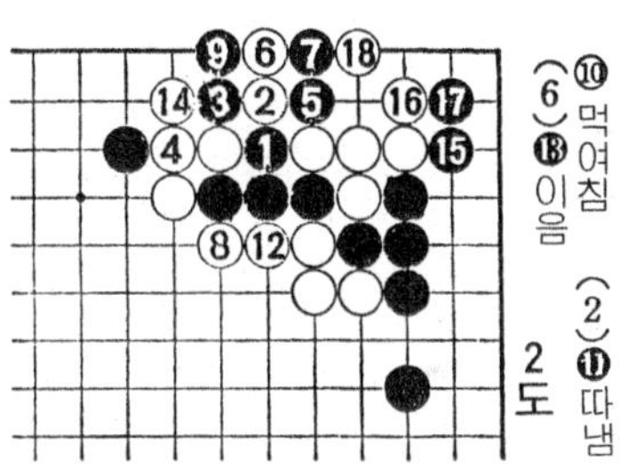

정석 110

백 3 의 대사정석도 역사가 오래되다 보면 조금씩 변모해 간다.

흑은 1 도의 흑 6 의 축이 좋지 않아서 전도에서 2 도의 흑 1 이다. 이것은 연단수의 조임을 당한다.

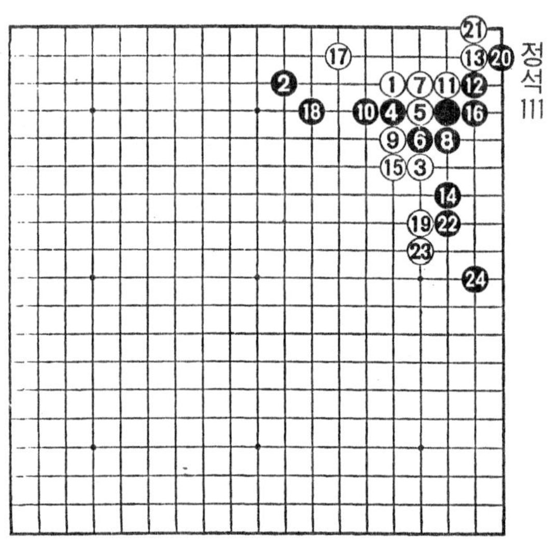

정석111

축의 관계가 좋다면 흑은 12까지 변한다. 이하 필연의 수순으로 흑24까지 진행된다. 우변에서의 자세가 낮아 호각의 갈림이다.

1 도 백 1 의 대사를 두면 흑 2 이다.

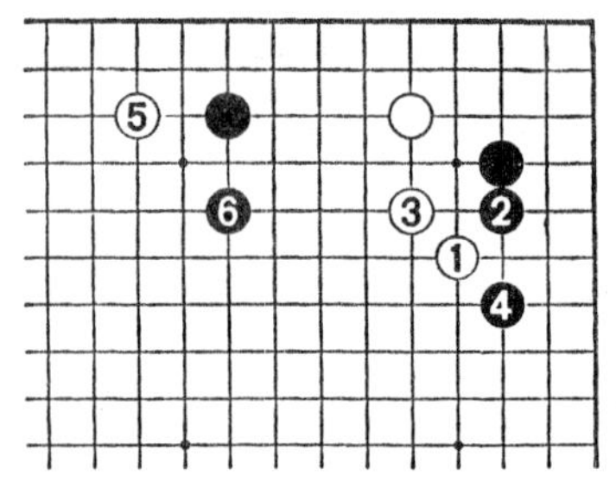

1 도

이 백의 모양은 정석 109의 1 도의 바깥에서 나타내었다.

백 5 의 공격에는 흑 6 까지이다.

2. 한 칸 높은 걸침

이 걸침수에 있어서는 먼저 귀에 대한 날일자의 걸침에 대하여 설명하고자 한다.

일반적인 대국에서 가장 많이 활용되는 걸침수의 하나인 날일자 걸침수에 대한 여러가지의 변화를 알아둔다는 것은 독자 여러분의 기력(棋力)향상을 위해서도 매우 필요한 일이다.

같은 걸침수라 하더라도 날일자냐, 한 칸 뜀이냐, 아니면 눈목자냐에 따라서 진행도가 달라진다. 또한 날일자 걸침수 가운데서도 어느 방향으로 걸쳐 두느냐에 따라서 세력의 방향이 갈라진다.

참고1도 백1의 높은 걸침의 응수는 a의 아래 붙임, b의 높은 붙임, c의 한 칸 협공, d의 2칸 협공 등이다.

날일자 걸침에 대하여는 협공의 종류가 많지가 않다.

참고2도 백의 고목에 흑1로 걸치는 모양이다. 이 형은 고목의 장(章)에서 설명을 하기로 한다.

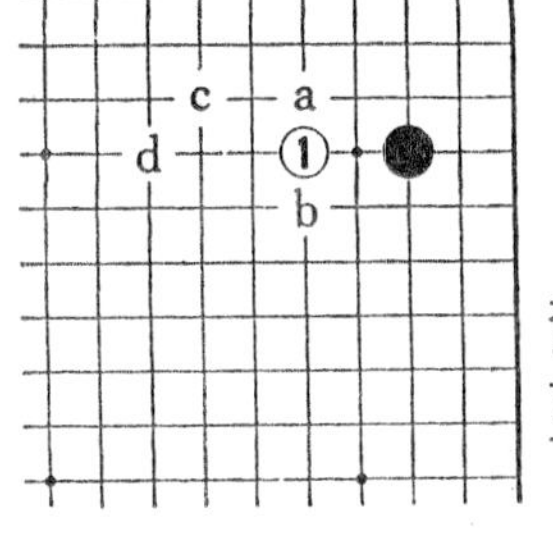

참고도 1

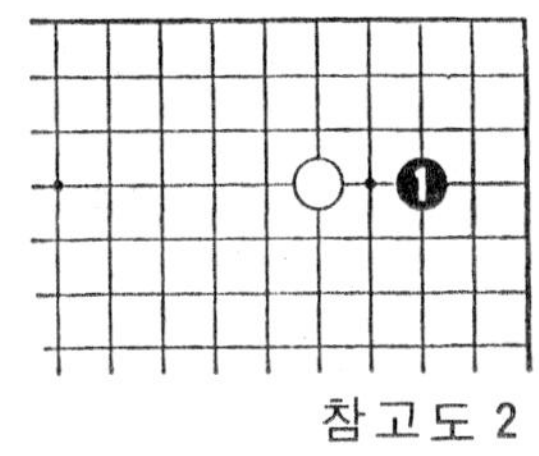

참고도 2

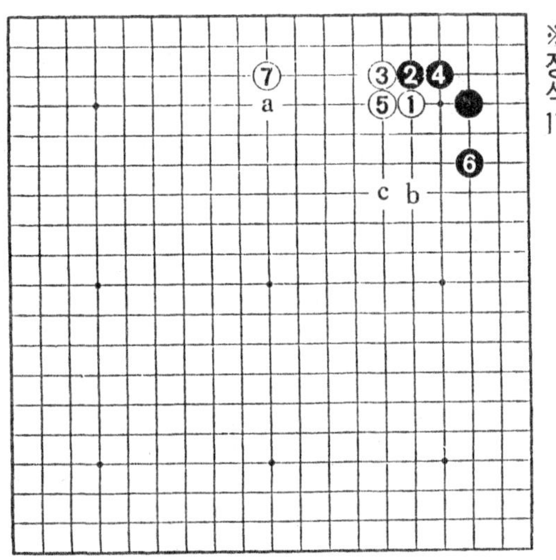

1 아래 붙임

정석112

높은 걸침의 정석으로 기본적이며 알기가 쉽다.

백 7 의 3 칸 벌림으로 일단락인가. 백 7 로는 좌측과 관계가 있다. a 도 있다.

이 다음 우변에 흑의 모양이 있다면 백이라면 b, 흑이라면 c 가 필승점으로 많이 두는 곳이다.

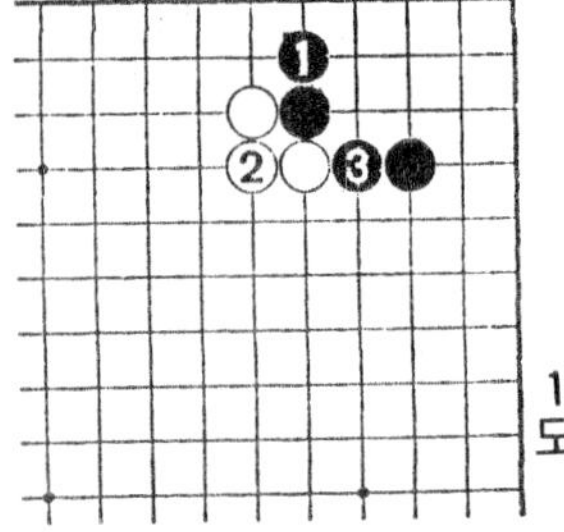

1 도

1 도 흑 1 의 내려섬에는 고(故) 목곡(木谷) 구단의 애용포석이었다.

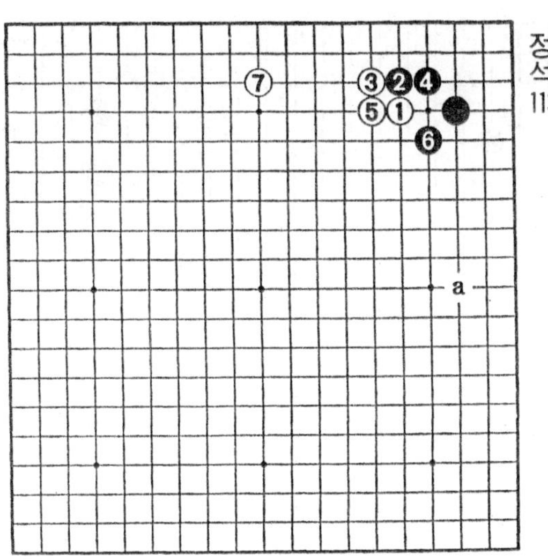

정석113

전 형의 변화이다. 즉 전형의 조형(祖型)이다. 흑 백간에 a의 곳은 쟁처이다.

1도 백2는 중반에 자주 나타나는 수이다.

흑3에는 4의 끊음, 이하 필연의 수순이다.

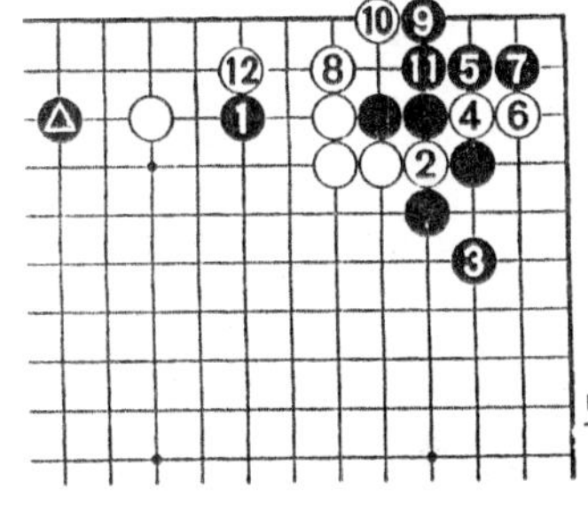

백8에는 흑9의 호구벌림이 있다. 백도 10으로 먹여치는 수를 노린다. 흑은 11로 잇지 않을 수가 없다. 백12는 필연적인 수순이다.

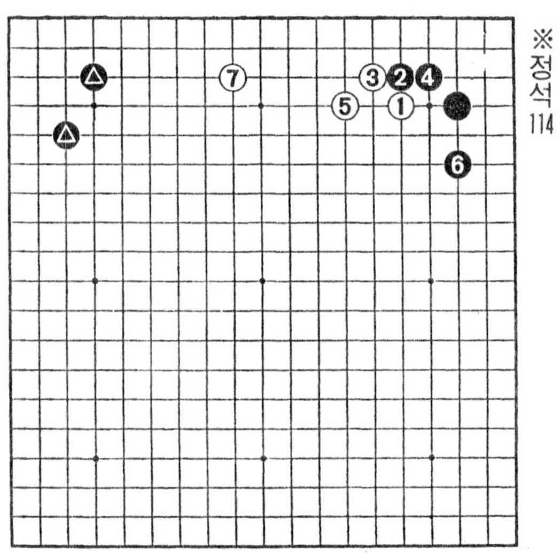

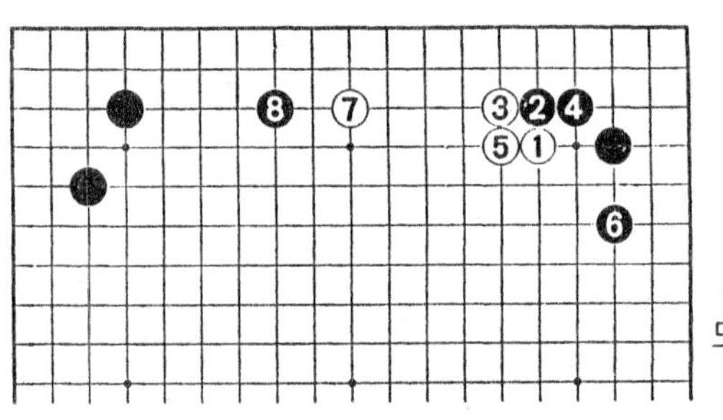

정석114

백 5 의 호구침에는 백 7 까지 정석의 갈림이다. 한발 더 나갔음을 유의한다.

좌상의 흑▲의 배치를 염두에 둔 정석이다. 정석 112 로는 1 도 흑 8 까지이다. 흑이 이상적이 아니다.

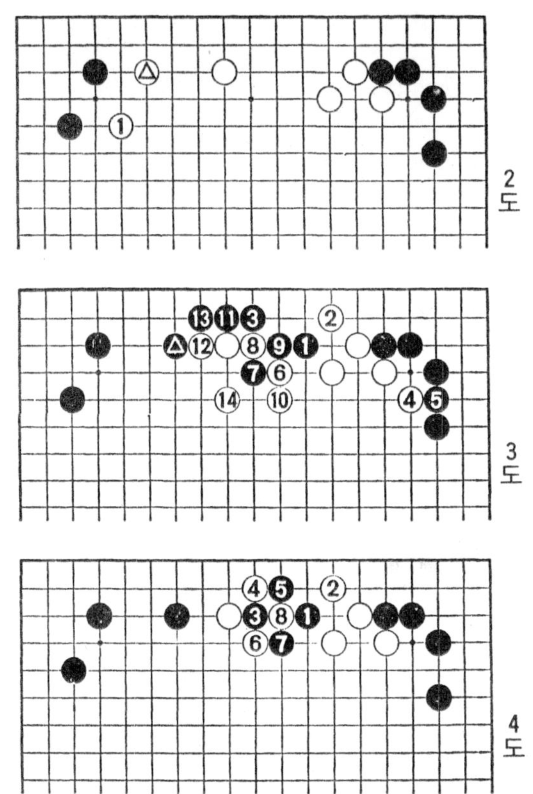
2 도

3 도

4 도

2 도 백△은 절호점으로 다음에 백 1 의 곳이 호형임을 볼 수 있다.

3 도 여기에서 흑▲가 있다면 1 의 침입이다. 백 2 이하 13까지——·4 도 흑 3 의 붙임에는 백 4 이하 5, 7 로 받아서 패이다.

2 부딪힘

이것도 날일자의 아래 붙임부터 시작을 한다.

쇼와 초기에 장곡천명(長谷川名)명예 8 단이 실전에서 많이 사용하였다.

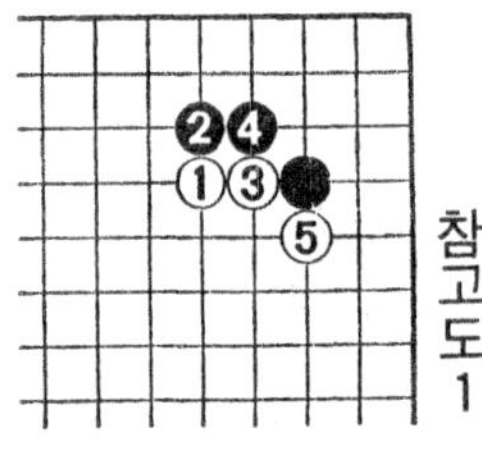

참고도 1

참고 1 도 흑 2 의 아래 붙임부터 시작이다. 백 3 은 보통의 모양, 그런 다음에 바깥을 젖히는 모양이다.

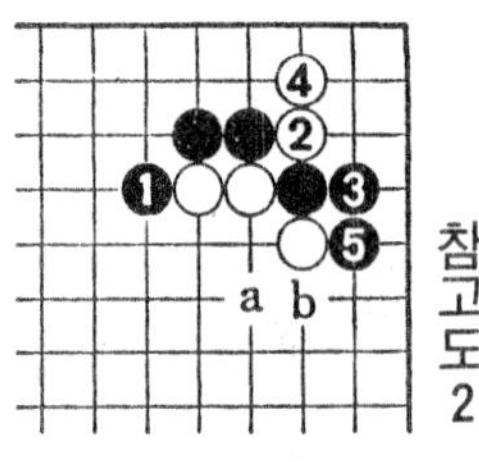

참고도 2

참고 2 도 흑 1 이 출발점이다. 이하 백 2, 4 흑 3, 5 는 당연하다. 이 다음 백은 a 의 호구나 b 의 뻗음이 있다.

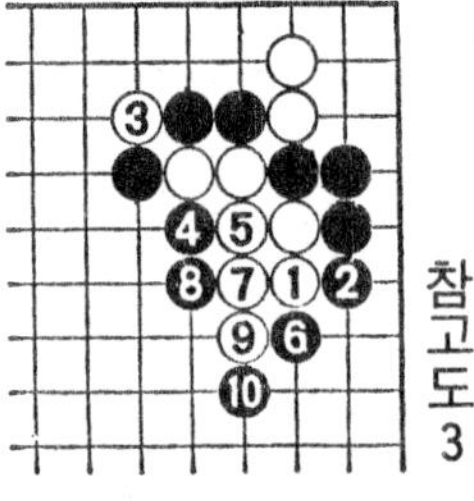

참고도 3

참고 3 도 백 1 의 뻗음이 문제가 된다. 흑은 2 로 늘어둔다. 백은 3 으로 젖혀 흑 두점을 공격한다. 흑은 기회를 놓치지 않고 4 로 젖혀 단수를 하였다. 백은 5 로 잇지 않을 수가 없고 흑은 6 으로 다시 단수, 백 7 로 나가면 흑 8 로 다시 단수하게 된다.

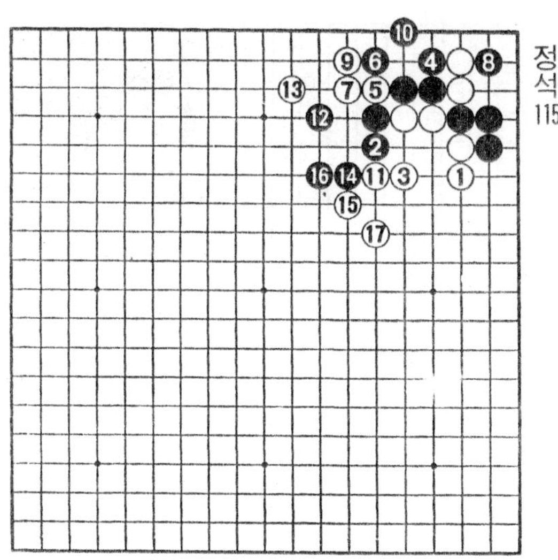
정석 115

정석115 전술한 축의 관계가 불리하다면 부딪힘의 정석외에 다른 것을 택한다.

이것도 취향이지만 정석의 하나의 예이다.

흑은 2의 뻗음에서 이하 17까지이다.

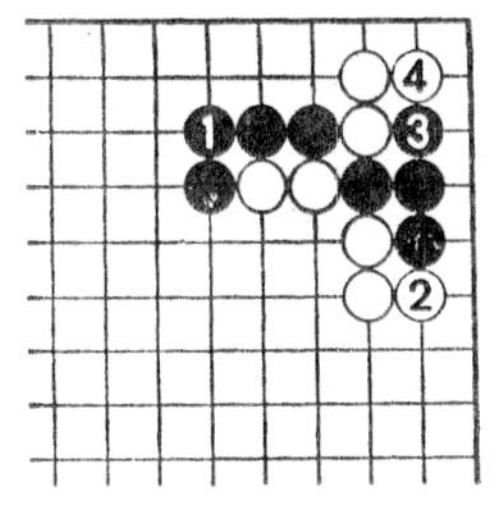
1도

흑2로 1도 흑1의 견실한 이음은 백2, 흑3, 백4로 3수와 4수의 싸움이다.

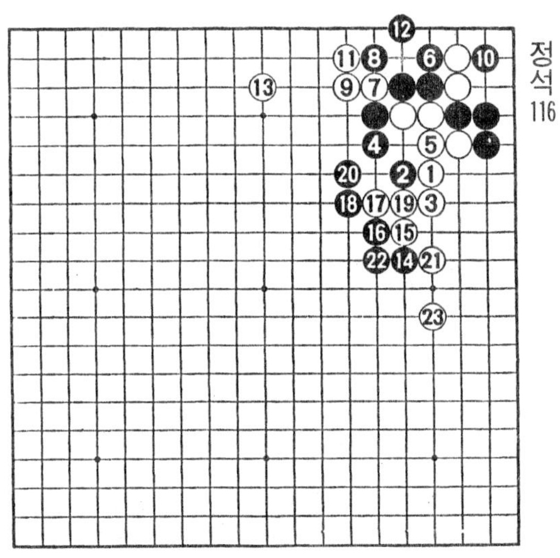

정석116

축이 유리하다면 백은 1의 곳에 호구를 친다.

흑 2 는 맥이다. 백 5 까지 된다. 앞 페이지에 나온 형과 비슷하다. 귀의 모양에서는 흑14의 싸움이 통렬하다.

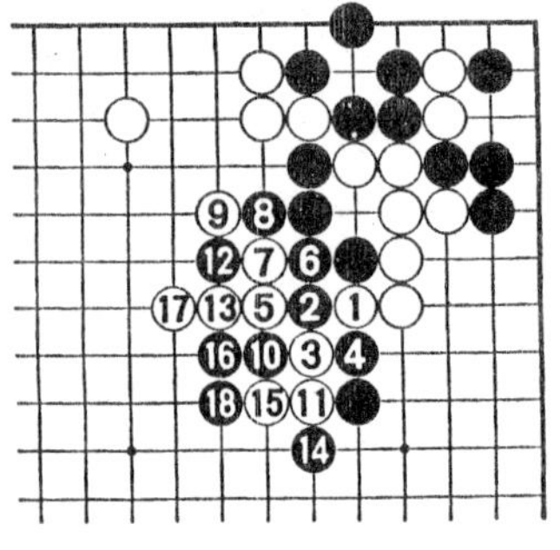

1 도 백 1 의 강인한 전투는 18까지 축이다. 축은 흑이 유리하여 결국 23 까지 대형정석이다.

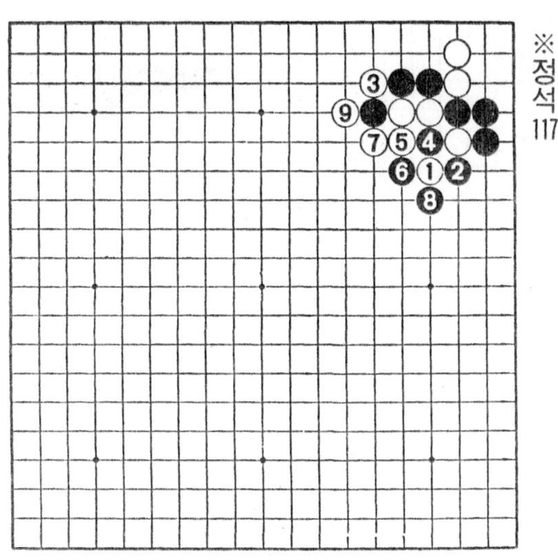

정석117

호구치는 모양에 대해서의 진행이다.

흑 2 의 단수에 백 3 , 흑 4 로 때린 다음에 흑 6 의 단수에 백이 패를 피하여 7 로 나가는 것은 축이다. 결국 백 9 까지 필연이다.

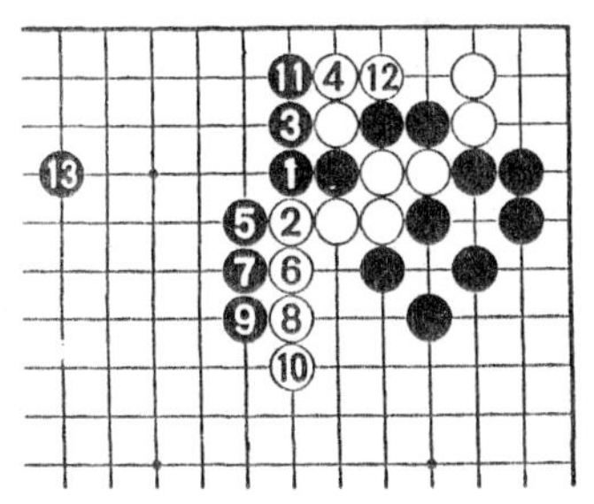

1 도 9 의 곳을 생략하면, 흑 1 의 도피에서 13까지가 예상된다.

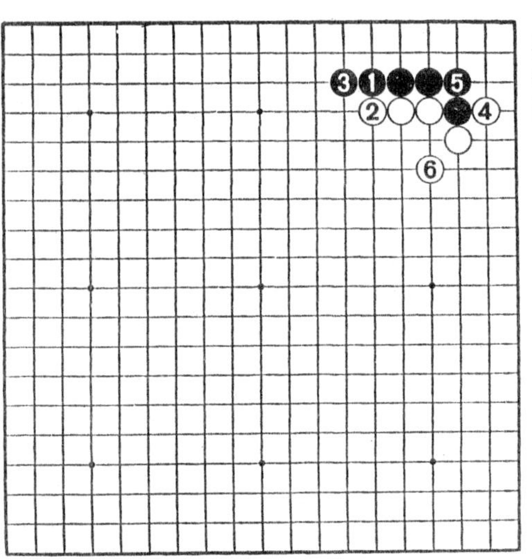
정석 118

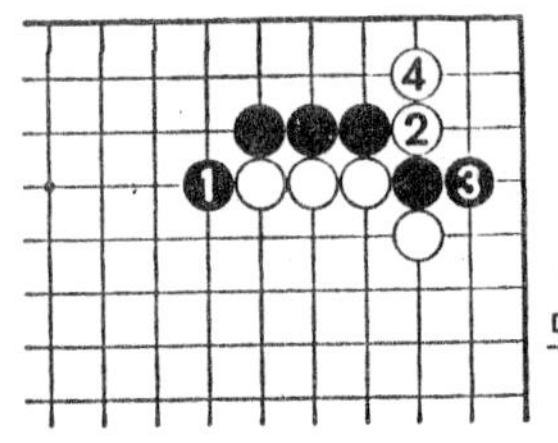
1 도

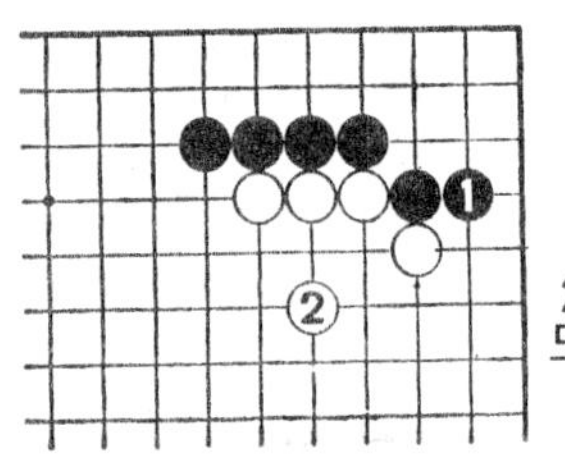
2 도

정석 118

흑 1 로 밀면 백 2 로 누른 다음에 3 을 기다려 4, 6 으로 둔다. 흑 3 으로 1 도 흑 1 은 이하 3 점머리 두들기이다. 흑 3 까지로 일단락인데 2 도 흑 1, 백 2 이다.

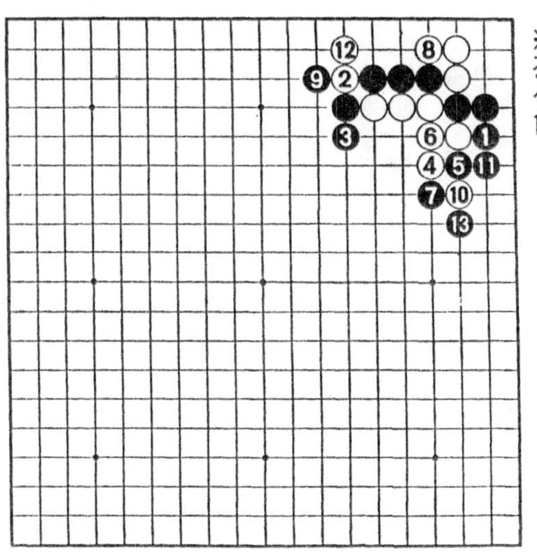

※정석 119

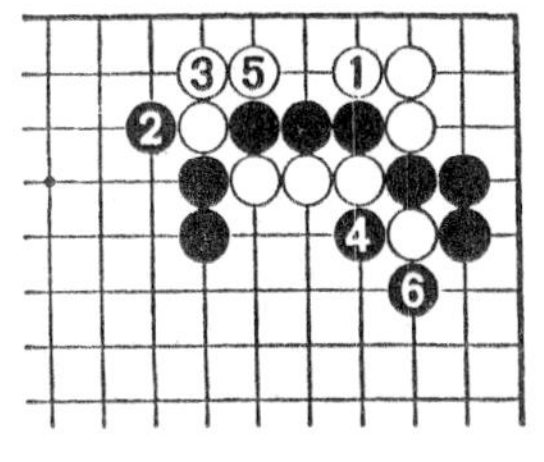

1도

2도

정석 119

흑 1에는 백 2의 끊음이 한 수이다.

1도 백 1에서 흑 6까지는 흑이 유리하다는 것이 일반적인 정설인데………

2도 백 1의 호구침에는 이하 16까지 될 자리이다.

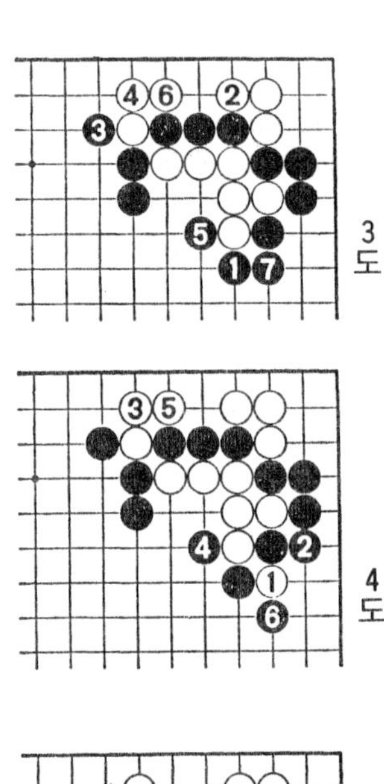

3 도

4 도

3 도 이곳에는 흑 1의 2단 젖힘이 있음을 알 수 있다.

4 도 도중에 백 1의 끊음이 유효하다면, 본도 오래동안 대사의 울타리에 군림하였다.

5 도 현재에는 전도의 흑 4, 백 5의 교환이다. 이 도를 대사정석 외로 보기도 한다.

6 도 흑 a를 두지 않으면 1로 내려서는 선수가 든는다.

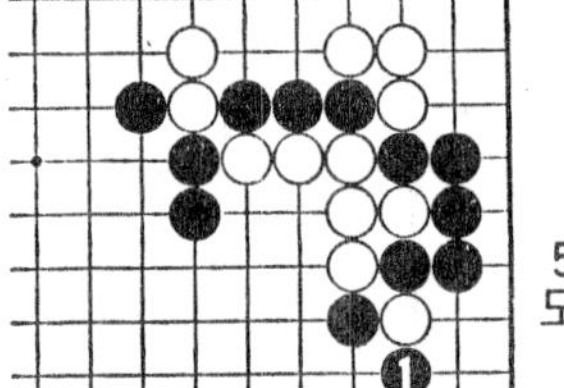

5 도

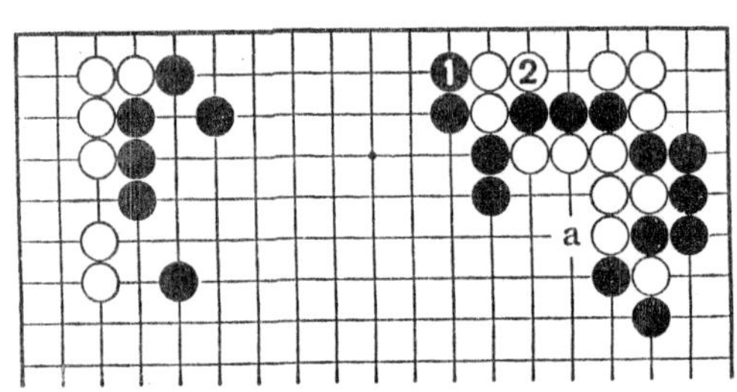

6 도

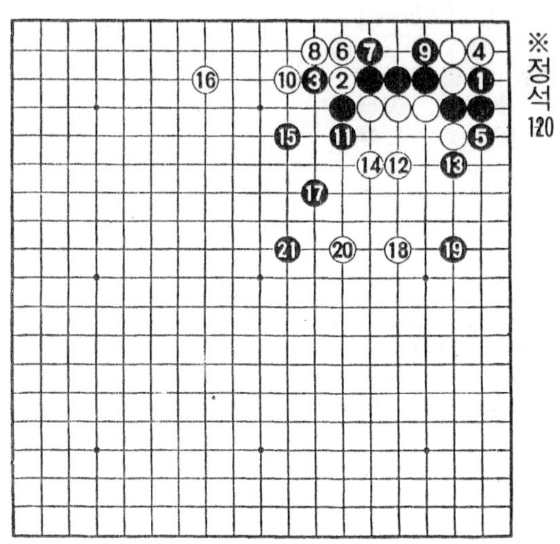

정석120

안쪽을 미는 정석이다. 오 청원 9단이 창시를 한 당시는 충격이었다.

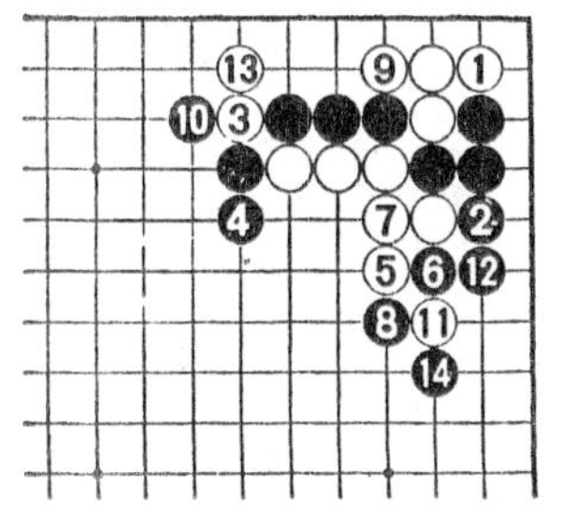

1도 백1의 내려섬에는 흑2로 바깥을 미는 수이다. 이하 14까지의 결과이다.

다음 페이지는 정석의 후일담과 같다.

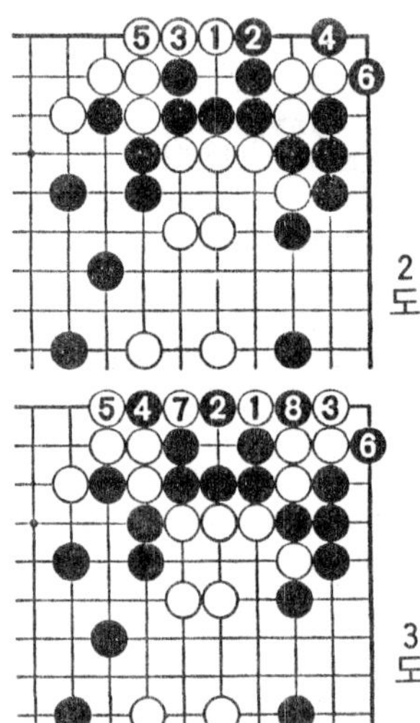

2 도 백에서는 끝내기라면 백 1 이다.

백 5 에는 흑 6 까지이다.

3 도 백이 공격을 행한다면 양패이다.

흑이 유리한 양패이다.

4 도 이 양패는 국면에 양패가 있다면 수많은 팻감이 된다.

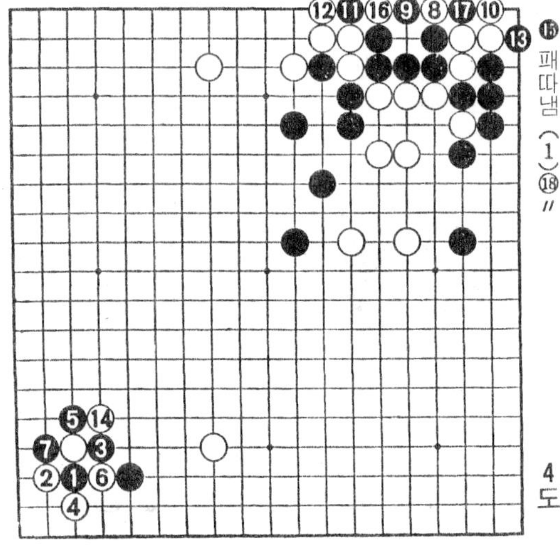

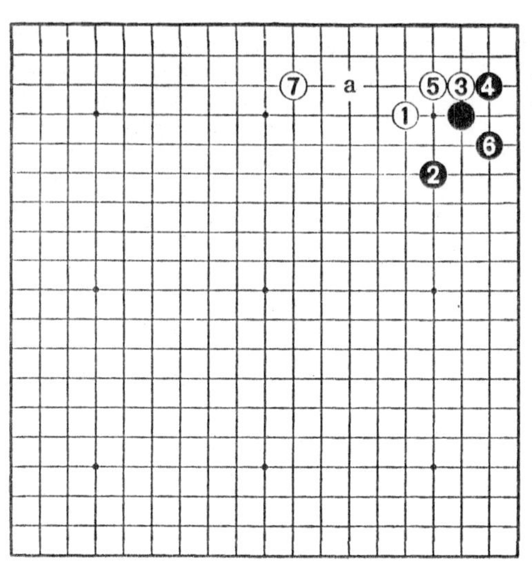

정석121

흑 2 는 견실한 수법이다.

흑 6 에는 백 7 까지 호각이다.

1 도 흑 1, 3 으로 두는 수도 있다. 여기에서는 가볍게 두지 않을 수가 없다.

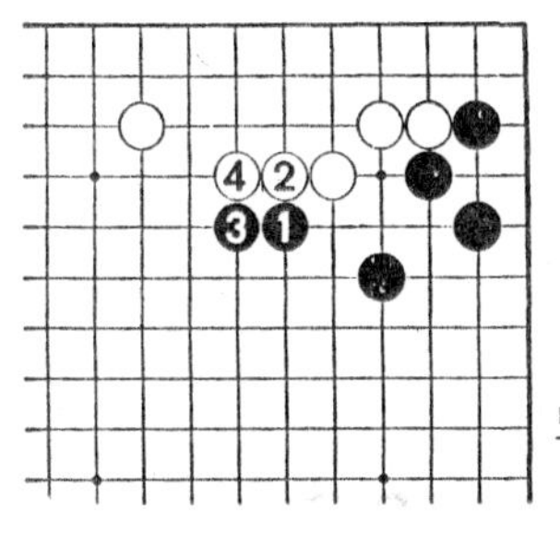

흑 1 로 붙여 왔을때 백은 그냥 2 로 늘어둔다. 흑 3 의 나감에는 백 4 로 역시 늘어두어 손해볼 것이 없다.

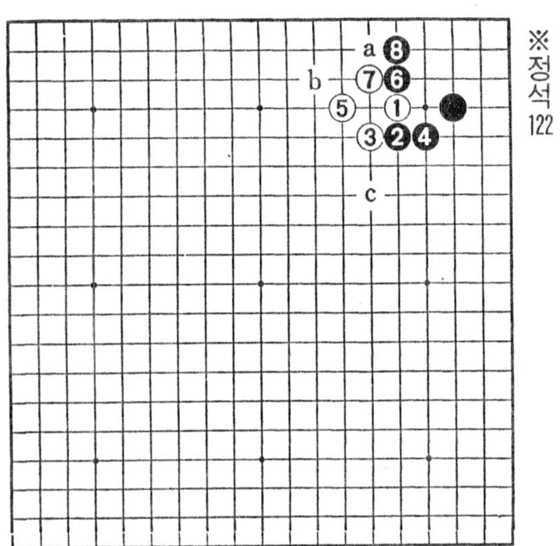

3 위에 붙임

정석122

흑2로 위쪽을 붙인다. 백3, 흑4, 백5까지는 보통의 진행이다. 흑6, 8의 붙이고 내려섬으로 귀를 확보하는 정석이다. 이다음 흑a에는 백b가 모양이다. 백에서는 c의 한 칸이 중앙의 세력과 관계가 있다.

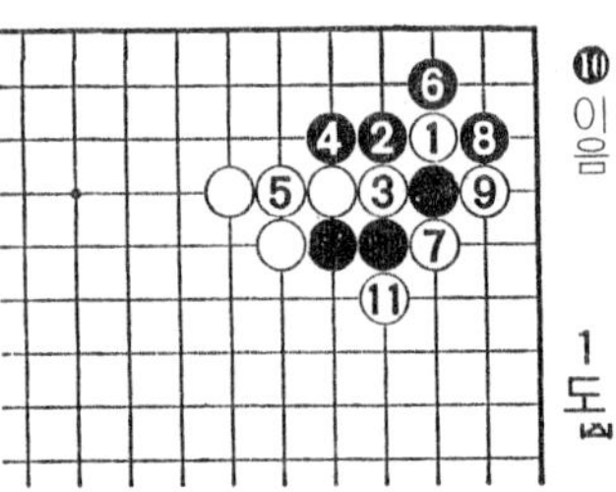

흑6, 8을 생략하면 1도 백1의 붙임에 흑2의 붙임에 이하 백11로 축이다.

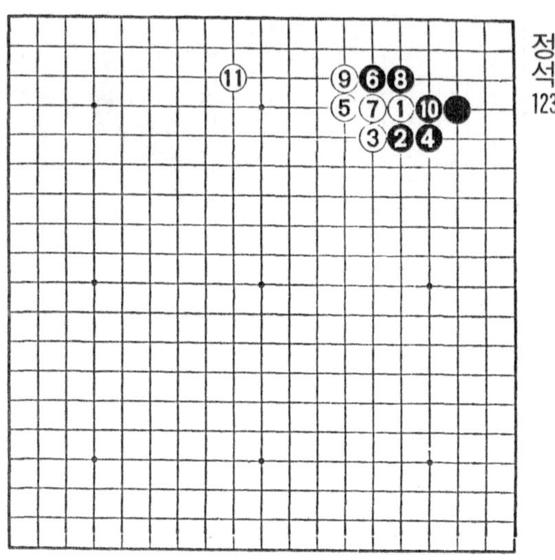

정석123

백 5 의 호구침에 흑 6 의 들여다봄. 이하 백11까지이다. 여기에서 알기 쉬운 변화는 있을까?

1 도 백 1 로 밀고 3 으로 끊을 수이다. 이것은 7 까지로 목적은 13, 19의 선수 행사이다.

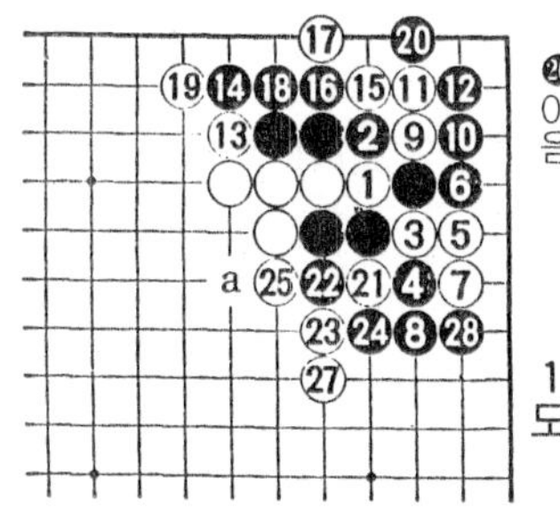

여기에서 21에서 27까지는 선수이다. 백 23에 흑25, 백24, 흑28이다. a 의 씌움에는 백의 유리한 모양이다.

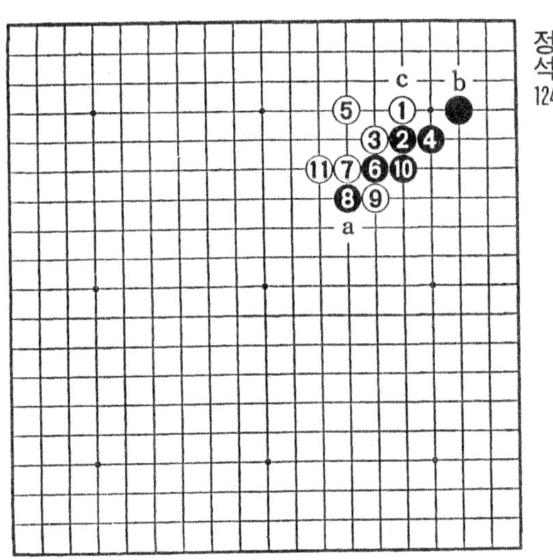

정석124

백 5 의 호구침에 흑 6, 8 의 2 단 젖힘은 정석의 하나이다. 이 다음에 백a 는 축으로 두는 작전이다.

백이라면 b, 혹은 c 의 붙임이다.

백11의 뻗음에는 —.

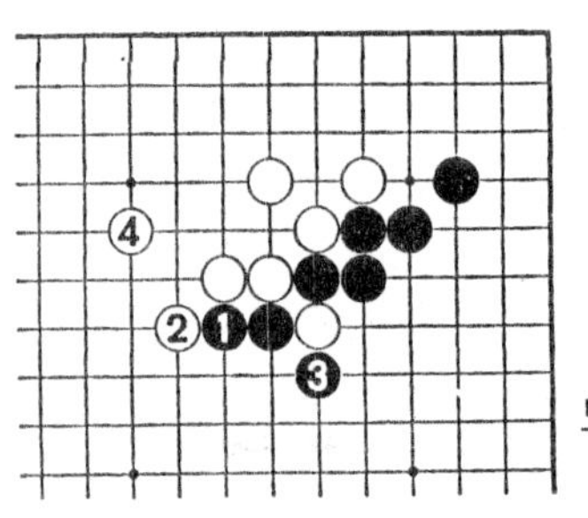

1 도 흑 1 의 뻗음이다. 백 2 의 젖힘에 3 의 단수이다.

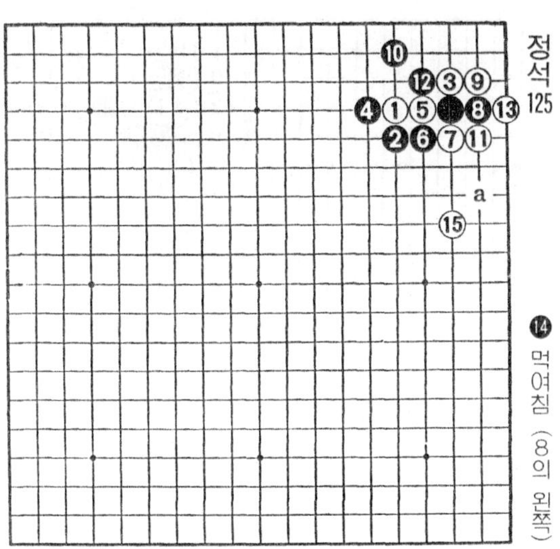

정석 125

⓮ 먹여침 (8의 왼쪽)

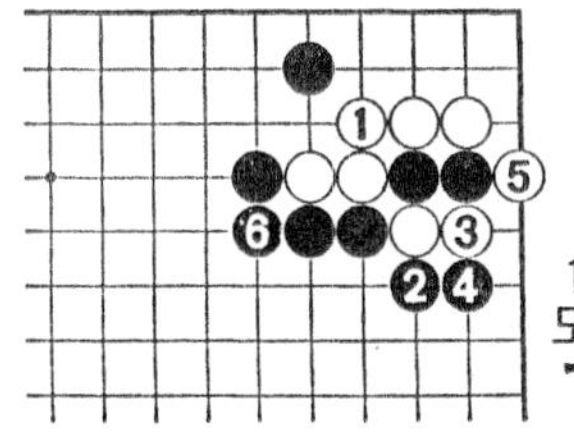

1도

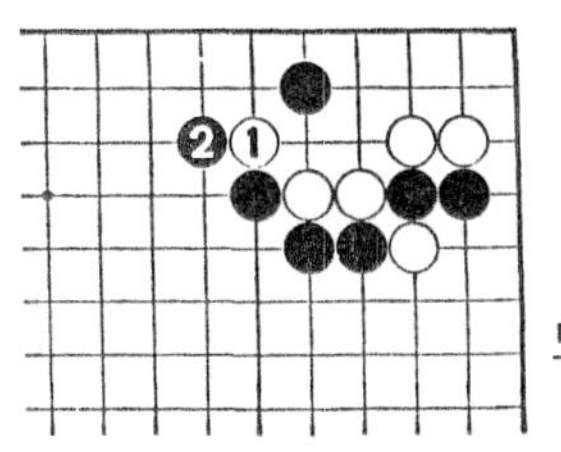

2도

정석 125

흑 2의 윗 붙임에는 백 3으로 3·3을 붙인다.

도중 흑10이 묘수이다. 이에 대하여 1도의 백 1의 이음에는 흑 6까지 — ·

2도 백 1의 젖힘에는 흑 2의 내려섬이 있다.

백 15를 손빼면 흑에서는 a의 급소의 다가섬이 있다.

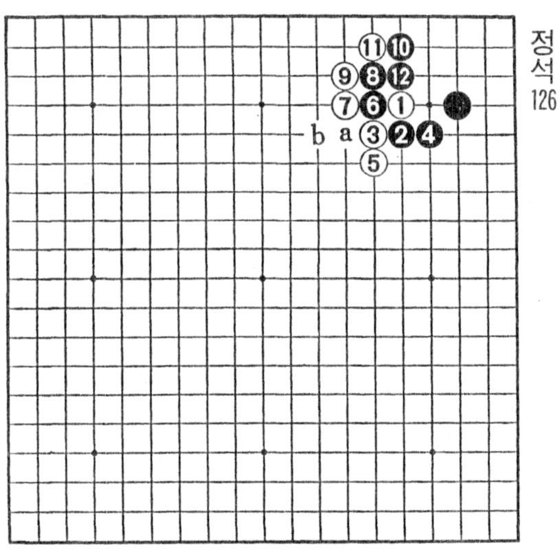

정석126

백 5 의 뻗는 정석은 높은 걸침의 의도를 계승한 중앙에 세력을 중시한 점이다. 흑10의 마늘모가 좋은 수이다. 백11의 단수에 흑12의 이음으로 모양의 완성이다.

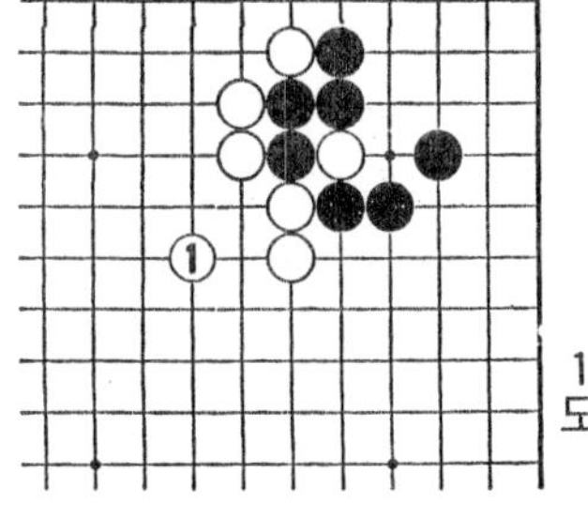

이 정석은 흑a에는 백b의 축이 나빠서 성립을 하지 않는다.

1 도 백 1 의 보강이 입체적이다.

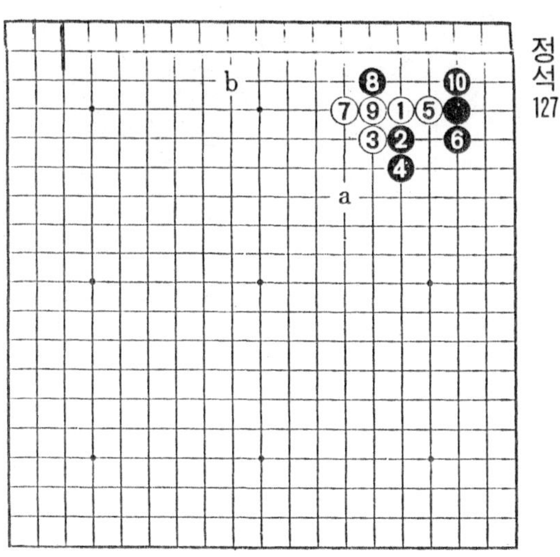

정석127

백 3 의 젖힘에 흑 4 의 올라선 모양이다.

이 수는 대형정석을 도입한 것인데, 백 7 의 호구침은 알기쉽다. 이 다음에 백은 a 로 중앙이나 b 로 변의 전개이다. 도중 백 7 의 호구침으로——

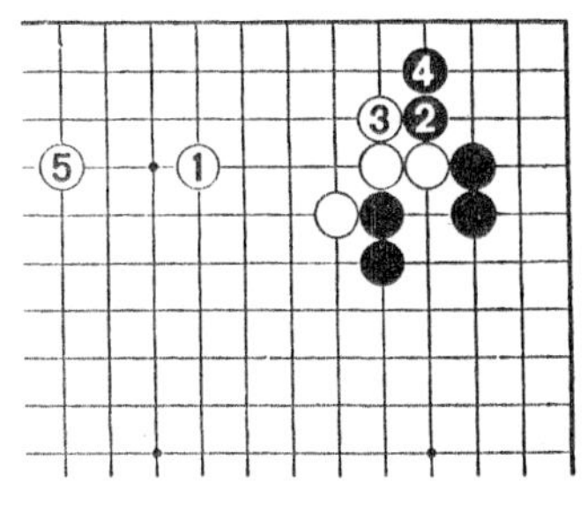

1 도 백 1 로 벌리면 흑 2, 4 의 실리를 허락하게 된다

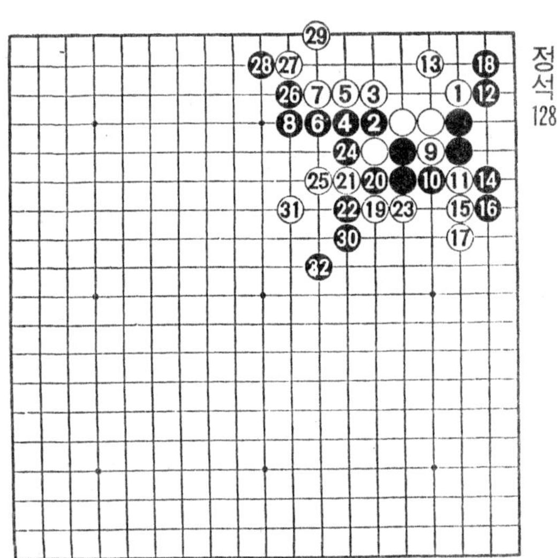

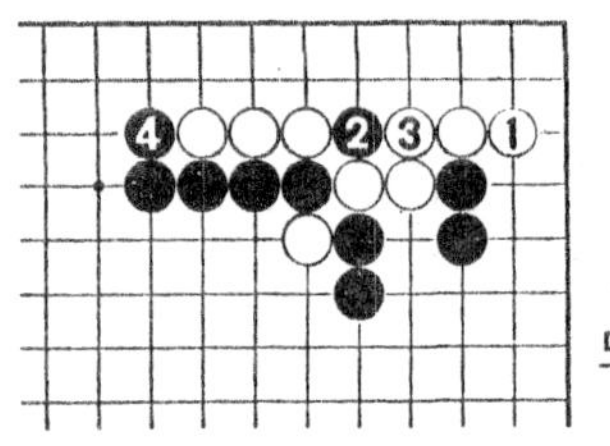

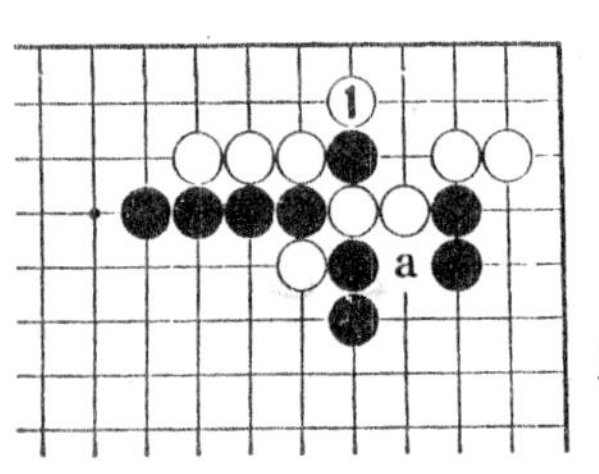

정석 128

대형정석이다. 전형의 백 7로 1의 곳 젖힘이다. 흑 2의 끊음에는 백도 9, 11의 항전이 있다.

1도 백 1의 내림에는 흑 2의 끊음. 다음에 4로 막는다. 2도 백 1의 단수에는 a의 곳을 나갈 수가 없다.

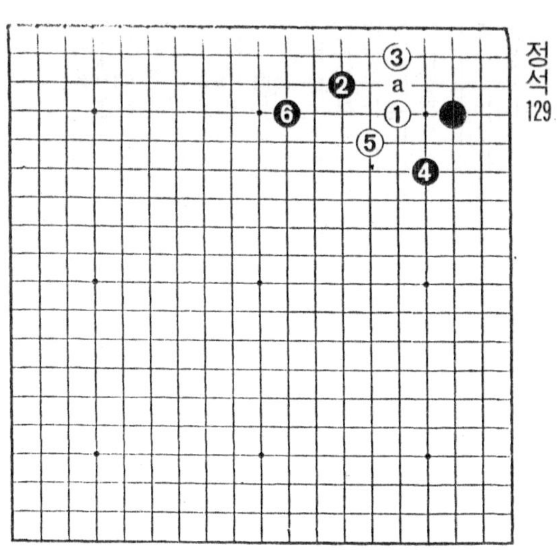

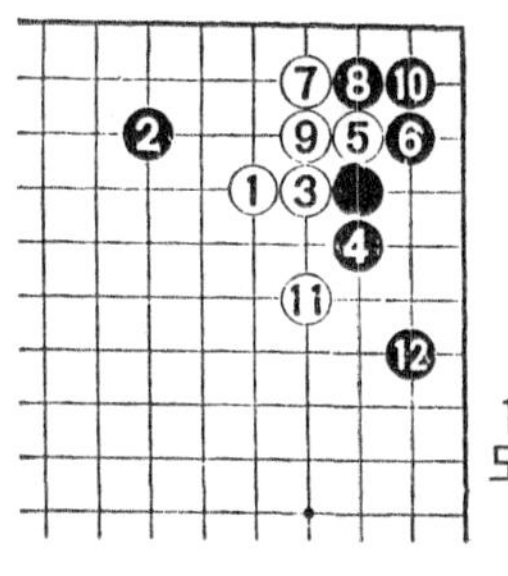

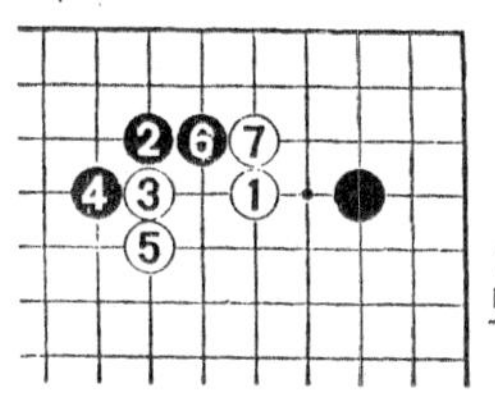

4 한칸 협공

정석 129

흑에서 a의 건너감을 백 3으로 직접 방해를 하는 모양이다.

1도 백 3의 부딪힘에는 같은 의미로 12까지 정형이다. 2도 백 3의 모양은 정석 58에 환원이다.

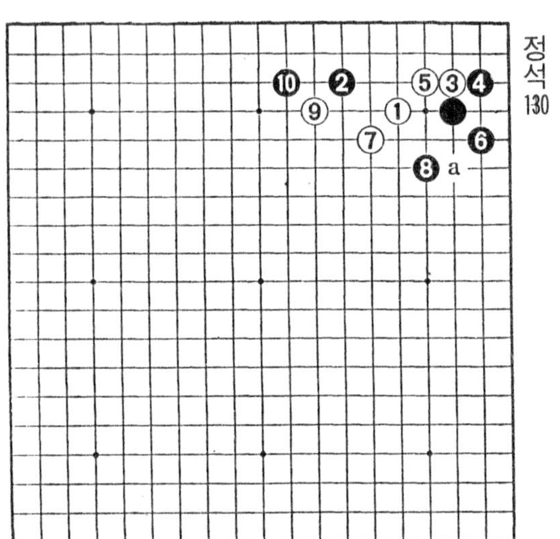

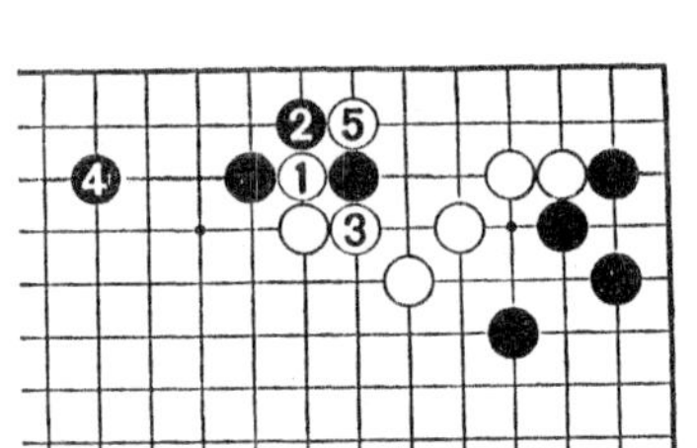

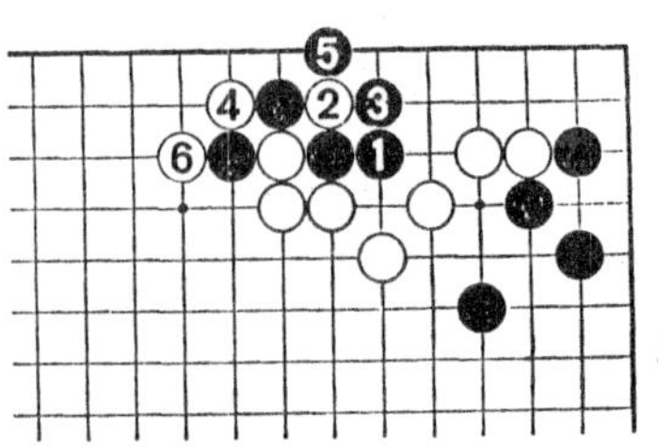

정석 130

백 3 의 붙임에 흑 4, 6 의 젖히고 호구침이다.

백 7 은 a 나 9 의 곳 모두 호수이다. 이하 10까지 일단락이다. 1 도 이 다음의 백의 내려섬의 방법이다. 2 도 흑 1 에서 6 까지 축이다.

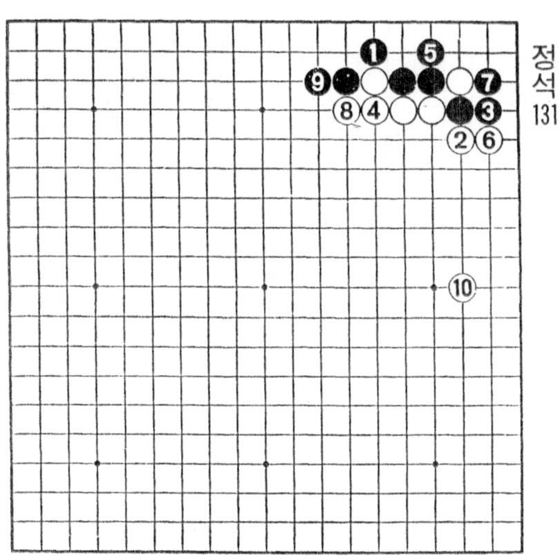
정석 131

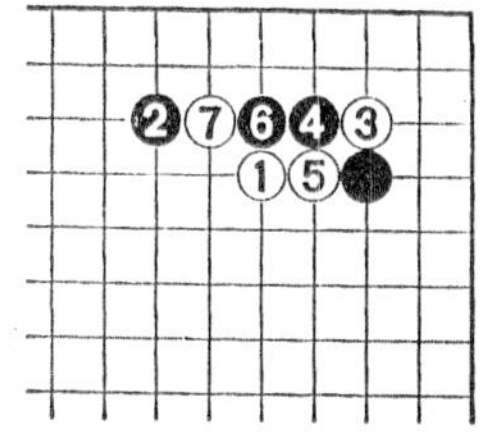
1 도

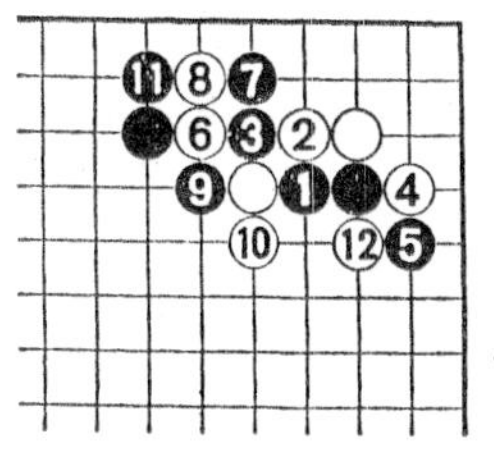
2 도

정석 131

1 도의 백 3 에 흑 4 의 젖히는 모양이다.

백 5 의 끊음에서 흑 6 은 필연이다. 다음에 7 의 끼움이 포인트이다. 윗그림 흑 1 에서 10까지이다. 2 도 1 도 흑 4 로 1 의 곳을 나가는 것은 이하 12까지 백이 좋다.

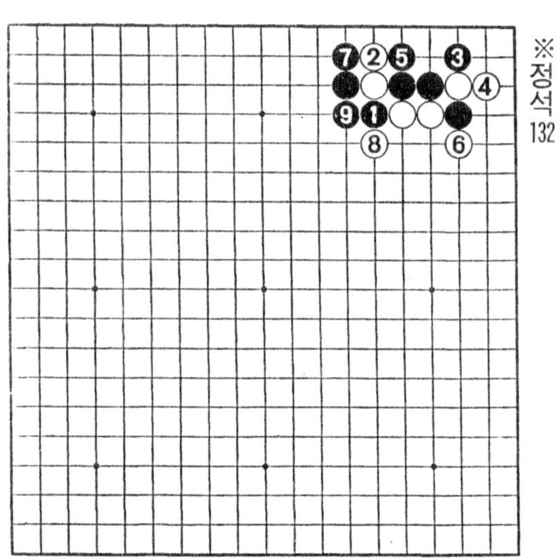

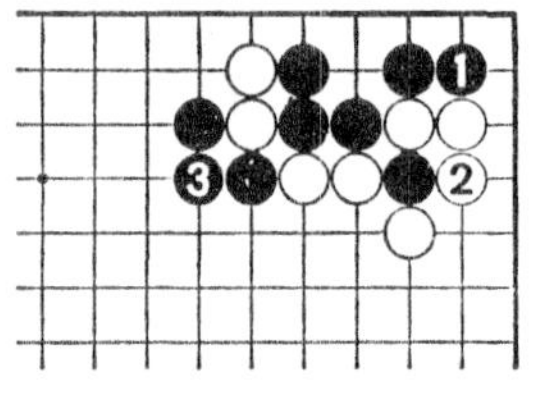

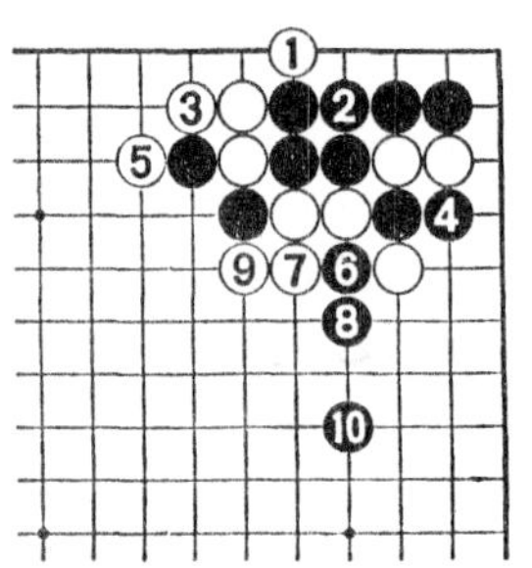

정석 132

높은 걸침에 한 칸 협공의 정석이다.

흑 7 에 백 8 이 좋은 수순이다. 1 도 도중에 흑 1 의 내림에는 백 2 다음 3 의 수비이다. 이것은 옛 정석이다.

2 도 전도 흑 1 에 대하여 백의 저항이다. 흑 10 까지 예상된다.

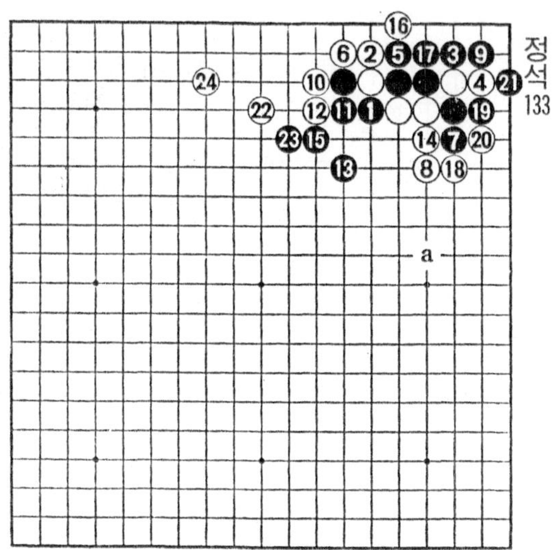
정석 133

정석133 흑 1 로 위쪽을 단수하는 형이다. 축이 좋으면 백 6 의 도망이다. 축이란——

1 도 흑 1 의 이음이다. 이것이 축이다.

흑 9 로 귀쪽을 두면 백10의 단수에 11로 이어서 싸움이다.

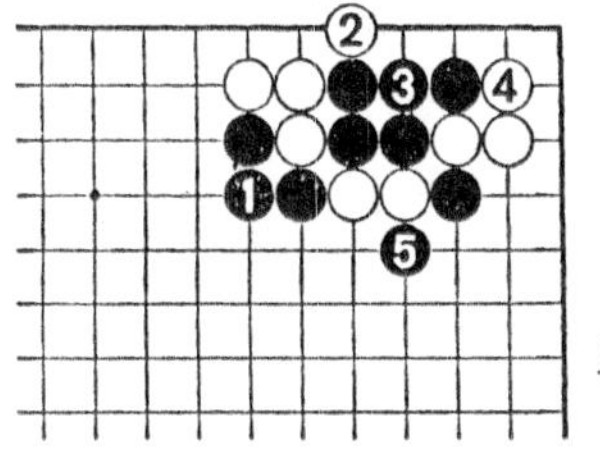
1 도

흑13에 백14는 필연이다. 다음 18의 내려섬에는 직전에 16의 곳을 두는 걸 잊지 않아야 된다. 백24 다음 흑은 a 방면에 두어 백을 공격한다.

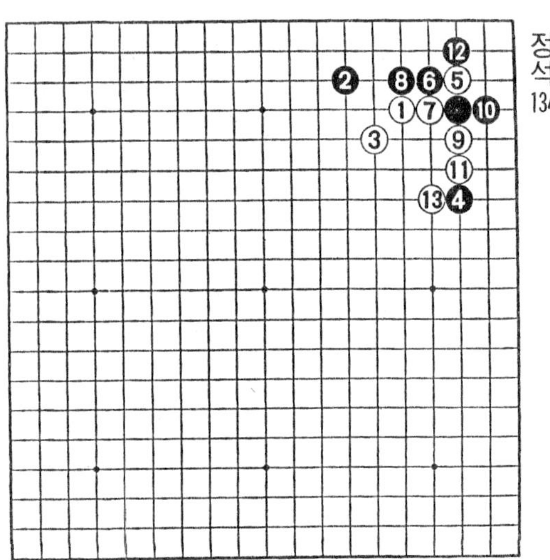
정석 134

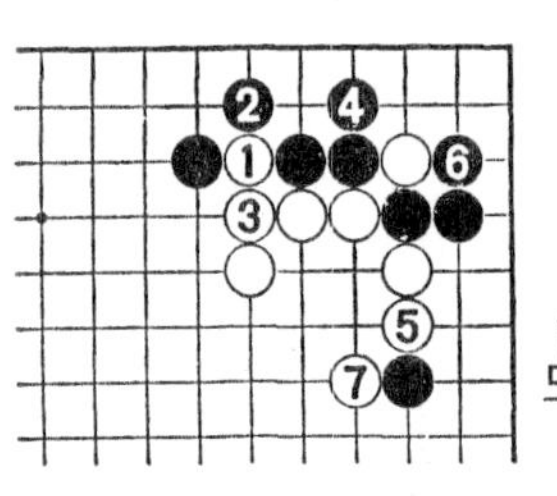
1 도

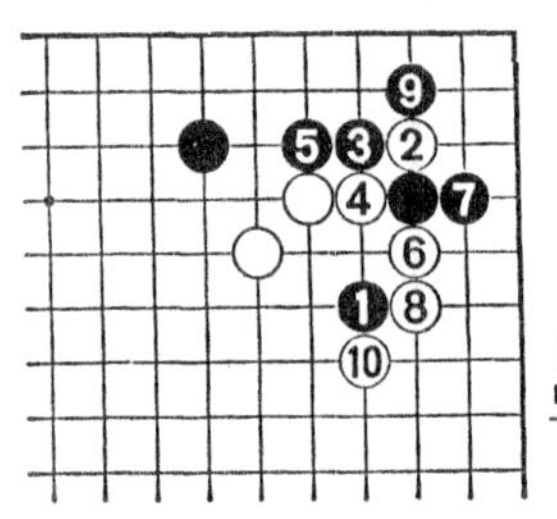
2 도

정석 134

여기에선 백 3의 마늘모이다. 흑 4의 벌림에는 백 5로 붙인 모양이다. 백 11의 부딪힘이 촛점으로 13까지 일단락이다. 11의 수로—.

1도 백 1, 3으로 두는 것을 볼 수 있다. 2도 흑의 날일자 씌움과 비슷하다.

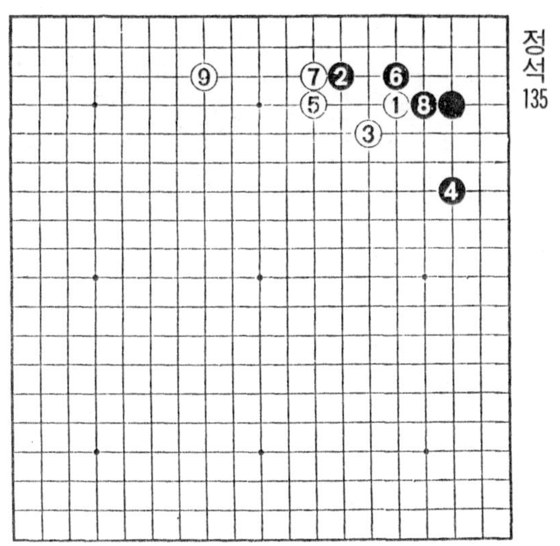

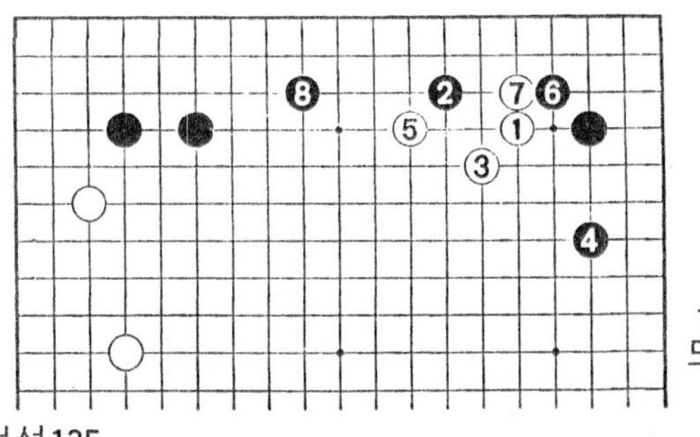

정석135

흑 4 의 벌림이 5 의 싸움, 이것은 백이 상변을 중시한 정석이다. 귀의 실리는 백 9 까지 목적달성이다. 1 도 이 목적을 방해하는 시험이 흑 6 이다. 이하 8 까지 허허실실의 진행이다.

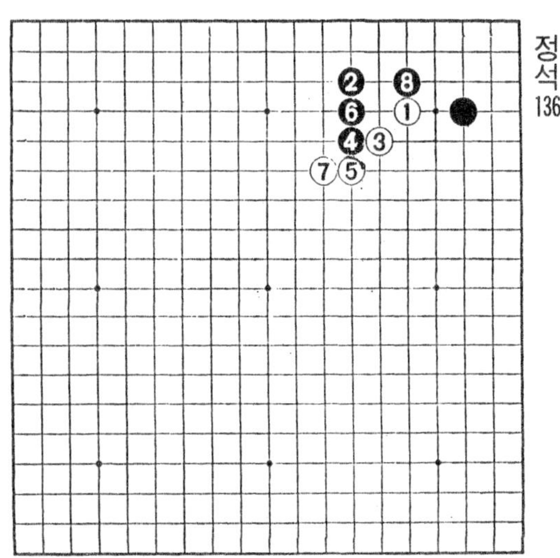

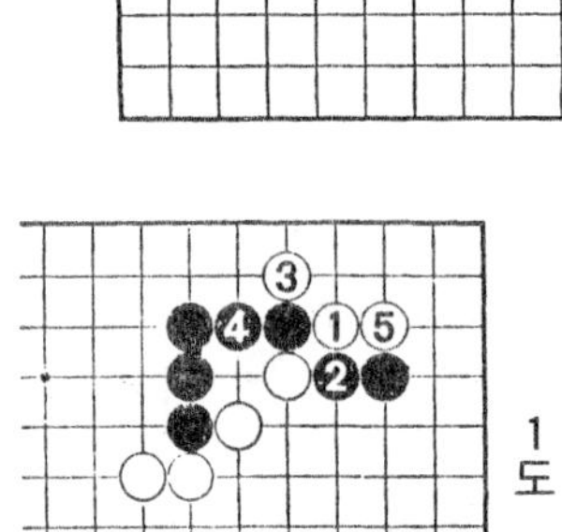

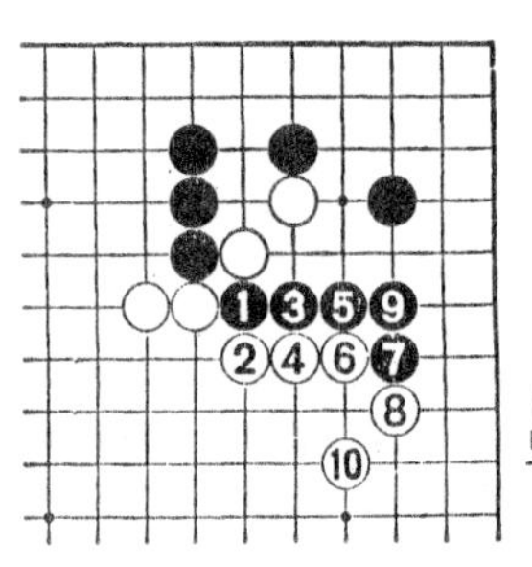

정석 136

백 3 의 마늘모에 흑 4 의 한 칸 뜀은 유력한 모양이다. 흑 8 까지 건너가서 일단락인가—·

1 도 귀에 남아있는 백의 뒷맛을 살펴보자.

2 도 흑 1 의 끊음에는 외세가 견고하여 백에 불만이 없다.

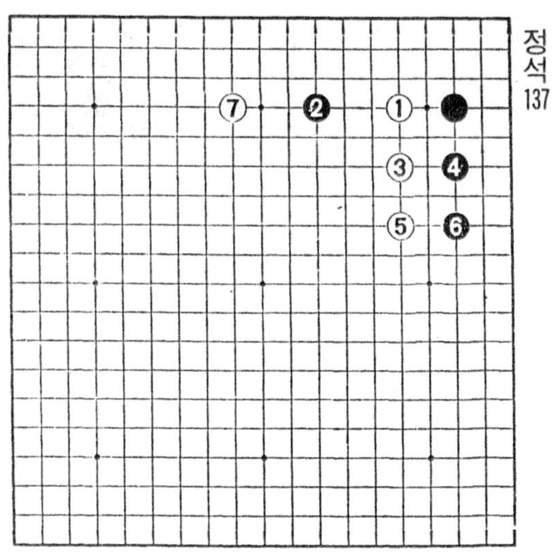

5 2칸 높은 협공

이 모양은 요력(妖力)을 내뿜고 있는 것만 같다. 변화의 여지는 많다.

1도 백3의 붙임에는 보통4, 6으로 둔다.

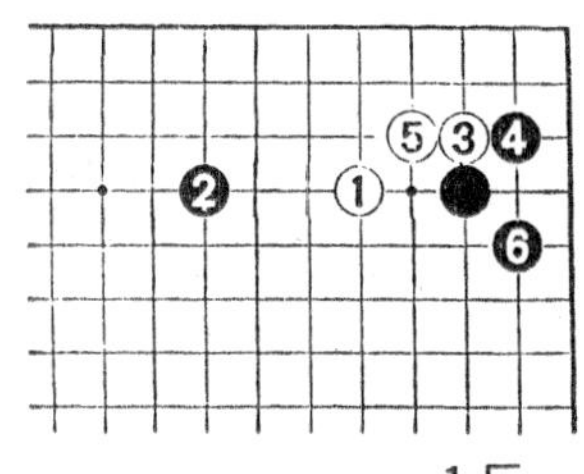
1도

정석 137

이것은 알기쉬운 정석으로 흑6까지 호각의 갈림이다.

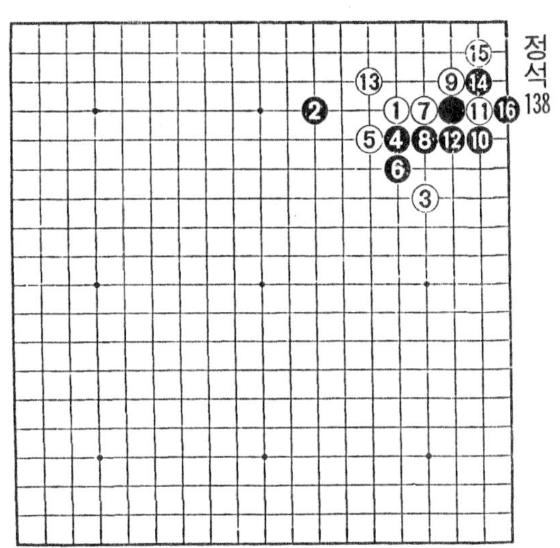

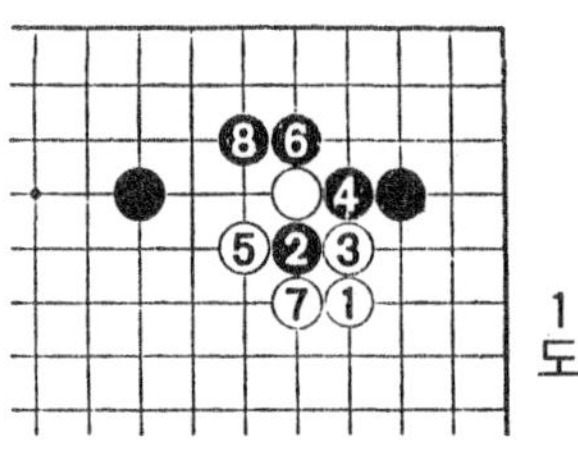

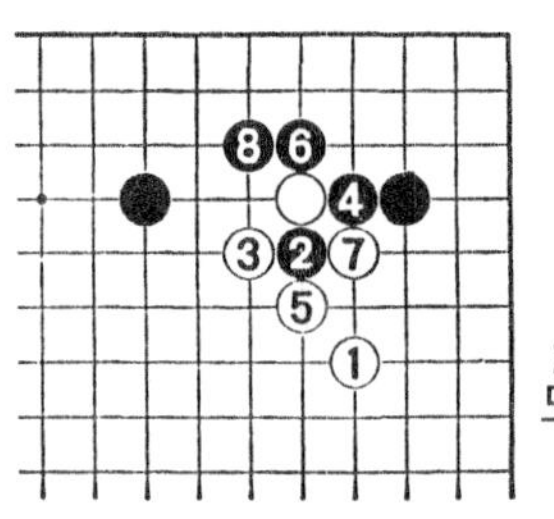

정석 138

백 3 은 이 정석에서 독특한 눈목자이다.

이것은 날일자에서—

1 도 흑 2 의 붙임에 백 5 의 축, 흑 6 에 백이 7 로 때리면 8 까지 실리가 크다.

2 도 백 1 은 다음 8 까지 때려낸 모양이다.

정석은 16까지 일단락이다.

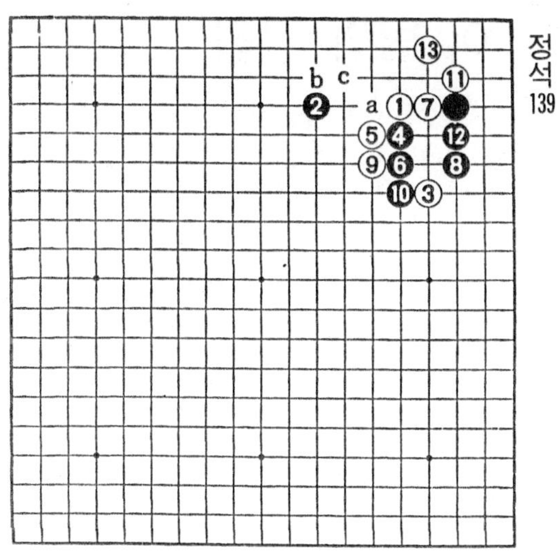
정석 139

정석139

흑8 의 뜀은 공부이다. 이에 대하여 1 도 백 1 로 나가는 것은 안된다. 흑 4 이하 10까지 외길이다.

흑의 외세가 강대하다. 백 9 로 a 는 11의 젖힘에 흑12, 백13까지 호각이다.

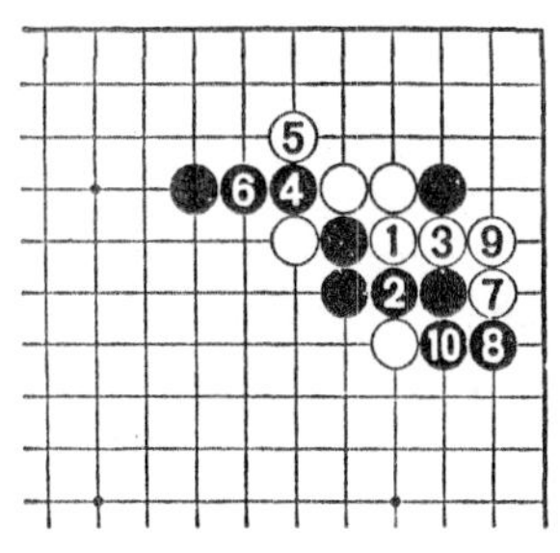
1도

백은 귀에 근거를 만든다. a의 끊는 맛을 노리는 b나 c의 마늘모가 있다.

3. 이 밖의 걸침

소목에서의 걸침수도 다양하다. 날일자 걸침, 한 칸 높은 걸침 등 여러가지의 걸침수가 있지만 그 중에서도 가장 많이 활용되는 수는 날일자 걸침과 한칸 높은 걸침수이다.

이러한 걸침수에 대해서 잠시 살펴보기로 한다.

참고 1 도 날일자걸침은 흑 2 의 다가서는 협공을 볼 수 있다.

참고 2 도 높은 걸침으로 흑 2 로는 a 의 협공도 생각할 수 있는 곳이다.

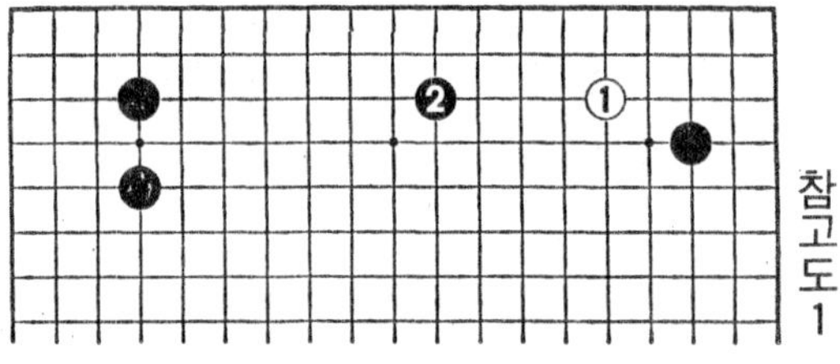

참고도 1

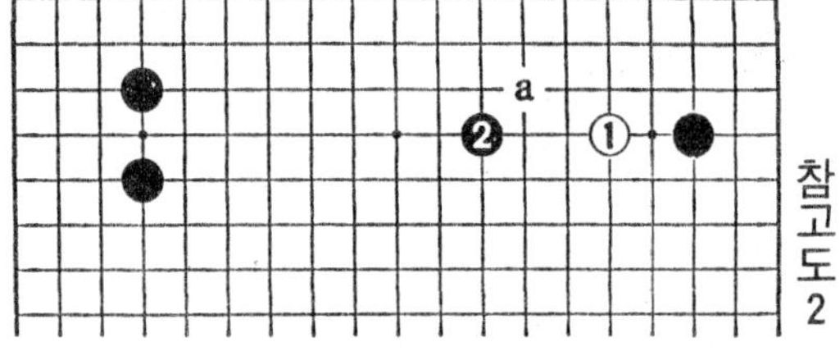

참고도 2

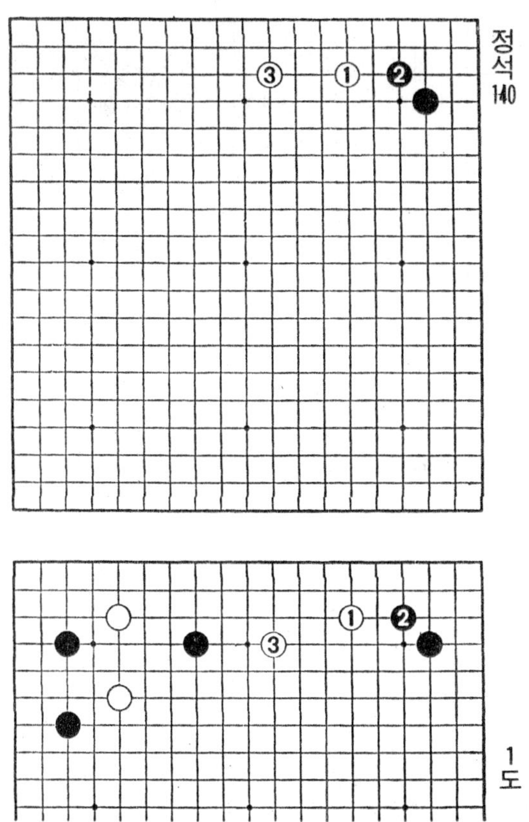

정석140

백 1 은 눈목자 걸침이다. 흑 2 에는 백 3 으로 받아서 목적달성이다. 1 도 좌상방면의 모양은 본도와 같이 3 으로 높이 두는 것이 좋다. 백 1 은 좋은 수이다.

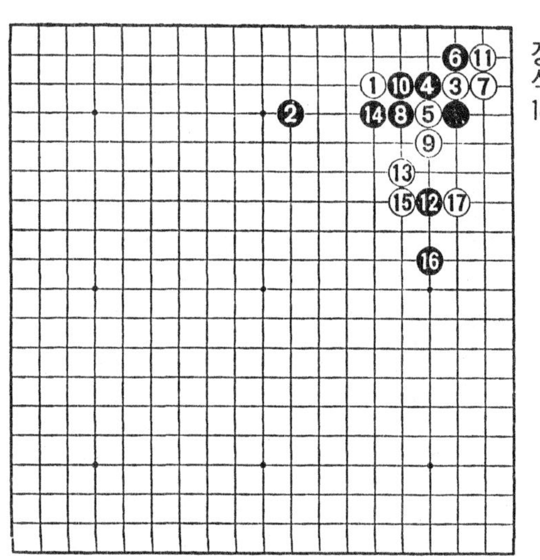

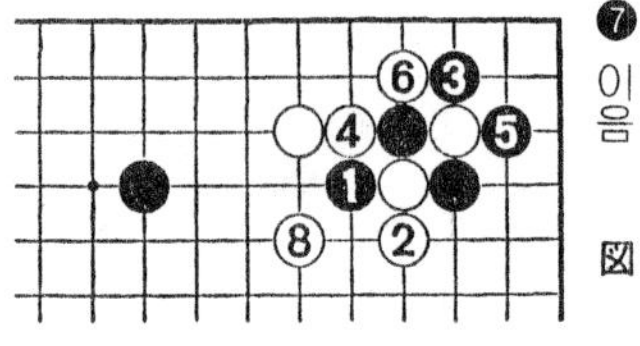

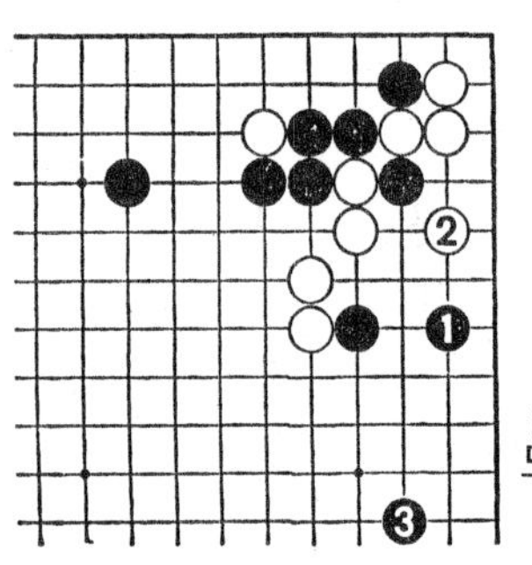

정석 141

흑 2 가 있다. 백은 3 의 붙임이 한눈에 선연히 들어온다. 도중 흑 6, 8 의 수순은 주의를 요한다.

반대로 1 도는 흑이 불리하다. 최종 흑 16 의 뜀으로 2 도의 흑 1 이하는 3 까지이다.

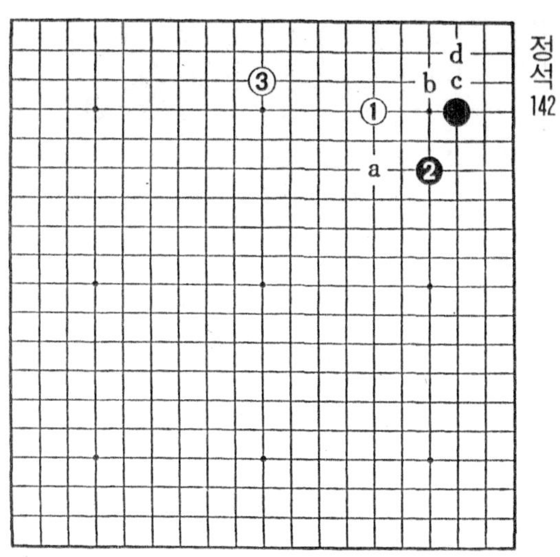

정석142

백 1 의 2 칸 높은 걸침에서는 협공하지 않는다. 여기서 3·3에서 귀쪽을 지키는 것은 적다. 흑은 만족이다. 흑 2 는 변에 발전을 기하는 수이다. 1 도 백 1 에 붙이는 수이다. 흑 2 의 젖힘에는

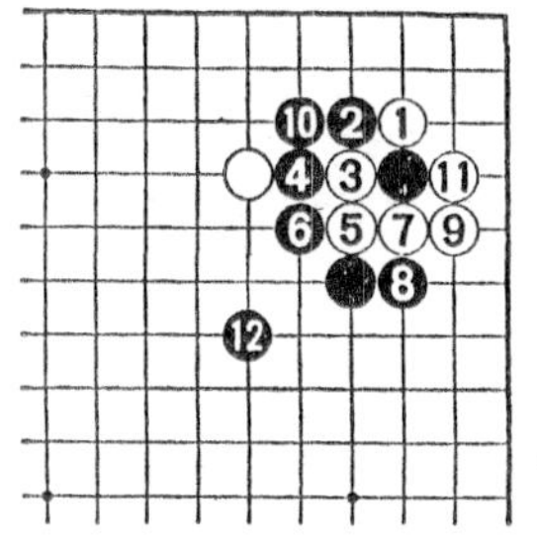

이하 12까지 흑의 우세이다.

본 정석의 나중 세력상의 요점은 a , 귀에 관하여서라면 b, 흑 c , 백 d이다.

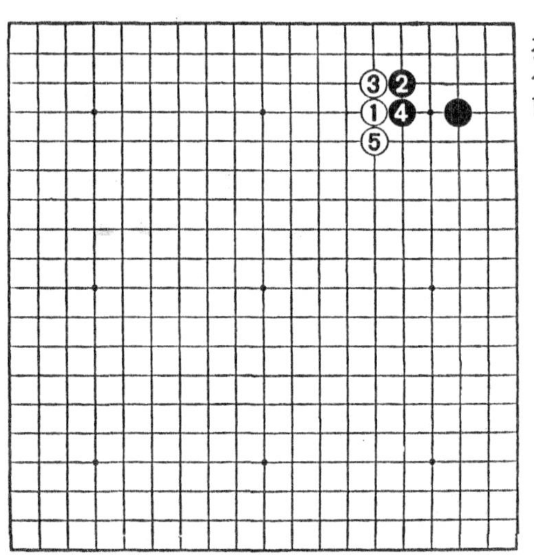

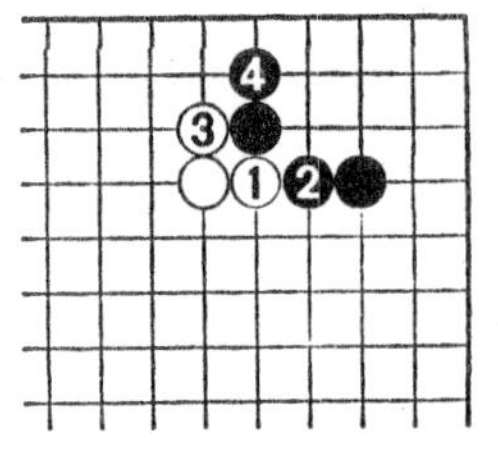

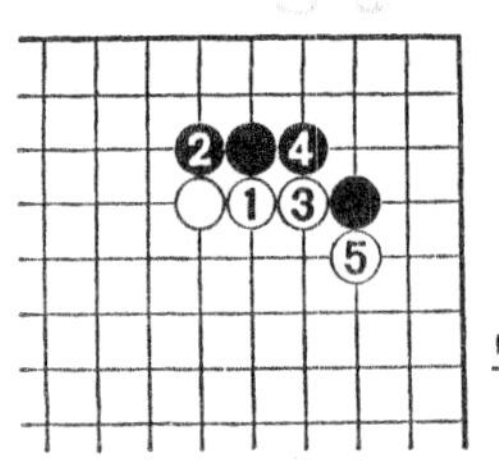

정석 143

흑 2 와 실리에 관한 모양이다. 백 5 까지이다.

흑은 선수를 득하여 다른 곳에 둔다. 1 도 백 1 의 변화이다. 한 칸 높은 걸침에 아래 붙임은 〈목곡 정석〉이다. 2 도 흑 2 의 뻗음은 이하 5 까지의 진행이다.

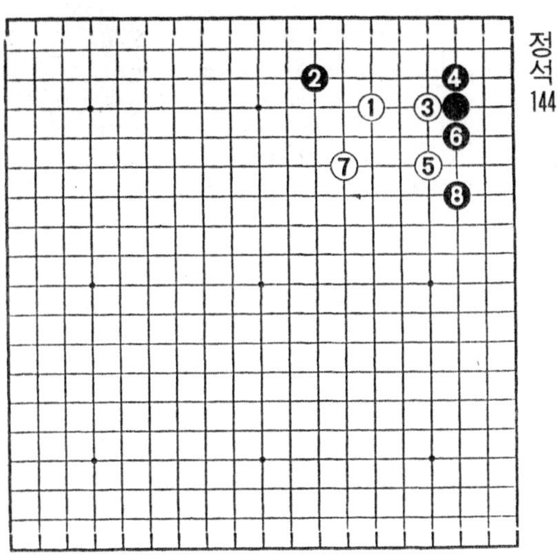

정석144

2칸 걸침에 대하여 백은 3의 붙임이 정형이다. 흑8까지 귀의 집이 견고하여 만족인데 백이 선수로 흑2의 한 점을 공격한다. 우변에 중점을 두면——.

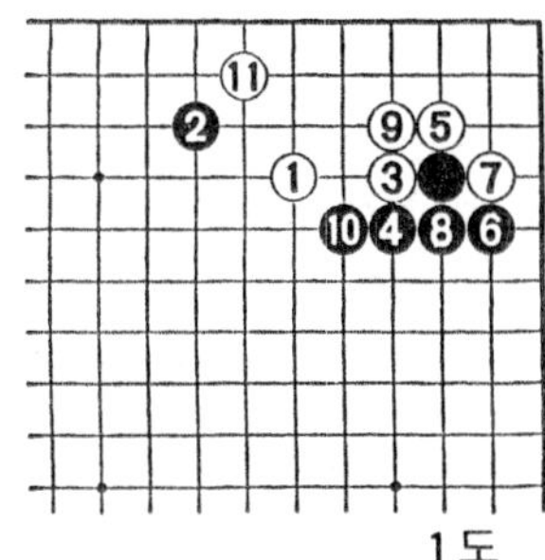

1도

1도 백3에 대하여 흑4의 젖힘이다. 백5의 젖힘. 흑6은 모양의 맥이다. 결국 백은 11까지이다.

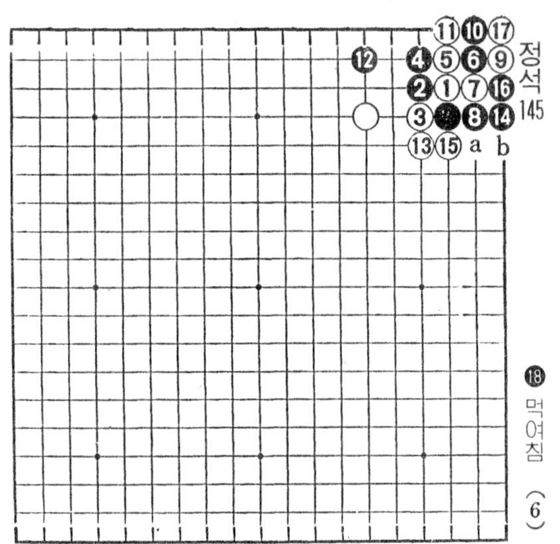

정석145

2칸 높은 걸침에는 당연히 백은 3·3의 붙임이다.

1도 흑2의 젖힘에는 후술하는 고목 안쪽 붙임과 비교하여 보자.

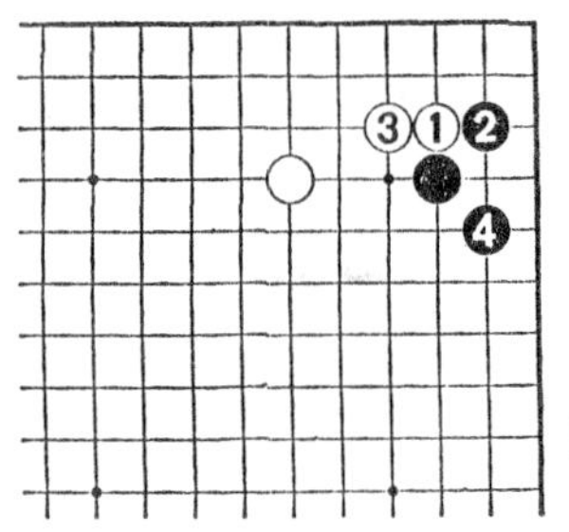

1도

여기에서 흑2로 내려서면 백3의 끊음, 이하 백은 귀를 사석으로 하여 흑18의 먹여치기까지이다.

백에서는 a, b의 선수 행사로 외세가 강대하다.

제3장

고목·외목의 기본정석

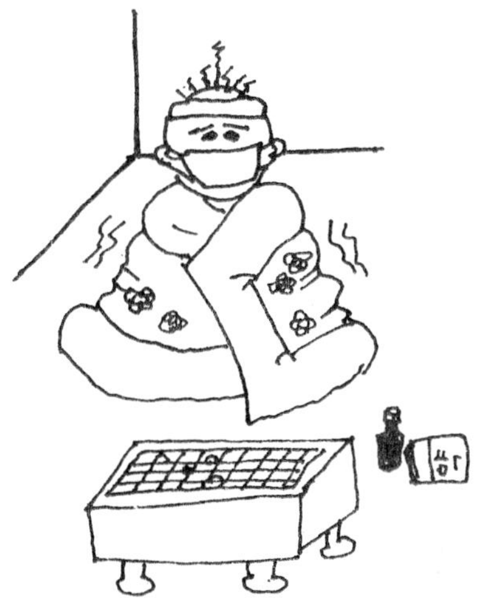

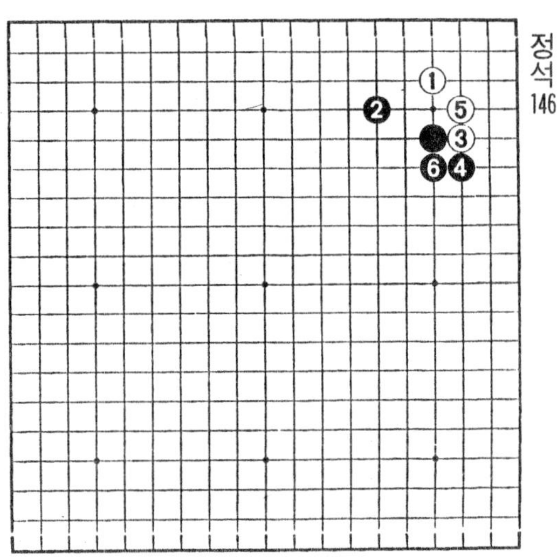

정석 146

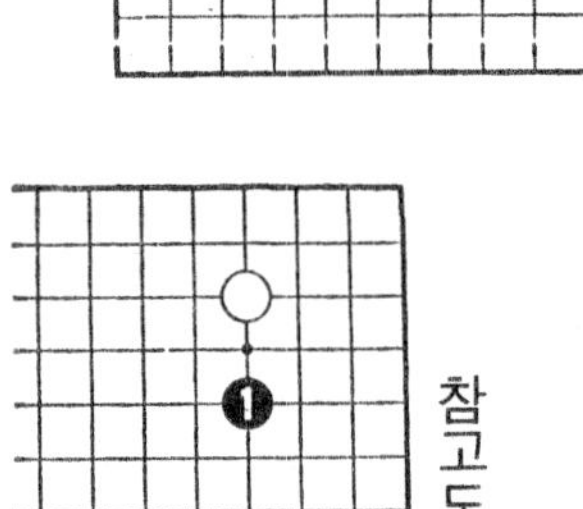

참고도 1

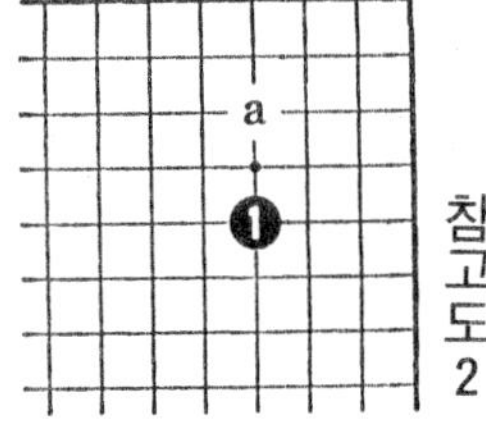

참고도 2

1. 고목

고목에서는 참고 1 도 흑 1 의 한 칸 높은 걸침, 참고 2 도의 흑 1 은 a의 소목에 대조하는 큰 눈이다. 여기에서 취급하고자 하는 것은 2 도의 흑 1 의 방향이다.

위 정석의 그림에서는 고목에 대해 백은 1 로 한 칸 높은 걸침을 하였다.

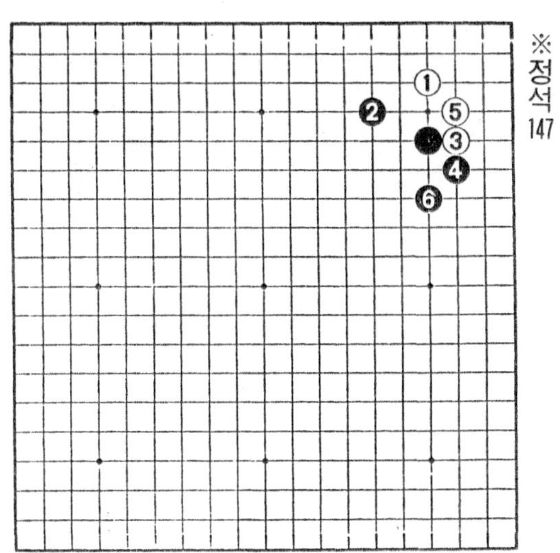

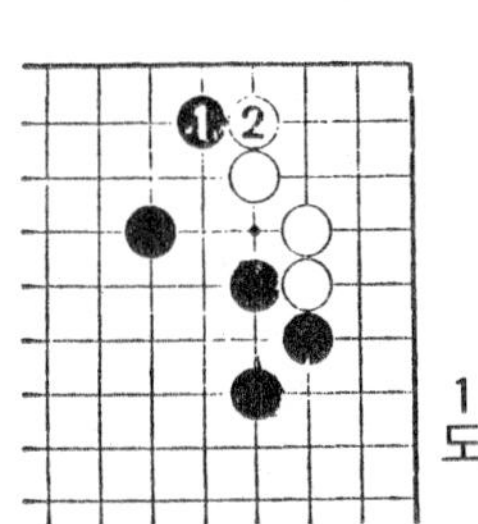

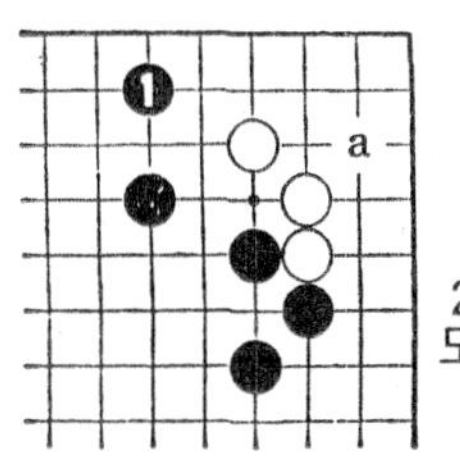

1 날일자 씌움

고목은 세력이 강대해지는 구비 요건이 있다.

날일자 씌움은 강압적인 발상이다.

정석 146, 147은 같은 의미다. 이 다음에—

1도 흑 1로 직접 결행하든가, 2도 흑 1로 멀리 봉쇄를 하든가 하는 점이다.

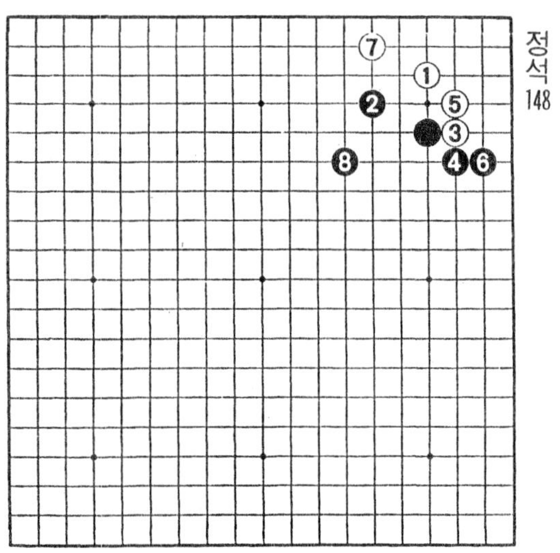

정석148

흑6의 내려섬의 정석이다. 6으로 귀를 내려서면 백은7로 미끄러진다.

흑8의 지킴으로 일단락이다.

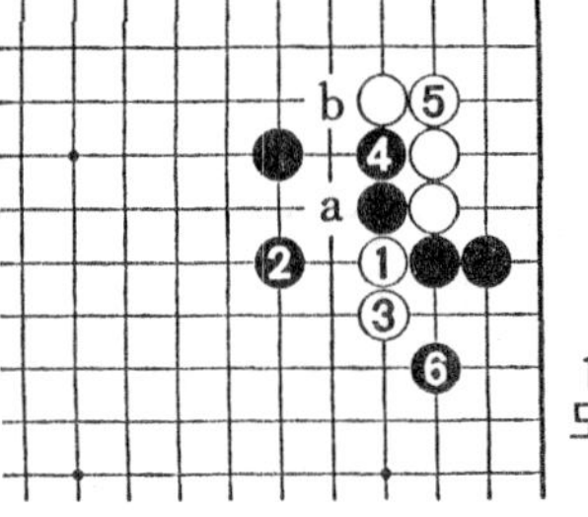

1도

도중에서 백1의 끊음은 어떨까? 이것은 흑 2, 4, 6까지 되어 성산(成算)이 없다.

그러나 흑6 다음에 백은 a와 b의 수를 엿볼 수 있다.

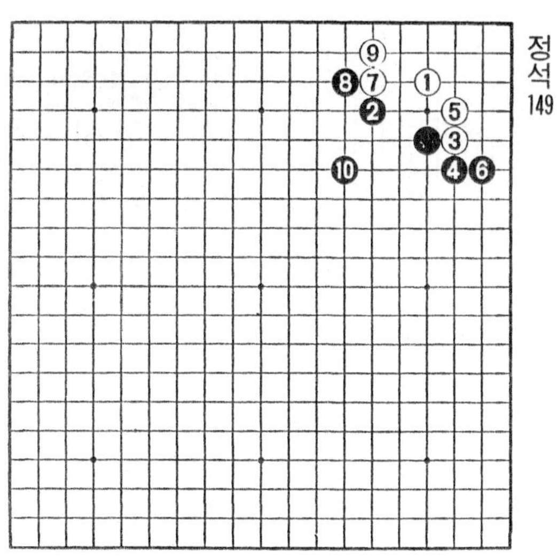

정석149

전형의 하나의 옛정석이다. 결과는 큰 차이가 없다. 흑 모양을 보자. 1도에서 백 1의 끊음을 흑은 바깥에서 안쪽으로 몰아 단수한다.

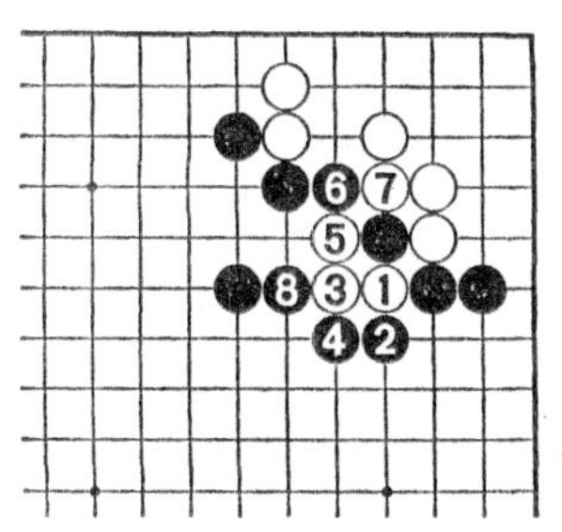

백 5에 흑은 6, 8로 단수한다. 그렇기에 외세를 주는 백 1의 끊음은 없다.

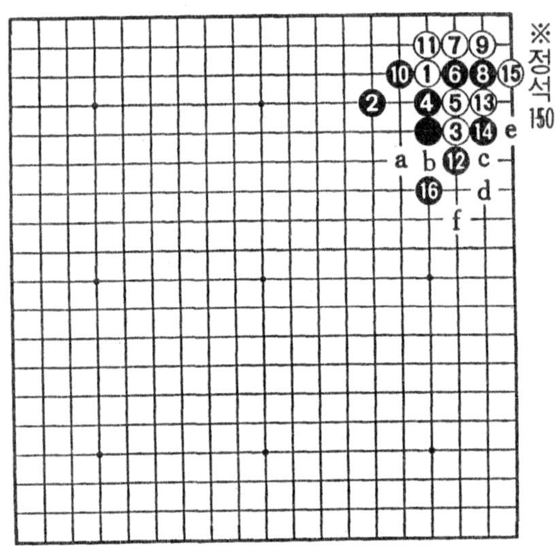

정석150

백 1의 한칸 뜀에는 흑 2의 날일자 걸침이 당연한 응수이다. 백 3의 붙임에는 흑 4의 늘어둠이 강력한 수, 백 5의 붙여늘음에는 흑 6의 끊음수가 있다. 백은 7로 흑 6에 대해 단수한다. 흑 8의 나감에는 백 9로 늘어둔다. 흑은 10으로 백 1을 단수한다.

백은 당연히 11로 연결하지 않을 수 없다. 흑은 12로 백 3점을 위협하여 백은 13으로 어쩔 수 없이 흑 두 점에 대해 단수한다.

흑은 멈추지 않고 14로 계속하여 백을 압박하여, 백으로 하여금 흑 두 점을 따내지 않을 수 없도록 만든다. 흑 16다음에 백a 에는 흑b , 백c 에는 흑d , 백e 다음 f의 들여다봄이 미묘한 수순으로 남는다.

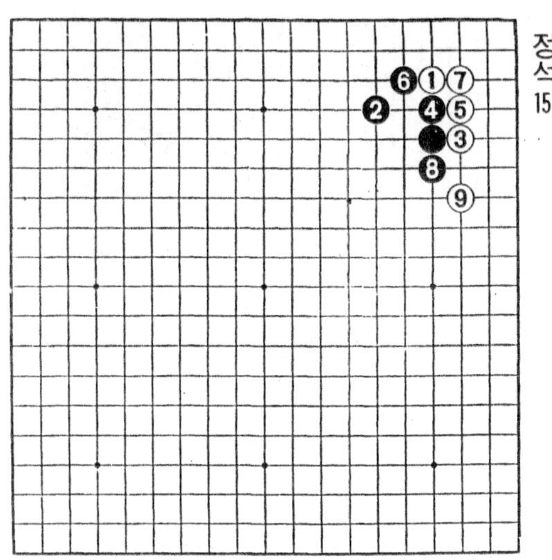

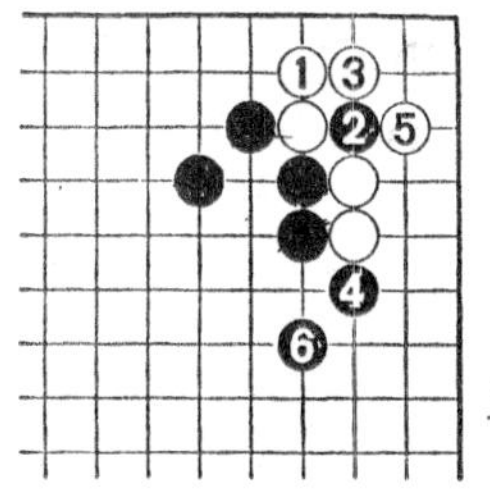

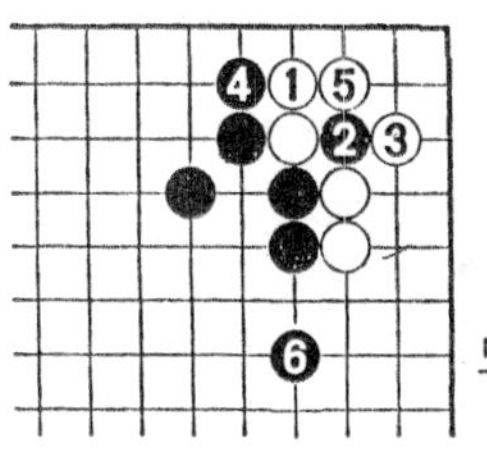

정석 151

백 5 까지는 전형과 같은 진행이다. 계속하여서, 6 의 막음이었다. 9 까지 일단락이다. 1 도 백 1 의 뻗음에는 흑 2, 백 3, 흑 4 에서 6 까지이다. 2 도 백 3 에는 흑 4 의 내려섬으로 둔다.

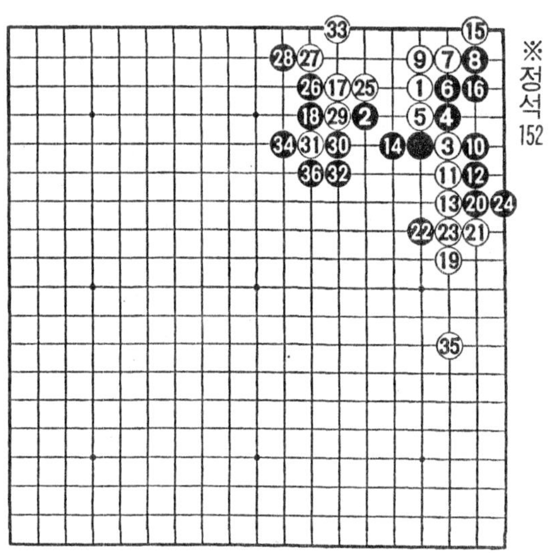

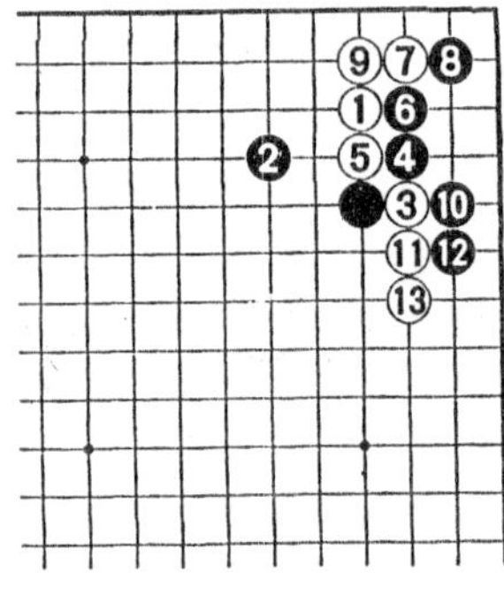

1 도

정석 152

대형정석이다. 축관계에 주의하여야 한다.

1 도 흑 4 의 젖힘에 백 5 의 절단은 당연한 것이다.

다음 흑 6 의 늘어둠이 필연적인 수순이다. 백은 7 로써 젖혀두고, 흑은 8 로 젖혀 막는다.

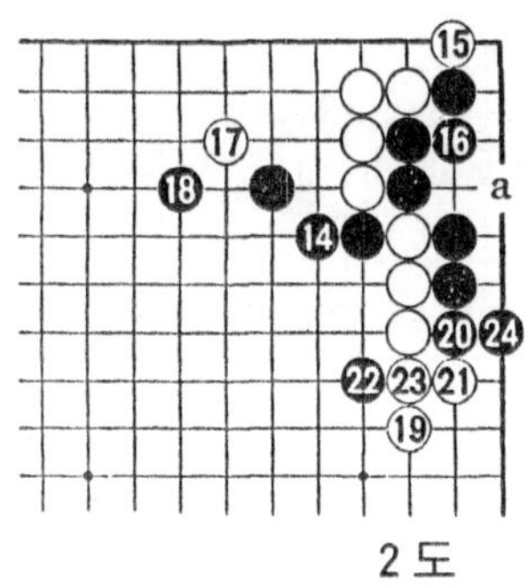

2 도

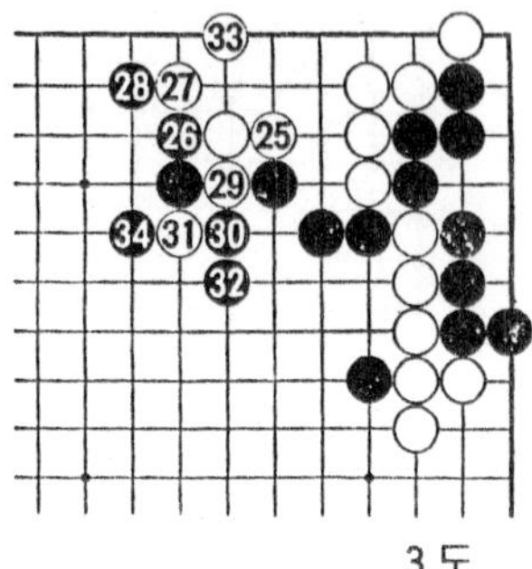
3 도

2 도 흑14의 뻗음 다음에 18의 한 칸 뜀이 강경하다. 백 a의 치중을 방지하며 20, 24로 산다.

3 도 29, 31은 33까지다. 이 정석은 34까지 축이다.

백 35로 벌리면,

4 도 이것은 한 예이다. 백 1의 마늘모이다. 알기쉬운 모양으로 흑의 외세는 돋보이지 않는다.

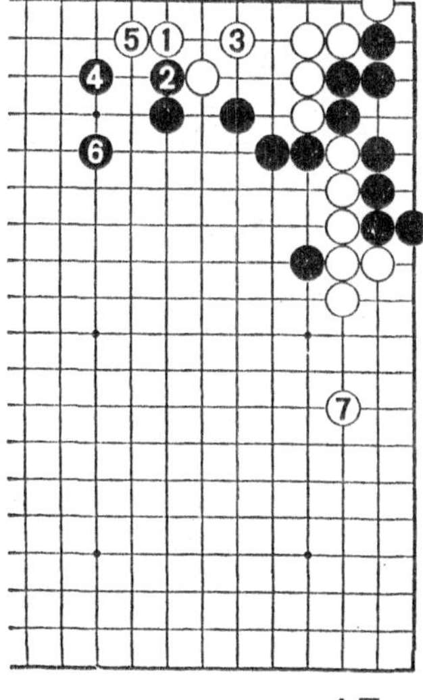
4 도

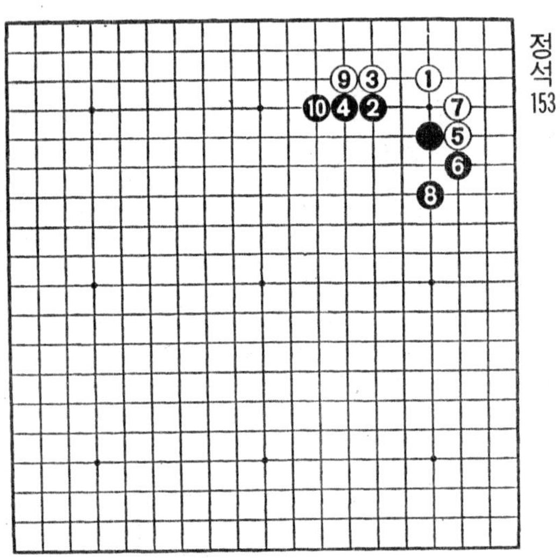

정석153

흑의 날일자에 백 3 으로 붙여왔다. 이 정석은 1 도의 축관계가 백이 유리하지가 않다. 백 3 의 붙임에 흑 4 의 젖힘에는 흑10까지이다.

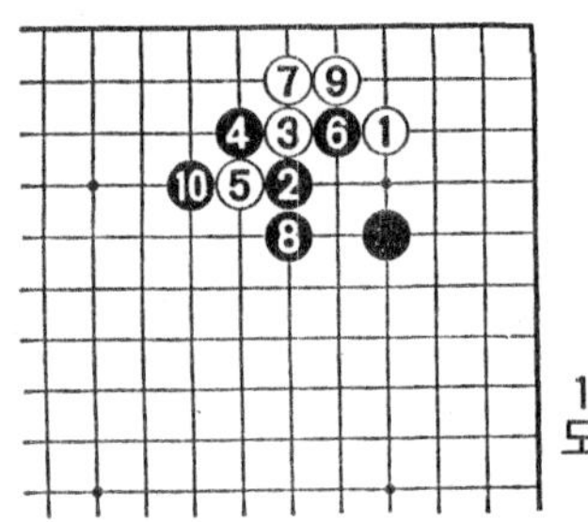

1
도

날일자 씌움은 많이 두는 정석이지만 축관계가 고려되는 어려운 곳이다.

바둑을 둘 때에는 항상 수읽기를 하여 상대방의 맥점과 자기쪽의 맥점을 파악해야 한다.

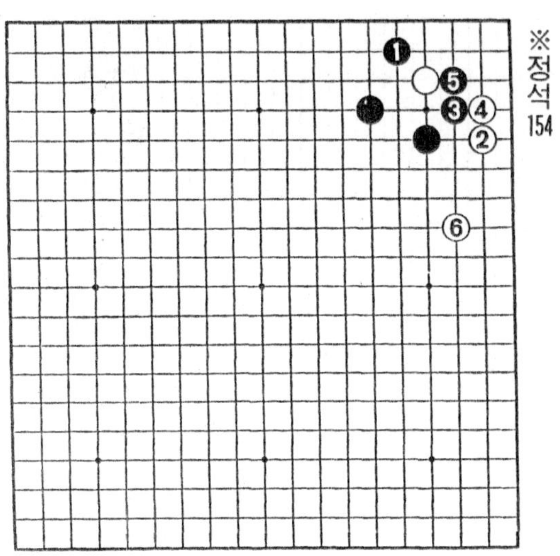

※ 정석 154

정석154

날일자 씌움에 직접적인 강압 수단은 손을 뺀다면 흑 1 이 보통이다. 백 2 가 오청원 9 단이 창안을 한 수이다. 이하 6 까지가 보통이다. 백은 경묘하여 성공이다.

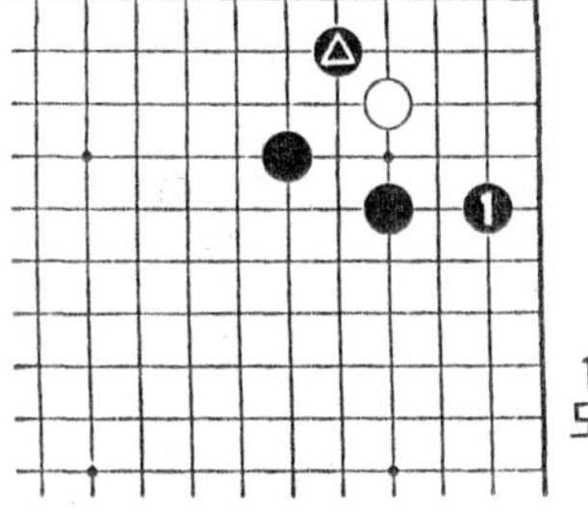

1 도

1 도 흑 ▲에 손을 빼면 흑 1로 귀를 두는 모양이다. 이러한 수는 매우 절묘하므로 기억해 두는 것이 좋다. 묘수가 많이 등장하는 바둑일수록 기량이 뛰어난 바둑이 된다.

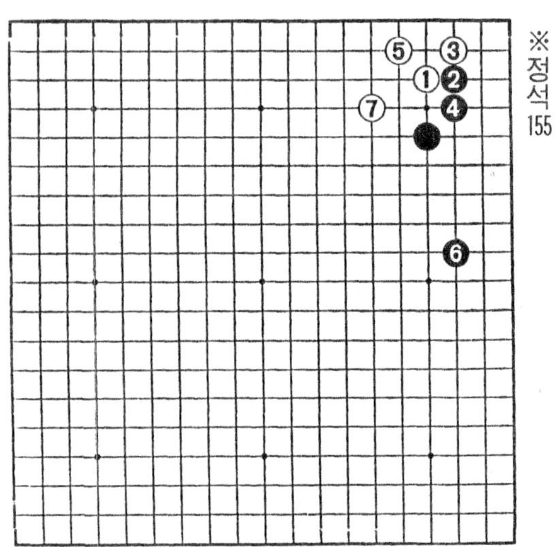

2 안쪽 붙임

정석155

소목 높은 걸침에서 정석121의 결과와 같다.

백 7 을 생략한다면 흑 1 , 3 의 수가 남아 있다.

2 도 백◬가 있다면 반대로 백 1 , 3 의 압박이 있다. 전도와는 세력 관계의 차이가 크다.

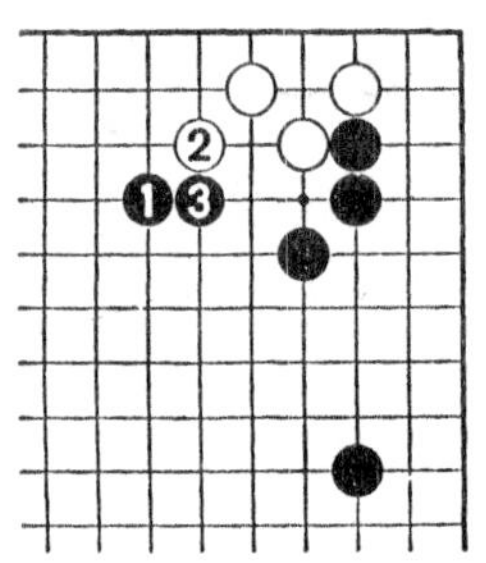

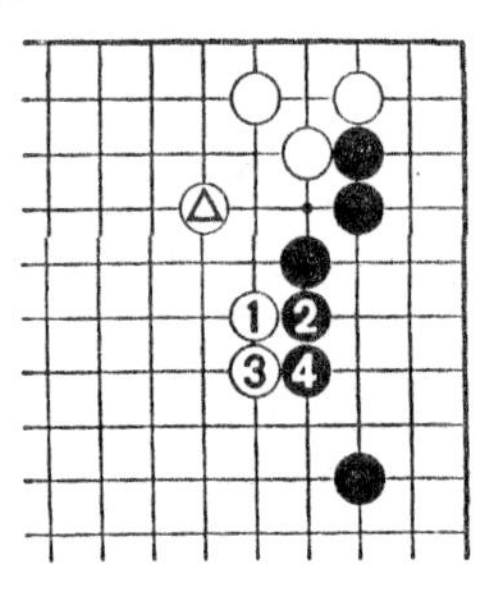

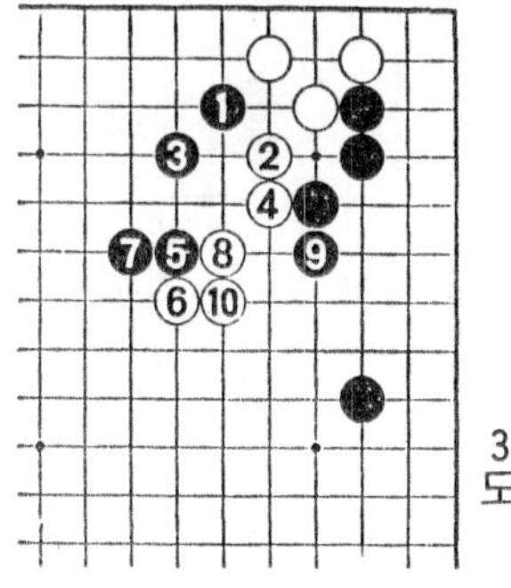

3 도

3 도 정석의 백 7 의 지킴을 생략한다면 이 모양에서는 흑 1 의 공격이다. 백 6 이 기억해 둘만한 맥이다.

백 2에는 흑 3의 추격이 제격이다. 백은 4로 늘어두고 흑 5의 뜀에는 백 6의 머리짚음이 멋진 수이다. 흑은 7로 끌어두지 않을 수 없다. 그때 백은 8로 젖혀 잇고, 흑 9에는 백10으로 잇는다.

4 도

4 도 백 2 에는 흑 3, 백 4, 6, 8 로 둔다. 이하 9, 11로 조인다.

백은 한 점을 잇지 않을 수 없을 것이다. 이하 윗변의 백 3점은 곤욕을 면치 못할 형상이다.

따라서 대국(対局)에 임하는 자세는 항상 수읽기에 신경을 써야 한다.

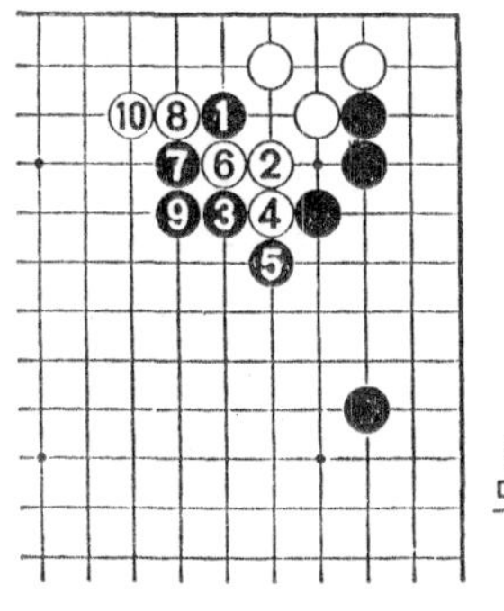

5 도

5 도 백 6 까지 좋다. 여기에서 8 이 야망의 삭감이다.

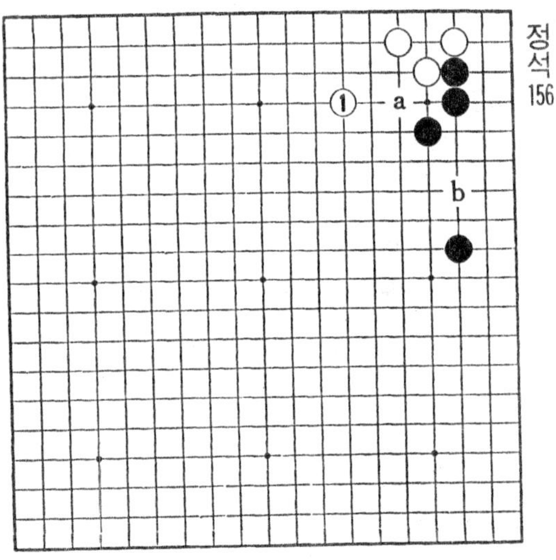

정석156

이것은 전형(前型)과 서로간의 절충 정석이다.

최후의 지킴은 한 길(一路) 다르지만, 의미는 상당히 다르다. 백 1 은 상변에 대한 발언력이 높다.

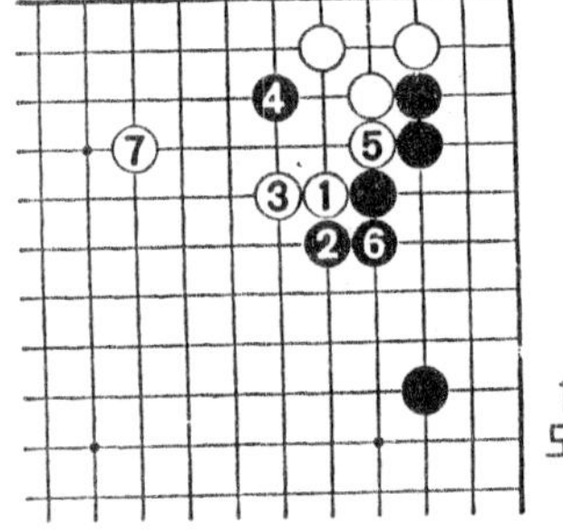

흑에서는 a의 마늘모도 있는데 b의 곳 침입도 용이하지 않다.

1 도 여기에서도 우변을 1, 5 로 두면 흑 6 이 정형의 맥이다.

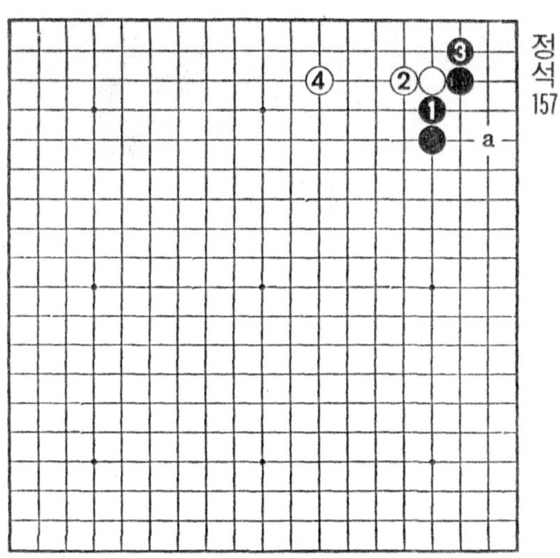

정석157

안쪽 붙임에는 돌이 저위에 있어 당연히 손을 뺀다. 흑 1 에는 백 2 가 견실하다. 흑 3 에는 백 4 로 되어 하나의 형(型)이다.

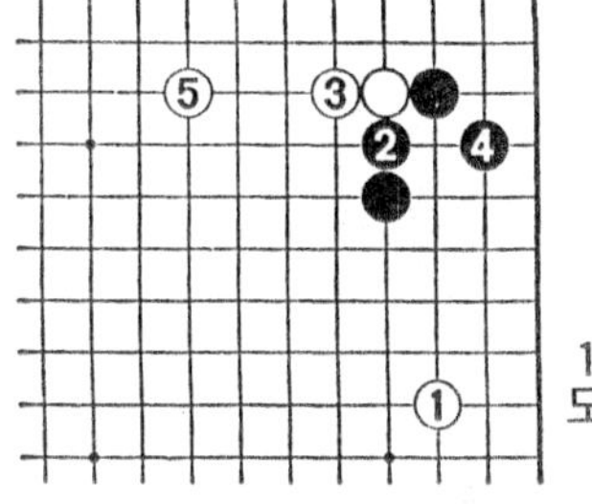

1 도 손을 빼면 1 의 곳을 다가서 5 까지 되는데 이것은 흑의 두터운 모양이다.

그러나 백으로서도 결코 손해되는 국면(局面)이라고는 볼 수없다.

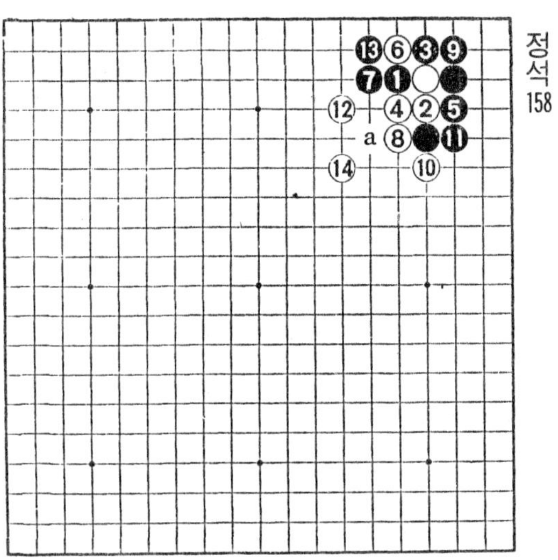

정석158

손을 빼는 정석에서 흑1은 간단하지가 않다.

백6에 흑7의 늘음, 백8로 9의 곳 끊음은 백a가 있다. 백8에는 흑9로 되돌아가서 이하 14까지이다.

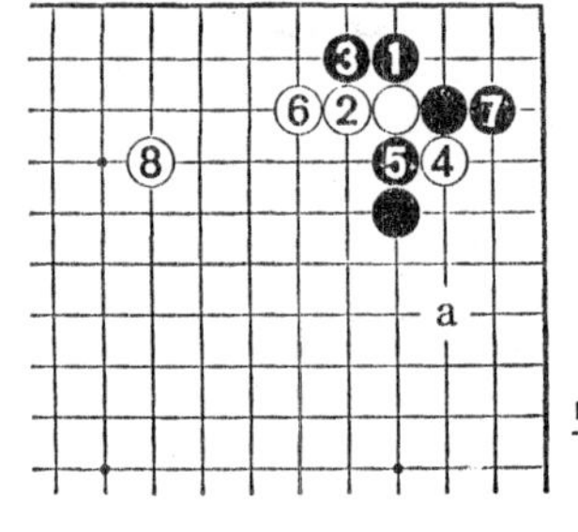

1도 흑은 1로 아래쪽 젖힘이다.

백에서 a의 곳을 다가서는 선수가 있다.

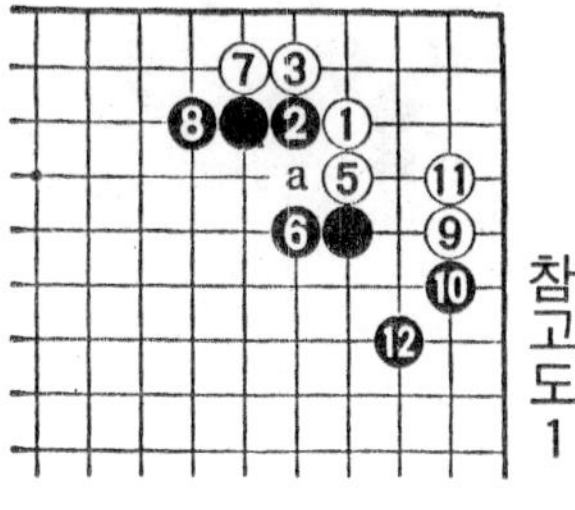

참고도 1

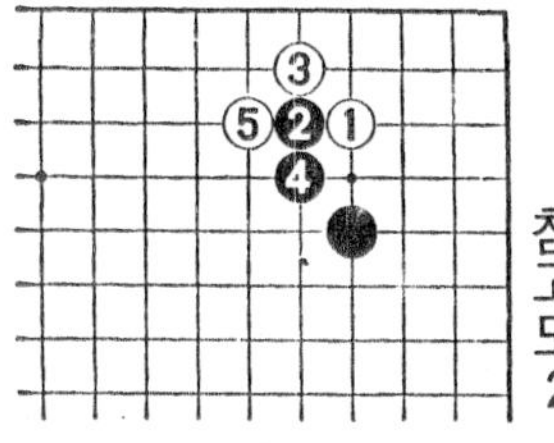
참고도 2

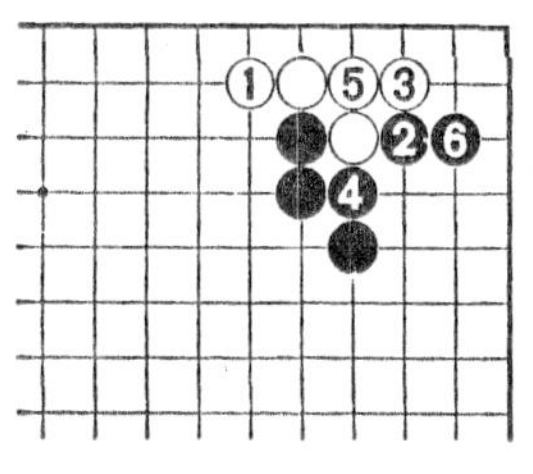
참고도 3

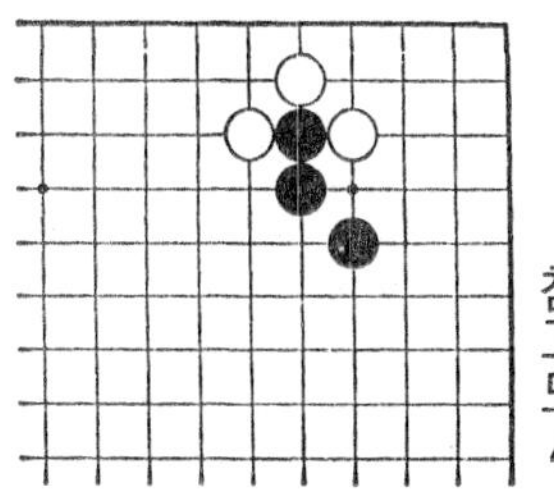
참고도 4

3 바깥 붙임

바깥 붙임도 고목의 특색을 나타내는 유명한 정석이다.

참고 1 도 흑 2의 바깥 붙임에는 백은 3의 한 수이다. 이하 12까지 모양이다.

백 1의 한 칸 뛰어 붙임에는 흑 2가 무난한 수이다. 백은 3으로 젖혀두고 흑은 4로 늘어둔다.

백 5에는 흑 6의 늘어두는 수. 백은 7로 1선을 긴다. 흑은 8로 계속 2선을 늘어둔다. 백은 9로 날일자 걸침을 하고, 흑10에는 백 11로 늘어 두어 귀를 확보하여 굳힌다. 흑12는 당연한 수순이다.

참고 2 도 백 5의 마늘모에는 **참고 3 도** 백 1 도 있다. **참고 4 도** 이것이 바깥붙임 정석의 출발점이다.

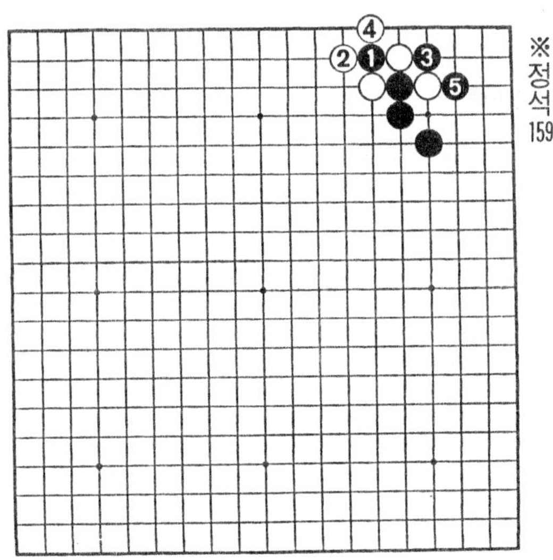

※ 정석 159

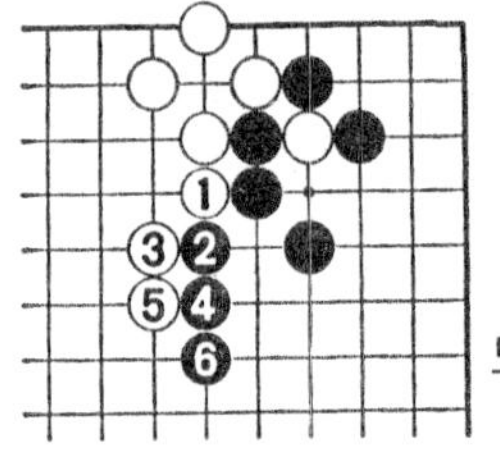

1 도

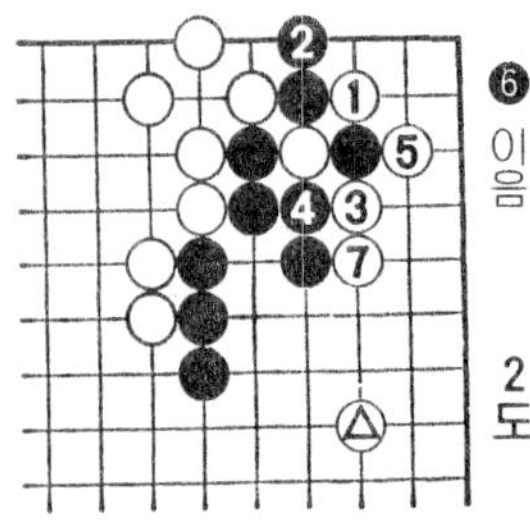

❻ 이음

2 도

정석159

흑 1 에는 백 2 다음 3, 5로 될 자리이다.

1 도의 경과도이다. 2 도의 백 △가 있으면 흑 2 다음에 5, 7의 수순이 있다.

백은 △와 연락을 한다.

이 국면에서는 흑이 백에게 쫓기고 있다. 여기서 중요한 것은 흑으로서 효과적인 탈출을 시도해야 하고, 백은 흑을 요령있게 몰아야 한다는 점이다.

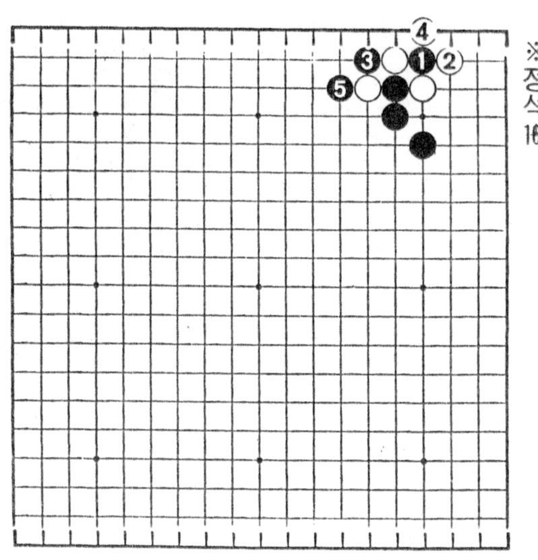

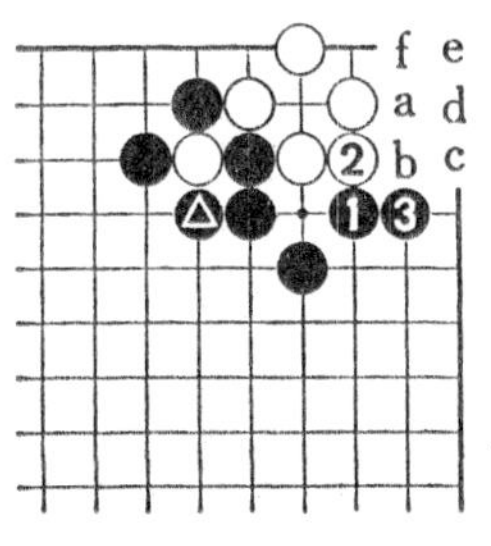

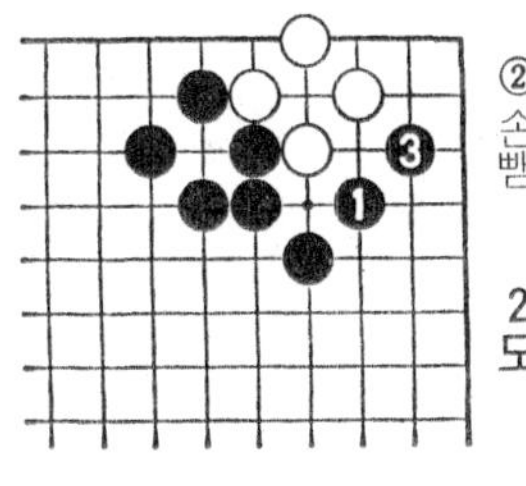

정석 160

흑 1로 안쪽을 끊으면 흑 5까지 외길의 수순으로 축이다.

1도 흑 ◬ 다음에, 흑 1, 3은 패를 포함한 수이다. 수순은 흑 a, 백 b, 흑 c, 백 d, 흑 e, 백 f이다. 2도 흑 1에 손을 빼면 3으로 죽는 모양이다.

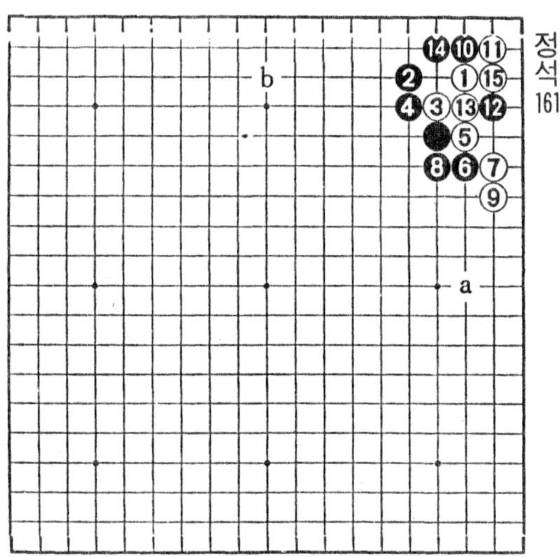

4 3·3 침입

정석161

고목에 3·3에 침입을 하는 것은 흑은 a, b가 있어대형정석이다. 7의 2단젖힘, 흑8의 견실한 이음. 12, 14의 이음까지이다.

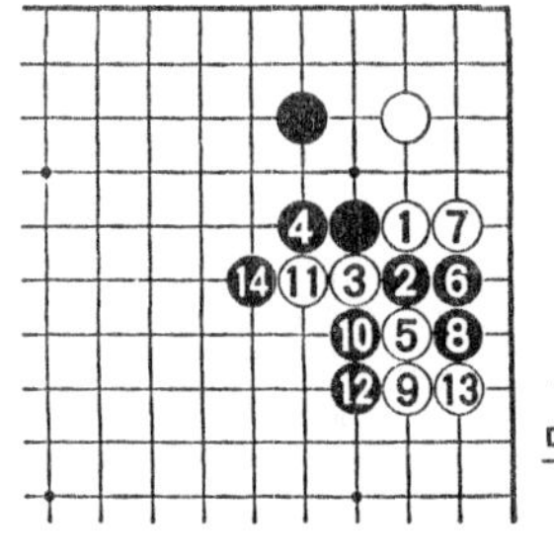

1도 흑2의 내려섬에 백3 이하의 끊음의 진행에서 14의 축이 성립한다.

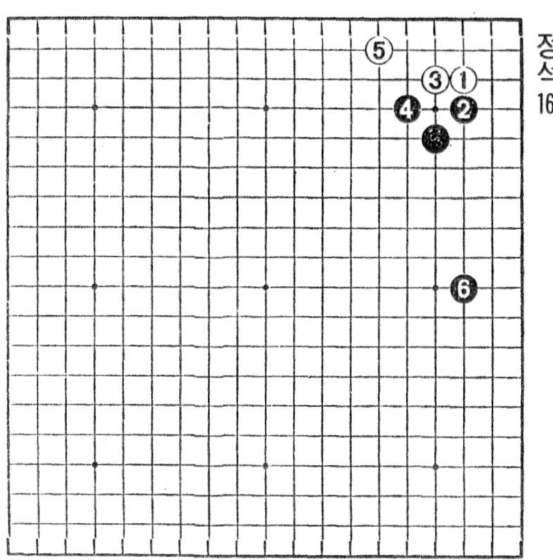

정석 162

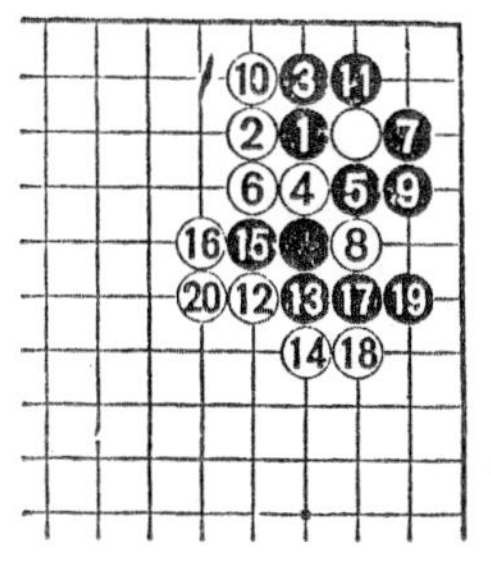

1도

2도

정석 162

흑 2의 마늘모 붙임이 알기가 쉽다.

1도 흑 1의 마늘모이다. 이것은 백이 2나 a의 선택을 허락하여 불리하다.

2도 흑 1의 붙임에는 백 2가 맥이다.

흑 3으로 나오면 백 4로 끼워 넣는다. 흑 5로 단수하면 백 6으로 잇고 흑 7의 단수에는 백 8로 단수.

2. 외목

계속하여 흑 9로 이으면 백은 10으로 내려둔다. 흑은 백 한점을 따내지 않을 수 없다. 흑11은 필연적인 수가 된다.

백은 12로 흑 한 점을 공격한다. 흑은 당연히 13으로 늘어 두고, 백14의 젖힘에는 흑15로 끼우는 수가 성립한다. 백16은 당연한 막음이다.

필연적으로 흑은 백 8을 단수치지 않을 수 없다. 백도 끈질긴 한 수로 18을 날린다. 흑19는 당연한 뻗음이다.백은 20으로 이어서 철벽같은 외세를 구축한다.

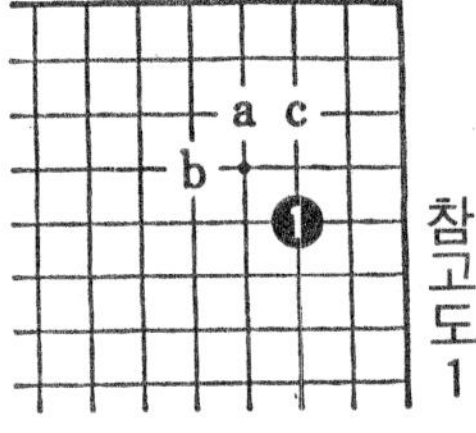

참고도 1

외목의 걸침은 참고 1 도의 a , b , c 이다.

참고 2 도 의 날일자는 큰 변화가 없다. 참고 3 도 흑 1, 3 의 2수가 장곡천(長谷川) 명예 8 단의 창안이었다.

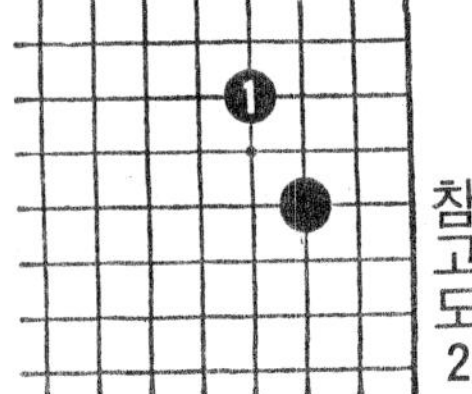

참고도 2

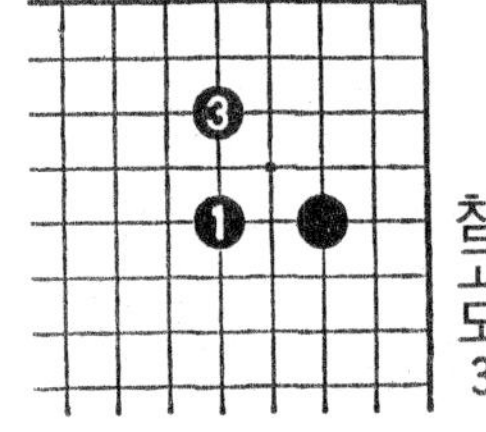

참고도 3

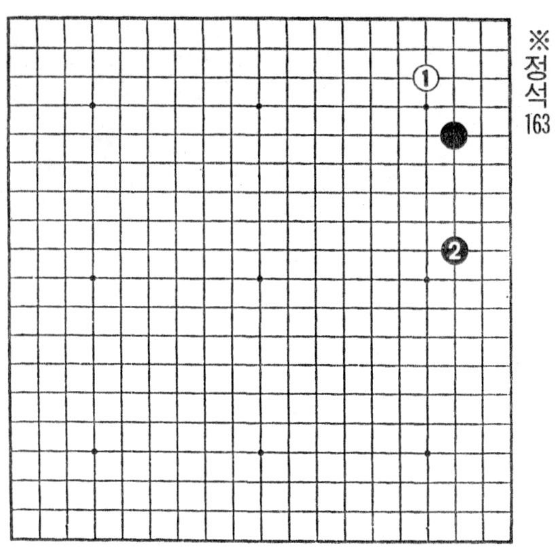

외목에서의 벌림이다.

정석163

흑 2 의 벌림이다. 1 도 흑 1 의 2 칸 벌림은 국부적인 수이다. 백 2 의 마늘모 붙임에서 백 4 까지는 2 립 3 석의 우형이다.

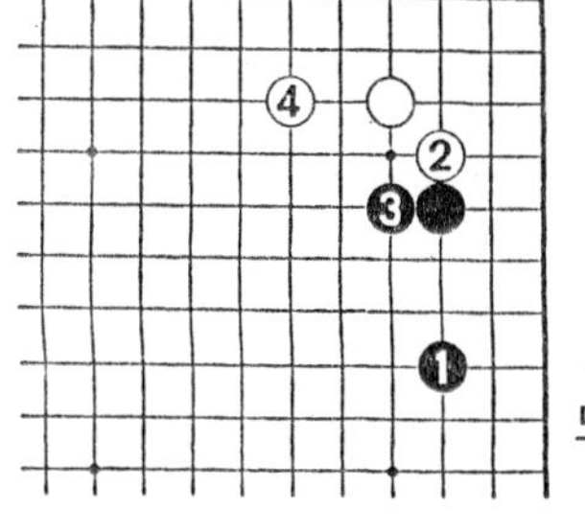
1도

초급 이하의 실력을 가진 독자들의 대국에서 주로 이러한 모양이 많이 나타난다. 초급과정에 있는 독자들은 항상 올바른 정석과 포석을 익혀두지 않으면 안된다.

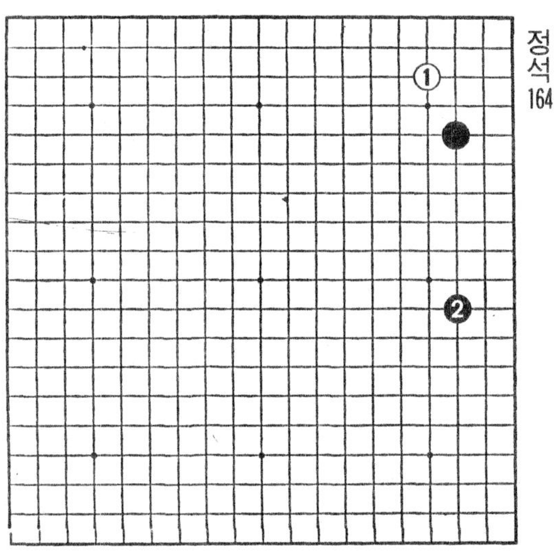

정석164

흑 2 까지 벌림은 이것은 5 칸이다. 이것이 최대치이다. 흑의 세력이 우변에 움직인다.

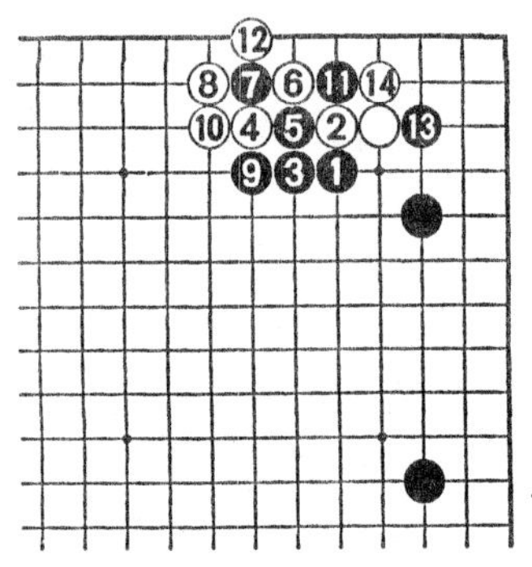

1도 흑 1의 씌움에는 백 2의 늘어두는 수가 성립한다. 흑 역시 3으로 늘어두면 백 4로 한 칸 뛴다. 흑 5로 끼우면 백 6으로 막고, 흑 7의 끊음에는 백 8로 단수한다.

18. 초급 정석 입문

2019년 7월 15일 인쇄
2019년 7월 30일 펴냄

옮긴이/ 프로바둑연구회
펴낸이/ 최 상 일
펴낸곳/ 태 을 출 판 사
서울특별시 중구 동화동 52-107 (동아빌딩내)
등록/1973년 1월 10일(제4-10호)

*잘못된 책은 구입하신 곳에서 교환해 드립니다.

■주문 및 연락처
우편번호 100-456
서울특별시 중구 동화동 52-107 (동아빌딩 내)
전화 / 2237-5577 팩스 / 2233-6166
ISBN 89-493-0335-3 13690